国家社科基金
后期资助项目

新时代农村教育需求与机会获得研究

张济洲 著

华东师范大学出版社
·上海·

图书在版编目(CIP)数据

新时代农村教育需求与机会获得研究/张济洲著.—上海:华东师范大学出版社,2024
ISBN 978-7-5760-4803-2

Ⅰ.①新… Ⅱ.①张… Ⅲ.①乡村教育－研究－中国 Ⅳ.①G725

中国国家版本馆 CIP 数据核字(2024)第 055335 号

新时代农村教育需求与机会获得研究

著　　者	张济洲
责任编辑	彭呈军
特约审读	刘靖宜
责任校对	王丽平
装帧设计	郝　钰

出版发行	华东师范大学出版社
社　　址	上海市中山北路 3663 号　邮编 200062
网　　址	www.ecnupress.com.cn
电　　话	021-60821666　行政传真 021-62572105
客服电话	021-62865537　门市(邮购)电话 021-62869887
地　　址	上海市中山北路 3663 号华东师范大学校内先锋路口
网　　店	http://hdsdcbs.tmall.com

印刷者	昆山市亭林印刷有限责任公司
开　　本	787 毫米×1092 毫米　1/16
印　　张	15.5
插　　页	2
字　　数	279 千字
版　　次	2024 年 5 月第 1 版
印　　次	2024 年 5 月第 1 次
书　　号	ISBN 978-7-5760-4803-2
定　　价	78.00 元

出版人　王焰

(如发现本版图书有印订质量问题,请寄回本社客服中心调换或电话 021-62865537 联系)

内容摘要

在我国社会主要矛盾转化背景下，人民群众日益增长的教育公平需求和人民群众日益增长的优质教育需求成为新时代我国教育改革面临的主要矛盾。学生受教育机会不平衡不充分在农村教育领域表现尤为明显，成为满足农村日益增长教育需求的主要制约因素。

但是当前对农民家长和学生教育需求变化及其机会获得的关注较少，既有研究对农村家庭教育需求的内部差异缺乏足够的敏感，将农村家庭的教育需求等同化、简单化处理。为深入探析农村教育需求特点，选择宁夏、安徽和山东等3省12县农村家长和学生为研究对象，通过问卷调查和实地访谈，考察农村家庭教育需求变化和不同家庭的教育需求差异性以及影响教育需求的相关因素。

农村家庭教育需求呈现多种变化形态，既有道义理性支配下规避风险的教育行为选择，又有经济理性约束下教育投入与产出的利益选择，更有社会理性追求的教育选择。农村教育治理的发展主义意识形态强调集约化和效率，损伤农村底层学生教育机会获得，从而不利于农村教育实现公平和质量提升。

当前农村家长对高质量的教育需求强烈，但是农村学生受教育机会获得不平衡不充分，构成新时代我国农村教育的主要矛盾。受教育机会获得不平衡不充分主要体现在优质教育机会获得城乡不均衡以及农村教育质量提升不充分方面。影响学生受教育机会获得的因素，从宏观的国家制度层面，城乡、地区之间的社会经济发展水平的差异导致了城乡、地区之间巨大的教育机会不均衡；从中层的社会结构、社会阶层入手，强调社会经济地位不同带来的教育机会差异；从微观的家庭特征，强调家庭的资本占有尤其是文化资本差距造成城乡子女教育期望和教育激励不同，从而影响子女受教育机会获得。

教育机会获得的劣势必然导致农村学生教育分流处于弱势地位。无论义务教育阶段、中等教育阶段和高等教育阶段，城乡学生教育机会获得数量差距逐步缩小,但是教育机会质量差距依然显著。农村学生受教育机会在质量收益上呈现弱化趋势。当前要缩小城乡教育差距,不仅仅是消除入学机会的数量差异,更重要的是要致力于城乡平等的教育质量的追求,致力于消除城乡在家庭社会资本和文化资本上存在的差距。

教育机会获得的劣势必然导致农村学生教育分流处于弱势地位。基于城乡结构、家庭背景和学校类型特征等因素考察农村教育分流问题。当前高中阶段教育,一方面是如火如荼的重点校择校热,另一方面中等职业学校陷入生源危机,其实质是义务教育后职教分流的困境问题。在大多数农村家长看来,职业教育无论是对其子女的受教育水平,还是对他们未来职业的选择,都是在普通高中之后的次等和被迫选择。在初中后竞争淘汰式分流过程中,职业技术教育一直被视为"次等教育",选择职业技术教育的学生被作为"学业失败者"。

在义务教育阶段,教材价值导向、内容表达、话语方式等方面,具有明显城市化倾向。在城市化主导的教育体系中,城乡文化差异与冲突,城乡家庭背景的差异甚至对不同语言和生活方式的熟悉程度的差异,被转化成学校考试成绩的差别,必然导致农村学生学业成功困难重重。高考改革中的分地域招生、自主命题、自主招生和加分政策等都不同程度地增加了农村学生获取优质高等教育资源的困难。高考改革的多样化,实际上不利于社会资本匮乏的农村家庭获取优质高等教育机会。

农村教育改革应听取农村家长和学生的声音,关心农村家长和农村学生内在分化的真实利益诉求,满足社会底层子女获得优质教育机会,实现向上流动需求。农村教育改革须理解农村家长和农村学生复杂的行动逻辑、设计与农村教育需求深切相关的公共政策,是农村教育改革取得成功的关键,亦是新时代化解农村教育主要矛盾的必然要求。

当前我国社会主要矛盾发生转化,农村教育变革面临前所未有的机遇和挑战,必须在充分剖析农村教育主要矛盾和形成基本判断的基础上,化解城乡教育发展不平衡的堵点和农村教育发展不充分的困局,精准攻坚农村教育长期积累形成的痛点和堵点,形成并构建农村教育高质量发展体系,增强广大农民群众的教育获得感和满意感。

关键词:社会主要矛盾;农村教育需求;教育机会获得

目　　录

导论 … 1
　一、研究目的和意义 … 1
　二、研究现状 … 2
　三、主要研究内容 … 6
　四、研究思路与方法 … 8

第一章　农村教育改革的国家视角与底层教育获得 … 10
　第一节　我国城乡社会制度变迁与教育机会不平等变化 … 10
　第二节　城乡教育分治的政策架构与城乡教育差距扩大 … 16
　第三节　政府教育布局调整与教育机会获得 … 18
　　一、"文字下乡"中的国家意志 … 18
　　二、布局调整中"教育上移"与受教育机会变化 … 22
　　三、后"撤点并校"时代，乡村社会"空心化"与教育获得变化 … 25
　第四节　新时代农村教育高质量发展必须实现顶层设计与基层
　　　　　实践需求相统一 … 27

第二章　农村家长的教育意愿与教育需求 … 30
　第一节　农村家长的道义理性与教育需求 … 31
　　一、农民的理性分化 … 31
　　二、农民教育选择的结构二重性 … 32
　第二节　农村家长对待子女教育意愿和教育需求的调查研究
　　　　　——基于山东、安徽和宁夏调查 … 39
　　一、社会转型过程中农村家长对待子女教育意愿的变化 … 41
　　二、农村家长教育需求特点 … 50
　第三节　教育对农民究竟意味着什么 … 51
　　一、后张村村民职业结构和农民之社会流动 … 52

二、村民就学空间与受教育机会　　　　　　　　　　　53
　　三、后张村教育与社会流动之变迁　　　　　　　　　　55
　　四、农村社会分层与教育意义变化　　　　　　　　　　58

第三章　农村学生教育机会获得实证研究　　　　　　　　　61
第一节　城乡社会阶层分化与教育机会获得　　　　　　　　61
第二节　城乡家庭资本差距与子女教育成就　　　　　　　　62
　　一、城乡各类家庭资本差距调查　　　　　　　　　　　63
　　二、城乡家庭资本与子女教育获得之关系　　　　　　　65
第三节　从中考数据库分析农村学生教育机会获得路径——基于
　　　　　山东某县的实证研究　　　　　　　　　　　　　68
　　一、理论研究基础　　　　　　　　　　　　　　　　　69
　　二、研究设计与结果分析　　　　　　　　　　　　　　71
　　三、结论及其解释　　　　　　　　　　　　　　　　　78
第四节　数字鸿沟与城乡教育差距——教育公平视角下城乡
　　　　　学生互联网使用偏好的实证研究　　　　　　　　80
　　一、文献综述　　　　　　　　　　　　　　　　　　　81
　　二、研究设计　　　　　　　　　　　　　　　　　　　83
　　三、数字鸿沟与教育公平　　　　　　　　　　　　　　87
　　四、结论与政策　　　　　　　　　　　　　　　　　　90
第五节　扩张背景下农村学生高等教育入学机会变化　　　　91
　　一、农村学生高等教育入学机会的数量变化　　　　　　92
　　二、城乡子女接受不同类型高等教育入学机会的质量变化　93
　　三、教育扩张与高等教育入学机会变化实证研究　　　　95
　　四、入学机会数量的增加与农村学生社会流动变化　　　105

第四章　农村学生教育分流与教育选择　　　　　　　　　　108
第一节　教育分流的本质、特点以及影响因素　　　　　　　108
　　一、教育分流在本质上折射社会不同阶层利益分化　　　109
　　二、教育分流异化为一种淘汰机制　　　　　　　　　　110
第二节　当前农村学生教育分流现状及其问题　　　　　　　111
　　一、当前我国农村学生义务教育后分流情况　　　　　　111
　　二、农村家长和学生职教分流意向调查——基于山东、安徽和
　　　　宁夏实证研究　　　　　　　　　　　　　　　　　115

三、谁被分流——基于受教育者视角　　122
　　　四、"职教分流"的阶层化　　129
　第三节　教育分流与农村学生学习状态　　138
　　　一、缺乏兴趣与厌学——农村学生不"在学"状态　　138
　　　二、农村学生自愿性辍学——隐藏于教育过程中的自我淘汰　　141
　　　三、高考弃考背后的农村学生群体分化　　156

第五章　农村学校教育课程、教材、考试等方面的隐性社会分层功能　　160
　第一节　农村学校教育课程中的文化再生产——以中小学教材分析为例　　160
　　　一、中小学语文教材插图特征比较　　161
　　　二、教材内容城乡差异数量分析　　170
　　　三、不同版本义务教育阶段语文教材中的人物特征分析　　177
　　　四、教材中城乡语言差异　　179
　第二节　农村学校考试和评价标准的城市化倾向——以山东省高考语文试卷为例　　180
　第三节　新高考改革中的公平认同和农家子弟机会获得研究　　187
　　　一、公平认同感增加抑或减少——新高考改革的公平认同变化　　188
　　　二、高考改革的多样化追求增加了农家子弟教育机会获得难度　　191
　　　三、等级赋分制、综合素质评价与农家子弟教育获得　　197
　　　四、"专项计划"与教育过程的公平　　199
　　　五、新高考改革与教育公平的风险成本　　200
　　　六、倾听基层声音，化解农村家长和学生的公平认同焦虑　　201
　第四节　农村学校教育难为:有利于社会流动？社会再生产？　　203
　　　一、城市化导向的"离农"教育有助于农村学生实现社会流动　　203
　　　二、"为农"教育片面强调立足农村社会，却不利于农村学生社会流动　　205
　　　三、城乡教育一体化中"和而不同"和"美美与共"　　207

第六章　新时代乡村振兴中的教育需求和机会获得　　209
　第一节　新时代乡村振兴中的教育需求变化　　209
　　　一、新时代乡村教育振兴进入新发展阶段　　209

二、新时代乡村教育需求与机会获得变化　210
第二节　从悬浮型治理走向嵌入式治理——乡村教育治理的底层视角和策略行动　213
　　一、悬浮型治理结构——乡村教育现代化治理之困局　213
　　二、嵌入式治理结构——乡村教育治理转型　214
　　三、乡村教育治理底层视角和策略行动　215
第三节　新时代农村教育主要矛盾和路径选择　218
　　一、新时代我国农村教育主要矛盾变化特点　218
　　二、新时代农村教育改革的路径选择　219
　　三、以有质量的教育公平为核心,增强优质教育机会获得感　221
　　四、以新阶段农村教育高质量发展为导向,化解多重挑战　224

参考文献　227
　　一、统计资料　227
　　二、著作　227
　　三、中文期刊　229
　　四、硕博论文　231
　　五、外文资料　231
　　六、报纸　232

附录　233

导 论

我国社会主要矛盾已经转化为人民日益增长的美好生活需要和不平衡不充分的发展之间的矛盾。党的二十大报告强调推动高质量发展"最艰巨最繁重的任务仍然在农村",在农村教育领域,"不平衡"突出体现在城乡区域教育发展差距较大,尤其是中西部贫困地区、民族地区、边远地区等;"不充分"突出体现在农村义务教育质量有待提高。

乡村全面振兴进入新阶段,我国农村教育面临的主要矛盾是城乡教育发展不平衡和农村教育质量提升不充分。农村学生教育机会获得不平衡不充分是导致农村教育不平等代际传递和再生产的重要原因。

一、研究目的和意义

当前农村教育面临的根本性危机是社会分层功能的弱化。工业化、市场化和城镇化的三重变革将城乡结构与阶层结构勾连起来,教育不平等以及教育分层固化在城乡差异的向度上更为突出。教育机会在阶层中的分配形态,反映社会分层结构特征和社会阶层流动程度。

教育机会获得不公平,不仅表现为机会获得数量差异,更重要地表现为机会获得质量差异。应该看到,随着教育规模持续扩大,城乡社会获得教育机会数量差异不断缩小,但是优质教育机会获得城乡差距日益凸显,这将直接影响到农村学子向上流动的机会和能力。

处于困境中的农村教育促进社会分层和社会流动的功能是存在限度的。中国社会科学研究院发布的《2014年中国农村发展研究报告》显示,农村学生厌学情绪严重,隐性辍学现象突出,农村学生升入重点大学的比例明显偏低。如今,越来越多的农家子弟在"新生代农民工"的标签之下,沿着父辈的道路进入城市和工厂,这一过程具有某种不言而喻的"底层再生产"性质。

党的十九大报告指出,让每个孩子都能接受公平、有质量的教育,阻止贫困现象代际传递。畅通农村和贫困地区学子纵向流动的渠道,让每个人都有机会通过教育改变命运,这体现了中央政府对教育公平,对农村和贫困地区学生社会流动问题的高度重视。

当前我国正处于全面深化改革的新时代,教育公平是社会公平的基础,基于社会分层视角,探讨农村家长和农村学生的教育需求及其在社会流动和教育选择中面临多重障碍及其变革路径,这对促进农村教育与社会流动良性运行,提升农村学生的社会流动活力,具有重要的现实意义。

二、研究现状

农村教育关涉农村家长和农村学生的命运,关涉受教育者生存质量和向上流动之希望。但是农村教育整体薄弱现象仍然没有从根本扭转,存在着许多亟待解决的困难和问题。农村教育困境反映了转型期社会公正问题,教育被公认为是实现社会公平的"最伟大武器",但是农村教育质量问题,难以满足人民群众日益增长的美好教育需求,是社会主要矛盾在教育领域的具体表现。农村教育机会获得不平衡不充分不利于促进城乡教育公平。对于农村家长和农村学生的教育需求及其机会获得的研究,是化解新时代我国农村教育困境,促进城乡教育均衡发展的重要基础。

(一)农村教育需求与教育获得研究

袁桂林认为作为基础教育重要组成部分的农村基础教育仍然相当薄弱,成为制约我国实现教育均衡发展和城乡统筹发展的关键问题,基于我国农村基础教育需求的微妙变化,并从推力和阻力两个方面对目前农村教育状况进行了深刻分析。[①] 邬志辉认为进入新世纪以来,党和政府高度重视农村教育发展,先后实施了"两基攻坚""两免一补""特岗教师计划""免费师范生政策"等,但是与城市教育的快速发展相比、与人民群众对优质教育的热切期盼相比、与国家对人力资源强国建设的目标要求相比,农村教育依然十分落后,城乡教育差距依然存在。[②] 秦玉友等认为我国社会主要矛盾发生变化,农村教育改革必须适应社会主要矛盾变化。[③] 李涛从中国农村教育概念演进视角,分析未来中国农村教育特征变化。[④]

当前关于农村教育研究成果多从国家教育政策出发,诸如探讨农村教育经费、城乡教育均衡发展、农村教师队伍建设等宏观性的政府决策问题,

---

① 袁桂林. 农村基础教育发展的需求、推力与阻力[J]. 华南师范大学学报(社会科学版),2013(01).
② 邬志辉. 离开农村教育的现代化无从谈起[N]. 人民日报,2015-7-3.
③ 秦玉友,曾文婧. 新时代农村教育主要矛盾与战略抉择[J]. 中国教育学刊,2018(8).
④ 李涛. 中国农村教育的概念实质及未来特征[J]. 探索与争鸣,2021(4).

而从微观层面探讨农村家长和学生教育需求却游离于主流研究话语之外，只有考虑农民自身教育需求，只有使农村学生享受到教育社会流动上升功能，农民才会积极地参与到教育中去，因此，在众多问题之中，农村教育社会分层功能的发挥是影响农村学生和农村教育最为关键的因素之一。

（二）教育分层和机会获得研究

教育分层与机会获得研究始终存在功能论和冲突论之争。功能学派旨在凸显教育功能社会平等化效应，以积极的社会功能为基轴来探讨教育现象，对于教育寄予美好的期望，教育作为一部平等化机器，它提供了"公平竞争"的阶梯，是改变底层人群命运的重要渠道。

功能主义代表人物帕森斯强调教育对社会的和谐功能和均等化功能。技术—功能主义理论研究者认为，工业化和技术发展是理性化的过程，必然带来阶层结构的重组，社会选择标准从家庭背景等先赋因素逐步让位于能力成就等自致因素，社会分层结构随着工业化进步将不断走向开放，社会流动频率日益提高。功能主义学派强调工业化和现代化程度日益增强，教育和知识水平成为社会流动的重要动力，社会结构日趋平等。

现代化理论学派更乐观地断言，随着经济和技术的发展，市场增长和家庭企业消亡，传统等级权威和阶层关系衰落，必然带来社会职业结构日趋开放性和社会流动机会平等，家庭作为社会分层的单位工具的重要性不断减弱，基于阶层背景因素所带来的教育不平等程度将下降。受教育程度对社会阶层合理化日益扮演重要角色。后工业主义者和后现代主义者认为，随着后工业社会来临，职业结构不断升级，严格的阶层结构将变为更加温和、更加流动性的等级结构。经济—技术理性发展导致职业结构的开放性和流动机会的平等性，无技术纯粹体力性职业减少，高专业技术性的职业上升，受过高等教育的专业技术人员越来越自主决策，这预示着"平等主义的、学院式的决策"出现[①]，后工业社会阶层结构将越来越平等开放。

但是随着功能论学派的保守倾向的凸显，它受到其他不同理论的批判和修正。新马克思主义和新韦伯主义代表人物鲍厄斯、金迪斯，从冲突论观点出发，认为教育不平等永恒存在，学校教育是社会精英阶层为垄断优势阶层地位而排斥其他社会阶层的工具，教育在社会分层中所扮演的角色是再生产现有的社会地位。冲突论认为，工业化带来经济与技术功能理性的发展无法改变社会阶层结构化的生成机制，社会优势阶层自我复制能力增强

---

① 李春玲.社会分层研究与理论的新趋势[EB/OL]. http://www.aisixiang.com/data/6348-3.html 爱思想，2005-04-06.

趋势明显。虽然现代教育民主形式上是开放的,但是父辈与子代间强烈的遗传性,市场化进程不断加快,强化了基于家庭背景的社会分层机制的代际再生产。但是鲍厄斯、金迪斯等学者的再生产理论,将受教育者视为结构决定约束下的沉默者和被愚弄者,没有被当成主动的行动者,学校教育仅仅是机械地按照经济结构,实现阶层间关系再生产。与鲍厄斯和金迪斯相比,布迪厄认为教育制度与阶层结构不是简单的符应关系,所有教育行动客观上都是一种符号暴力,教育是实现特权阶层的文化专断系统再生产的工具,将特权阶层的文化专断以一种习性的形式内化。

布迪厄认为"文化资本"是儿童教育获得的重要背景因素,优势阶层拥有文化资本,通过对教育系统的投资与意识形态的传递,实现精英的再生产。伯恩斯坦、迈克·扬等人的研究使文化资本这一概念得到了具体化,伯恩斯坦则用语言编码理论分析了具有文化意义的语言代码,认为较高层家庭学生对精致语言编码的理解和运用更为有利,迈克·扬则关注学校课程与教学机制,强调"霸权课程"和"符号暴力"在阶层再生产中的作用。

(三) 教育规模扩张与机会获得研究

第二次世界大战以后,随着世界经济复苏和繁荣发展,民主化浪潮席卷全球。欧美大多数发达国家试图通过教育规模和教育机会扩充,回应民众民主化诉求,减少或降低教育获得的阶层背景,实现社会机会均等。但是多年来的教育规模扩张并没有缓解民众对教育阶层差距不满的情绪,民众不公平感受越发强烈。社会学家对西方国家教育扩张和改革所带来的教育机会变化进行深入研究,探讨导致教育不平等的影响因素及其发生规律,相继产生了教育扩展中的不平等最大化理论、优势阶层强化维持不平等理论、理性选择模式等研究成果,丰富了社会分层与教育获得理论研究。

1. 教育机会获得不平等最大化理论

拉夫特瑞和霍特较早从实证角度深入分析大规模教育扩张之后,教育机会的变化规律。1967年,爱尔兰实施中等教育免费政策以及一系列带有均等化意义的教育改革,但是拉夫特瑞等人的研究发现,伴随教育规模急剧扩展,社会阶层背景对教育机会的影响整体在减弱,但是阶层之间的屏障并没有消失。为此,拉夫特瑞等人提出教育机会不平等最大化理论,从宏观层面分析了现代化背景下教育扩展与教育公平的关系,MMI 假设在教育扩张的不同阶段,教育公平变化呈现明显特征差异。

该理论认为,如果教育扩充仅仅是为了适应学龄人口被动增长,那么教育机会不平等不会发生明显的变化,只有当教育扩充幅度超过受教育者需求的增长,社会中下层子女将获得更多教育机会,但是优势阶层仍然维持相对其他阶层的比较优势。只有当社会优势阶层子女在特定教育层次和类型获得受教育机会达到饱和状态,那么教育规模扩充将缩小不同阶层在该层次教育机会的差距。①

西方学者在 MMI 假设的理论框架下,证实了该假设对于工业化国家具有相当大的普适性,塞维特和布洛斯菲尔德选择美国、英国、意大利、德国等 13 个国家和地区为研究样本,这些国家社会结构和教育体系存在差异,但是在教育获得的特征的比较研究中发现,除了瑞典、荷兰外,英、美、德、意等 11 个国家教育规模扩充并没有改变社会不同阶层教育机会获得的差距。②

教育层次越高,阶层背景对子女升学发挥的作用越大。教育不平等最大化理论,强调教育机会总量扩大前提下的教育平等变化态势,强调教育机会饱和状态带来阶层平等化效应,但是并没有考查不同教育类型的质性差异,教育机会不平等从数量差异转向质量差异。

2. 优势阶层强化维持不平等理论

教育不平等最大化理论认为,当某种层次教育水平达到普及化之后,阶层背景对该层次教育机会获得影响将降低甚至可能消失。这种理论受到许多学者质疑。教育不平等最大化理论并没有揭示家庭社会经济背景与教育机会之间的深层关系,尤其是教育体系内部存在的质量优劣和类型分化对阶层影响。

加利福尼亚大学社会学教授卢卡斯分析该大学调查研究中心的数据并证实,当数量的均等在某个教育层级实现后,应该考虑质量的不均等。据此,卢卡斯提出"优势阶层强化维持不平等"理论,这种理论强调,当教育类型和层次呈现明显数量差距,优势阶层子女将保持并占据教育机会获得数量优势;当教育类型从数量差距转向质量差距,优势阶层将保持并占据质量优势。③

教育不平等最大化理论强调教育不平等仅存在未普及的教育层次,卢卡斯则认为即便教育机会在某层次获得数量普及,社会优势阶层将占据并保持教育质量优势,教育机会不平等仍然有效存在。

---

① Adrian E. Raftery, Michael Hout. Maximally Maintained Inequality: Expansion, Reform, and Opportunity in Irish Education 1921 – 75 [J]. Sociology of Education, 1993(1):56 – 57.
② Shavit, Blossfeld. Persistent Inequality: Changing Educational Attainment in Thirteen Countries [M]. Boulder: Westview Press1993:67.
③ Lucas. Effectively Maintained Inequality: Education Transitions, Track Mobility, and Social Background Effects [J]. American Journal of Sociology, 2001(5):1652.

3. 理性选择理论

教育不平等最大化理论和优势阶层强化维持不平等理论强调，持续的教育机会的阶层不平等，是由于优势阶层控制优质教育资源并在教育领域实施社会排斥所导致。理性选择学派在研究路径上，彰显阶层机会获得主体性色彩，将社会阶层结构与行动者互动纳入教育的理性选择模型中，丰富了教育成层的理论内涵，同时解释教育机会不平等持续维持之原因。

理性选择理论的核心命题，即强调优势阶层竭力维持子代地位稳定性，避免代际阶层地位再生产传递失败。处于社会不同阶层的个体，其教育激励和期望存在明显阶层差别，一般说来，优势阶层对其子代抱有较高的教育期望。相比优势阶层家庭，弱势阶层家庭若要让孩子追求更高的教育，需作出更大牺牲，并要具备更强的抱负。[①]

社会学理性选择学派雷蒙·布东从个体教育选择视角考查教育机会变化规律，个体对教育机会的把握是基于阶层的经济背景、教育收益、职业前景等多种因素的考量，作为受教育者，包括学生及其家长通过评估教育机会获得成本与收益，以及未来职业地位获得，从而做出符合自身阶层背景的理性选择。

4. 生命历程假设与教育公平阶段差异

穆勒和卡尔从生命历程观点分析，随着个体生命历程阶段的推移，个体与家庭或父辈之间依赖性联系减弱，因而父辈对子代教育获得的影响将随着受教育程度的逐步提高而减弱。个体生涯不同时段，阶层背景对各个教育阶段教育机会获得的影响程度并不相同。

穆勒认为生命历程的不同阶段教育机会获得与阶层背景呈现不同联系。早期教育机会获得易受到阶层背景影响，因此义务教育阶段规模扩张可以削弱教育机会获得的阶层制约，导致教育机会平等化增强。但是在高中或大学教育阶段教育机会获得过程中，学术才能和学习动机发挥重要因素，其与社会阶层背景的关联趋向于减弱。

三、主要研究内容

本研究分为理论分析和实证调研两部分。首先从学理层面探讨新时代背景下我国农村家长和学生教育需求变化以及农村学生通过教育改变身份面临的障碍等等，并以此为主线索较为全面透视农村教育全貌；其次选择我

---

① 张丽. 当代西方教育分层研究的发展——兼论转型社会教育分层研究框架[J]. 理论界，2011(2).

国东部(山东)、中部(安徽)和西部(宁夏)不同类型农村,通过问卷调查和实地访谈,从实证角度考查农村家长和学生教育需求及其机会获得变化等相关问题。在新时代社会主要矛盾转化背景下,全面勾画农村底层教育变化逻辑、现实困境及背后教育公平问题,并深入探讨农民教育期望与国家教育意愿冲突。在当下社会阶层变化背景下,实证考查农村教育与农村学生的社会流动机会之变化;在城乡教育差距下,探讨农村学生在教育社会流动中面临的多重障碍,以及如何更好地发挥教育分层功能对农村学生的作用。

第一章,从学理剖析和历史纵向视角探析农村教育改革演进与机会获得发展轨迹,考查农村教育改革国家视角与底层教育机会获得背后的教育公平问题,深化农村教育改革和研究的底层视角。

第二章,通过选择三类不同区域农村进行田野调查,从底层视野探讨农民教育期望、需求、选择以及农村教育流动变化,寻找解决对策。当前农村教育涌现"因教致贫"、新"读书无用论"、高考弃考等复杂现象,在社会阶层分化背景下,社会上升流动和渠道减少,极大影响农村家长对子女的教育信心。

第三章,通过实证调研材料,考查城乡教育差距下农村教育之于农村学生的社会流动性质、方向以及阶段特点,教育改革对社会分层的促进和阻碍,有多少是合理的,又有多少是不合理的?教育公平所要求的农村教育对社会分层的作用应当是怎样的?如何促进教育的社会分层功能的良性发展?据此拷问城乡差距现实中的农村教育地位生产与再生产之悖论。农村学子纵向流动的动力在于基础教育质量,但是当前农村教育面临投入短缺、课程适切性差、教师支持系统匮乏等现实困境,农村教育能够帮助农村学生"走在最前面"吗?农村学生能走出农村并迈上"通向城市的阶梯"吗?城乡学生对教育资源占有程度的差别,直接导致个体在社会分层中的不同位置。

第四章,基于城乡结构、家庭背景和学校类型特征等因素考查农村学生教育分流问题。当前优质教育机会竞争尤为激烈,多数农村学生在逐级分流过程中被淘汰。政府鼓励农村学生进入职业学校,从社会分层与教育分流(即分为普通和职业两轨)之间的互动关系分析,由于职业教育的文凭资格影响能力降低,当前面向农村的职业教育更多只是一种"生存教育",而不是"地位(获得)教育",因此认为职业教育起到了"阶层固化"的作用。农村学生所能获得的不同层次类型的文凭资格对他们进入社会阶层的影响具有不同的意义,高校扩招使农村学生接受高等教育机会总量明显改善,但是这种改善始终被高校类型、层次和专业等质性的劣势所抵消,农村学生的社会流动被迫由"地位教育"走向"生存教育"。

第五章，农村学校教育课程、教材、考试等方面的隐性社会分层功能。

本章通过对农村义务教育课程、教材、考试等诸文本材料的细致分析，考查城乡家庭阶层背景、文化习性和生活方式的差异，通过学校教育系统隐蔽地转化为考试成绩差异。通过文本材料分析，更好地理解当下农村教育的社会阶层复制功能。

第六章，探讨新时代社会主要矛盾转化背景下，从农村教育需求变化与农村学生优质教育机会获得视角，加强农村教育供给侧改革，推进有质量的教育公平，不断满足农村家长和学生对优质教育的需求，增强农村家长和学生优质教育资源和机会的获得感。这既是社会基于新时代农村教育需求变化，化解社会主要矛盾，提升农村学生纵向流动动力视角，又是从政策工具、政策过程和政策生态等方面系统考量农村教育促进社会流动的实施路径。转化在教育领域的具体表现，也是新时代全面深化改革的必然要求。

四、研究思路与方法

本研究从多学科视野，注重宏观与微观研究的结合、长时段与短时段考查的联通、学理与案例分析的互渗，以问题的形式重构农村教育需求和学生机会获得的发展谱系，探讨农村教育公平的实践困境，以寻找农村学生社会流动和教育选择背后的内在逻辑。

首先，通过选择宁夏、安徽和山东等3省（自治区）12县的农村学生和家长，从农村家长教育需求以及农村学生社会流动基础、流动方向、流动性质和流动阶段等不同维度对农村学生机会获得中面临的困境进行深入调查和分析，并考查农村家庭教育选择以及地位代际传递困境。

其次，选择我国东部、中部、西部不同省（自治区）典型的农村学校展开深入的田野考查，基于质性研究，通过"地位生产"和"再生产"透视微观社区中教育与乡村社会的关系，希冀在"观察与解释"的细致探索中，从微观视角系统性地揭示中国农村基层社会需求与教育之间独特性的理论进路和现实风格。

最后，将理论剖析与政策研究相结合，基于新时代农村教育需求变化，化解社会主要矛盾，提升农村学生纵向流动动力为视角，从政策工具、政策过程和政策生态等方面系统考量农村教育促进社会流动的实施路径。

关于研究方法，本研究主张以历史唯物主义和辩证唯物主义为方法论的指导思想，借鉴社会学、教育学、人类学等多种学科最新研究成果，采用叙事与逻辑比较相统一、理论研究与实际调查相结合的方式，力求对农村教育需求变化及其机会获得进行深层次的理论透析，以推动农村教育促进合理社会流动来改善社会分层状况、实现社会公平。

1. 文献综合法:通过对国内外相关研究文献的系统梳理,借鉴和吸纳相关研究的结论及方法,在此基础上进行本课题的研究。

2. 问卷调查法:本研究对农村教育需求与机会获得研究是基于对全国3个省(自治区)的抽样调查进行的。通过设计科学的调查问卷,采用分层定比随机抽样,主分层次为县镇学校、乡村学校,次分地区为东部、中部和西部,进行抽样调查,获取有关基本数据,进行统计分析,描述基本现状,总结已有经验,找到存在的问题及其原因。

3. 访谈法:农村家庭教育选择的情景性决定了许多现象和问题单纯依靠理论分析和一纸问卷是难以全面反映的,因此,为了更加全面详细地了解农村教育需求及其农村教育选择微观心理机制,本研究将采用访谈法进行研究,主要采取非结构性访谈。

4. 案例分析法:选择东部、中部和西部某典型的乡村学校作为微观田野现场,通过深入的田野考查揭示农村学生底层再生产的真实境遇及其需求,探究农村底层家庭教育代际地位传递的独特路径。

当前农村教育研究经常建立在大规模问卷调查基础上,这些研究体现社会科学实证态度,但是单一的实证研究往往游离于农村教育和农村社会的具体情境和真实需要,无法对农民生存的环境予以充分的理解,忽略农村学生在通过教育改变身份过程中富有差异性的微观个人行为,本研究将质性研究引进量化分析中,走进农户家庭和农村学生,在互动中认识到农民对教育功能的意义建构。

第一章　农村教育改革的国家视角与底层教育获得

农村教育改革问题实质上是一系列社会变迁的深层次反映，它折射出社会构成和社会秩序的运动影像，对农村教育改革问题的探讨无法脱离对国家宏观社会结构因素的考量。

我国城乡之间教育资源尤其是优质教育资源的分布严重失衡。城乡之间教育差距问题是造成农村教育不平等再生产的结构因素，这种教育差距既包含着超越个体社会成员之间教育机会的差距，又带有决定着中国基本的社会结构的特殊重要性。教育决定着每一个少年儿童的将来命运，政府至少应该在义务教育阶段确保每一个少年儿童都具有相同的教育机会和享受相同的教育质量，这已经成为一种伦理的和道义的要求。政府公平地分配教育资源以及对农村教育的补偿机制是抑制农村教育阶层再生产之基础。

应该看到，党的十八大以来，国家持续加强对农村教育良性发展的政策投入，城市反哺农村的体制逐步形成。但是农村教育弱势地位仍未根本转变，导致农村教育不平等再生产的机制体制惯性仍然存在。城乡二元结构不平等的权利、资源等关系得以通过教育机制实现再生产。

第一节　我国城乡社会制度变迁与教育机会不平等变化

过去近70年中国城乡教育机会不平等的变化趋势充分反映了国家政策的影响效应，户籍制度的实施、"文化大革命"运动的开展，以及经济改革的推进等等，都对教育机会平等状况产生了重大影响。

新中国成立以来，中国采取了城乡分治的双元发展路径。严格的户口和人口流动限制，辅之以巨大的价格"剪刀差"，一直以来都是农村补贴城市,农村为城市让路。以城市为中心的发展模式,则进一步加深了农村与城市之间的差距。城市就像一台巨型抽水泵,源源不断地从农村抽取各种资源。

1. 城乡二元结构与社会阶层再生产的森严性功能凸显(20世纪50—60年代)

吉尔巴特和卡尔将决定社会分层的因素分为三类:经济变量、社会互动变量和政治变量。[①] 我国自20世纪50年代以来,城乡社会三类变量相互作用,刚性社会制度中的城乡社会结构日趋形成,城乡分治的不均衡政策不断强化,主要体现在:

(1) 国家掌握社会资源分配权。

国家掌握几乎全部的社会资源,我国的社会分层模式是政府主导的"再分配体制"[②],这种单一的社会分配模式决定了个人对社会资源的占有模式,个人的社会地位依此而形成。国家通过制度安排,配置社会资源。隶属不同的体制,享受不同资源配置。国家资源配置基于城乡二元结构的社会体系,在该制度体系内,国家向城镇提供各种优于农民的待遇,如社会保障、教育资源、子女就业、食品供应等等。城市享受国家各种优惠补贴和福利,而农民却无形中被牢牢地限定在农村和土地上。城乡居民发展机会严重不均等。

(2) 城乡户籍分割制度。

自20世纪50年代实施严格的户籍制度,户籍制度是对农村社会流动影响最为深远一种国家制度安排。《中华人民共和国户口登记条例》颁布,确立城乡二元户籍制度,改变城乡人口自由流动格局,政府逐步实施一系列城市偏向的政策与制度,在此背景下,城乡社会发展的差距被拉大,农村居民和城市居民在教育、就业、社会福利等方面也不再享有同等的"国民待遇"[③],脱离农村户籍于是成为农民新的向往和选择。户籍制度最重要的特征就是城乡分割和城乡不平等。城乡分离限定农民的社会流动。农民实现社会阶层流动的方式大多只能在国家分层制度框架中展开,通过参军、升学、招工等极少的名额来实现,"农转非""铁饭碗",在城市安家落户,国家负责就业、住房、退休金等社会福利,这是农村青年梦寐以求的奢望。农民职业结构很难发生转变,农村社会结构及其阶层变迁与流动机会极为有限,固

---

① 王长征. 消费者行为学[M]. 武汉:武汉大学出版社,2003:309—311.
② 王新. 伴随村落终结的社会分层[D]. 吉林大学,2005:6—8.
③ 胡晶晶. 改革开放以来中国城乡居民收入差距研究[M]. 北京:人民出版社,2013:26.

守乡土社会封闭特性。

（3）严格的身份制。

严格的户籍制度不仅造成城市与农村的隔离,而且建构了中国社会中的"身份制",国家赋予全体社会成员不同的社会身份,包括"干部""工人"和"农民",不同身份之间不能随意转换。①

户籍制和身份制等先赋因素严重制约农村人口流动,由于社会结构封闭,社会流动机会有限,超越城乡二元对立的社会结构,其根本途径只能是教育。农村家长不希望子女复制自身,渴望子女改变地位,大中专教育是实现向上社会流动的主要机制。"不管大专中专,只要是专(砖)就比咱土坷垃强。"这是农村家长强烈的呼声。通过教育实现向城市流动,进入国家体制内,享受各种待遇,成为农村家庭美好的期望。但是,"文化大革命"期间,废除高考,教育实现社会流动的正常机制被阻断。

2."教育革命"与教育的社会分层功能丧失(20世纪70年代)

"文化大革命"中,知识和文化在"教育革命"中遭受空前批判,知识青年"上山下乡"教育的流动机制遭到阻断和扭曲,教育的筛选功能和社会分层功能几近丧失。

1966年6月13日,中共中央批转《关于改革高等学校招生办法的请示报告》,认为:"现行的招生考试办法,是资产阶级的办法,没有突出无产阶级专政,是业务第一,分数挂帅。"②于此背景,改革高校招生制度,鼓励"白卷英雄","群众推荐、领导审批和学校政审"上大学,政治表现和家庭出身成为选拔标准,将知识考核置于无关紧要的位置,规范的教育评价系统失去意义,"知识越多越反动",文化和教育水平的高低不再是衡量社会流动的标尺。大学入学门槛仅仅强调政治和家庭出身,文化程度要求极低,甚至出现极为简单的常识性错误。③

1976年,《人民日报》发表朝阳农学院教育革命经验,倡导建立一套与正规教育制度相对立的革命教育模式:

打破知识分子统治学校的局面,由工人阶级和贫下中农实施对教育的领导;

改变旧教育学校办在城里的格局,学校尽量办到农村去;

拆掉旧教育的等级阶梯,从哪里来回到哪里去;

---

① 李强.现代化与中国社会分层结构之变迁[J].教学与研究,1996(3):27—29.
② 陆学艺.当代中国社会流动[M].北京:社会科学文献出版社2004:70.
③ 郑谦.被"革命"的教育:"教育革命"始末[M].北京:中国青年出版社,1999:84.

反对智育第一，坚持政治挂帅，把思想教育放在首位；

反对"正规化"，坚持半工半读、勤工俭学，亦工、亦读、亦农、亦兵、亦商；

打破教师、书本、课堂的"三中心"，和基础理论——专业基础理论——专业课的"老三段"，坚持教学、科研、生产三结合；

办教育不单是教育部门的事，工厂、人民公社也要办学校，学校也要办工厂、农场；

努力扩大全民的受教育机会，宁可降低教育水准；

学生积极参与学校的管理；

大力培养"又红又专"的师资队伍；

建立广泛的教育机构，将整个社会办成一所大学校；推广学校、工厂、农村、机关普遍实用的教育形式。①

教育与社会流动之间运行机制完全扭曲，高等教育就业分配原则上回到原单位、原地区工作。农村被认为最革命的地方，体力劳动被认为最崇高的职业。但是"文化大革命"打破教育贵族化，却产生更为不平等的异化现象："比1966年以前更为突出的是，从学生的构成上反映出了一种更为严重的精英教育。上大学的大都是干部的子女，这在当时是司空见惯的事，因为这些干部有权操纵取代了学业标准的入学政治标准。"②

"文化大革命"时期的教育，应该说是对新中国成立17年来的教育的一场反动，它看到了制度化教育存在的城乡对立，试图通过取消考试制度和直接选拔工农兵学员读大学，来打破城乡教育之间的等级差别；幻想通过将知识分子和青年学生下放到农村接受锻炼，来取消城乡文化的差距。最终通过群众运动将60年代发展起来的对立的、竞争的结构统统摧毁的实验失败了。苏珊娜·佩帕认为，"指望有一种教育制度以某种能够有效地、比较公平地将城市—乡村、精英—群众这些矛盾的目标结合在一起的结构代替原来的那些结构，将被证明是更为困难的"③。

但是在国家主导社会资源平均分配的体制下，试图弥补城乡教育差距，"文化大革命"时期中国社会结构呈现扁平化形状，城乡教育发展几乎处于同样的起跑线上。

---

① 朝阳农学院. 在批判旧世界中建设新世界——我们是在哪些重大问题上坚决同17年的修正主义教育路线对着干的[N]. 人民日报，1976-2-14.
② 陆学艺. 当代中国社会流动[M]. 北京：社会科学文献出版社，2004：71.
③ [美]麦克法夸尔，费正清. 剑桥中华人民共和国史(下卷)：中国革命内部的革命(1966—1982)[M]. 俞金尧，等，译. 北京：中国社会科学出版社，1990：456.

3. 恢复高考与教育选拔功能增强(20世纪80—90年代)

改革开放以前,国家通过中央计划来配置社会资源,所有社会成员都根据其由国家所赋予的不同先赋身份比如地位属性身份、城乡居民身份等,获得资源配置。但是改革开放以后,个体自致因素在机会获得和社会流动中的作用日益重要。

1977年10月12日,国务院正式批转原国家教委制定的《关于一九七七年高等学校招生工作的意见》,高考制度恢复和升学考试成为改革开放以来多数农村青年脱离农村、走向城市的必经阶段。大学招生制度以考试分数为唯一标准,既不考虑家庭成分和出身,也不需要单位推荐,且享受国家生活补助,高等教育成为最公平的社会流动机制。总之,高考制度的恢复,给在城乡二元结构中处于不利地位的广大农村地区的成千上万学子提供了一条社会认可的、提高自身社会经济地位的途径。尽管在城乡二元结构限制下,农村学生升入高等教育面临诸多障碍,但是农家学子在大城市生活、国家干部身份、稳定的工作和令人羡慕的收入诱惑下,在家长、老师热切的期待与督促下,为升学而拼搏、苦读。这可以说是20世纪80年代城乡教育发展的主流。

1978年启动了中国政治经济体制改革新进程,经济体制改革率先从农村取得实质性突破,农村流动自主性和后致性增强。虽然农村取得改革开放的先机,但是伴随城市政治经济改革深入和经济繁荣,尤其是市场化进程、城镇化迅猛发展,城乡差距进一步拉大,城乡教育资源、教育机会获得等方面存在巨大差距。20世纪70年代末期以来,经济因素催生的社会分化逐渐显现,国家政治意识形态所发挥的社会分层因素逐渐淡化。教育从阶级斗争的工具转化为实现现代化的基础。[①] 20世纪70年代末我国教育改革呈现精英化趋向。基于现代化和工业化强烈诉求,需要加快培养更多优秀人才,教育体制内部不断强化重点学校制度。[②] 与此相应,基础教育阶段重点与非重点等级化的教育选拔和升学考试制度,不断对学生的系统化地选拔归类,教育系统几乎成为社会分层化的机器。[③]

在等级森严的升学考试制度体系之中,教育的选拔功能得以淋漓尽致地发挥。它一方面选拔出了精英人才,享受大城市生活和国家干部身份,摆脱不利的农村环境;另一方面又逐级淘汰大部分人,由此形成"千军万马过

[①] 李培林,李强,孙立平.中国社会分层[M].北京:社会科学文献出版社,2004:399.
[②] 邓小平.邓小平文选(第二卷)[M].北京:人民出版社,1994:40.
[③] 李培林,李强,孙立平.中国社会分层[M].北京:社会科学文献出版社,2004:400.

独木桥"的局面。农业生产和经营方式变革以及市场化深入,农村改变地位和实现成功渠道逐渐增多,但是通过升学考试,改变户籍和身份,实现城市生活的梦想一直很强烈。在农民观念深处,升入大中专,获得体面的社会地位,是农家子弟成功的象征,是含辛茹苦供养子女最大的回报,亦是家族荣耀的表征。

应该看到改革开放初期,国家采取严格而公正的高考入学制度,并且由于高等教育资源稀缺性,国家采取免除学费和统一分配制度,在这种精英教育背景下,农村家庭因为初始禀赋条件较差,往往通过更加刻苦学习来获取有限的高等教育机会,高等教育促进农家子弟上升性流动功能相当显著。

4. 市场化和扩招背景下农村底层的升迁性社会流动功能呈现弱化态势(2000年—)

20世纪90年代后期以来我国教育改革市场化日益凸显,打破以前中央财政经费负担教育费用的局面,家庭、个人分担教育成本,教育的地区差异由此拉大了,富裕地区和城市比贫困地区和农村拥有更多的教育资源,从而提供更多的上升性流动机会。20世纪90年代末高校大规模扩招开始,收费并轨制度的执行对我国农村家庭的冲击很大。国家教育统一分配制度结束、就业难度加大以及家庭教育成本直线上升,导致农村中经济贫困的家庭难以负担,农家子弟通过教育的渠道实现社会升迁性流动机会减少了,教育市场化对于农村教育的城乡流动产生不利的影响。高等教育进入大众化的新阶段,农村户籍出身的青年因高考流向城市的机会、规模有了较快的增长;但随着高校收取学费制度的全面实施,人们发现,农村子弟迈入名校、流向较高社会层级的机会呈现出日益下降的态势,教育投资和社会回报的不成比例渐趋凸显,新"读书无用论"重新抬头,农村教育和社会流动良性机制建构的问题引起社会公众关注。

农村家庭的教育需求在农村教育的现实状况面前受阻挫。20世纪90年代后期我国农村教育的社会分层功能逐渐下降,高等教育在满足农民地位教育取向上呈现弱化态势,削弱农家子弟对教育的上升性流动的追求。始于1999年的高等教育扩招,使农村学生在高等教育机会绝对数量的获得上有所提高,但是与20世纪80年代和90年代中期农村学生相比,高等教育从以前显著的地位取向逐步走向生存取向。伴随社会总体教育程度和职位门槛所要求学历程度上升,高等教育从精英教育迅速走向大众教育,加剧农家子弟上升性流动的难度。教育促进社会成员的升迁性社会流动的功能减弱了,高层次的教育并不必然带来好的收入和职业地位。

第二节　城乡教育分治的政策架构与城乡教育差距扩大

目前我国农村教育整体薄弱的状况尚未得到根本改变,城乡教育资源配置失衡、教育机会获得不平等现状依然严重。长期以来,我国城乡教育呈现明显的断裂与失衡,而城乡教育的分割、分离与分治及其带来的"重城轻乡"的政策取向则是我国城乡教育长期非均衡发展的制度与政策根源。

农村教育与"三农"问题息息相关,发展农村教育,办好农村学校,直接关系到农民的切身利益,是实现城乡学生公平发展的基础。但是国家和中央政府对农村教育投入长期不足是造成农村教育质量问题的重要原因。长期以来,我国农村义务教育管理体制重心过低,农村教育基本上是由农民集资办教育,绝大部分农村地区教育投入不足。1985年《中共中央关于教育体制改革的决定》要求基础教育由地方负责、分级管理,从而确立了对后来的城乡教育发展产生重要影响的新的教育制度——"分级办学"制度。"分级办学"造成低重心的农村义务教育管理体制在20世纪80年代末被进一步分散,分级办学、分级管理实际上形成了农村地区的办学经费由乡镇和乡村支付,而城市的办学经费由城市政府支付的办学格局。农村义务教育由地方负责,以乡镇为主,意味着卸掉了中央政府的财政包袱,国家对农村基础教育经费投入大幅度减少,加剧了村民的教育负担。城市与农村分级办学,农村教育管理体制以乡镇为主,农村、乡镇出资举办义务教育,中央政府将农村义务教育的责任转移至乡镇财政,加重农民负担。应该看到,20世纪80年代以来农村生产经营模式的变革,使国家与地方社会的利益分化,"农户"个人的利益得到尊重和承认。在这种情况下,"分田到户"式的自主经营,使乡村级政权失去了大规模的无偿支配集体资源的现实基础。"分级办学、分级管理",实际上是村办小学由村级政权负责,而村级政权丧失了存在的经济基础,几乎处于涣散状态。这样,乡村学校与村级政权一直处于紧张状态,80年代初期,农民收入稳步提高,这种矛盾被隐蔽起来,但是到了90年代中后期,农产品价格下跌,农民收入下滑,村级政权向农民征收过高的教育费用必然加重农民负担。20世纪90年代以来,学费一路攀升,农民苦不堪言。1994年分税制改革使地方财政支出陷入困难,2000年农村税费改革,取消乡统筹、改革村提留、取消农业税,使占农村义务教育经费约30%的教育附加和教育集资被取消,省级财政的转移支付难以达到教育附加和教育集资水平,农村教育陷入困境,诸如借债普九、拖欠教师工资、农村初中生辍学等问题频现。

"分级办学,以乡镇为主"的农村教育管理体制,不仅加重农村社会和农民经济负担,而且造成了农村教育的滞后和城乡差距延续和扩大。农村基础教育经费严重不足导致农村校舍危房坍塌、学生辍学流失、农村教学质量低下、拖欠教师工资等突出问题,农村义务教育发展步履维艰。在农村教育经费严重匮乏和农民收入递减的背景下,20世纪80年代末至90年代末,我国农村中小学流失率、辍学率较高,矛盾集中在"上学难、上学贵"。我国自20世纪90年代以来年均辍学的中小学生约400万左右。20世纪90年代末,高等教育收费制度改革,使私人分担的教育成本进一步提高,影响农村义务教育阶段学生求学积极性。

"分级办学"制度实际上意味着在义务教育阶段将城乡进一步分割,客观上迟滞了农村教育的发展,造成了农村与城市之间教育机会不平等的延续和扩大。

"分级办学"制度造成的教育投入不足已是制约农村基础教育可持续发展的瓶颈问题。步入新世纪以来,针对教育经费短缺和教育不公平现象,国家决定实施农村义务教育经费保障的新机制。2001年5月,国务院颁布《关于基础教育改革与发展的决定》,实行"以县为主"的义务教育管理体制,旨在解决农村教育财政投入严重不足的问题。

针对农村学生经济困难,我国逐步推行免费义务教育和农村学生资助政策,从经济层面解决了农村学生流失、辍学之贫困基础,2006年《义务教育法修订草案》中明确规定,义务教育是国家为所有适龄儿童和少年实施的完全免费的教育,是中央政府予以保障的公益性事业。2006年中央政府对西部农村义务教育实施"两免一补"政策,2008年实现了全国性的免费义务教育政策。免费义务教育政策的实施,缓解了农村学生教育负担,从根本上解决贫困学生家庭"上不起学"的问题。《国家中长期教育改革和发展规划纲要(2010—2020年)》强调缩小城乡差距,统筹城乡教育均衡发展,为城乡学生提供公平的教育机会。城乡义务教育公平与优质发展,必须打破义务教育城乡分割、分离、分治的制度瓶颈,建立以城乡融合为基础的城乡一体化的义务教育体制,为城乡义务教育均衡发展提供制度保障与支持。针对现行"地方政府负责,分级管理,以县为主"管理体制存在的弊端,必须统筹管理城乡义务教育,终止城乡教育分治,实施城乡教育一体化规划。

近年来,政府不断重视城乡教育的均衡发展,加大了对农村教育资源的投入,为城乡教育公平提供各种政策和物质保障。2010年《国家中长期教育改革与发展规划纲要（2010—2020年）》提出"均衡发展是义务教育的战略性任务"。2012年党的十八大报告提出均衡发展义务教育,大力促进教育公平,合理配置教育资源,重点向农村、边远、贫困、民族地区倾斜。2012年,国务院颁布下发了《关于深入推进义务教育均衡发展的意见》,强调加大对农村的基础教育投入。2017年9月,中共中央、国务院印发《关于深化教育体制机制改革的意见》,强调着力解决城乡教育失衡问题,建立城乡教育均衡发展体制,党的十九大报告提出要"推动城乡义务教育一体化发展,高度重视农村义务教育……努力让每个孩子都能享有公平而有质量的教育"。

近年来,虽然"一体化"与"统筹城乡"作为城乡教育发展的行政性纲领,但是由于城乡义务教育原有差距过大以及原有政策的巨大惯性一时难以逆转,城乡教育资源分配制度变迁有着自己特定的演进路径,受到路径依赖作用的制约。当前教育资源分配的城乡二元差异制度很难在短时间内被破解,这也就是为什么十多年来,通过国家不断加强对乡村基础教育的投入,城乡基础教育差距虽然在不断缩小,但是差异仍旧存在的原因。

第三节　政府教育布局调整与教育机会获得

20世纪90年代后期,我国农村中小学开始新一轮的布局调整,大量的农村生源、师资、教育资源持续性地向中心城镇集中,对农村教育和农村学生受教育机会产生严重的影响。

教育在本质上属于国家治理的工具。近百年来,农村教育布局调整呈现重心下沉的趋向。中国农村教育现代化其实质是不断向乡村推广和普及新教育的过程,是"文字下乡"的历史进程,其本身亦是国家实现现代化宏图的重要组成部分。而新一轮的农村中小学布局调整呈现相反的方向,是一个"文字上移"的过程。农村学校从外部"植入"到向外部大规模"剥离",进而加剧了农村教育衰败的现象。农村学校被大规模从底层村落中剥离出来经历了从"文字下乡"到"文字上移"的复杂过程,其实质是"发展主义"的现代性逻辑和"国家主义"的政治逻辑之于乡村教育在不同阶段中的控制策略和操作手法。

一、"文字下乡"中的国家意志

"文字下乡"运动是民国早期教育现代化的重要组成部分,反映强烈的民族国家教育建构诉求。"文字下乡"运动始于20世纪初期新学运动,试图向乡村社会输入西方文化系统,以其拓展性、及时性、精确性、完备性特征重构乡土社会中乡民意识,借以实现教育救国的宏愿。

(一) 文字、教育与乡土社会

传统乡土社会是一个不需要文字的社会。乡村社会是熟人社会,面对面接触和交往,有时甚至语言都略显多余。文字作为一种特殊符号,基本上是少数特权和有闲阶层的专利品,这种充满神秘感的符号,内化为老百姓心中"敬惜纸张"的敬畏感,远离普通农民的生活世界。文字具有神秘性,敬惜字纸,功德无量。文字的"魅力"决定了儒生作为四民之首的地位。费孝通在《乡土中国》中论述,"中国社会从基层上看去是乡土性,中国的文字并不是在基层上发生。最早的文字就是庙堂性的,一直到目前还不是我们乡下人的东西"。① 在乡土熟人社会中,面对面的交往无需文字这一特殊神秘的符号,人们在封闭的环境中,依靠口耳相传传递生产和生活经验,既已满足日常社会生活,乡土社会没有文字的需要,教育与乡土社会没有任何中介环节。

"日出而作,日落而息,帝力于我何有哉",折射出封建帝制时代的乡村社会与国家权力关系之间保持着相当的距离,乡村社会具有自身的独立性。事实上,古代乡村社会是资源匮乏型的社会架构,无法供养庞大官僚体制所需要的资源,费孝通强调绅士在乡村社会权力结构运行中扮演重要角色,古代乡村社会结构通过社区契约和长老教化维持乡村社会权力平衡。封建帝国权力通过绅权对乡村社会采取无为而治的生态格局。

20世纪民族—国家的建构是近代中国的政治主旋律。民族复兴与民族国家建构紧密交织,国家的建构宣告于民族主义的框架中,与现代化的观念紧密联系在一起。② 教育承担国家建设之职责,现代教育制度是国家意志和文化象征之表达载体。

20世纪以来,国家与乡村社会关系从疏远走向加强控制。现代民族国家建构过程实质是国家权力不断下沉,行政体系健全和强化的过程,包括法律规范、行政监视、工业管理和意识控制等诸多方面,从而将乡村内部的农民不断地从地方性的制约中"解放出来"。

现代民族国家建构必须加强对资源的汲取,将乡村纳入政府资源控制之内,包括改造乡村社会的权力结构以及经济基础、干预地方财政制度、以

---

① 费孝通.乡土中国 生育制度[M].北京:北京大学出版社,1998:5.
② [丹麦]曹诗弟.文化县:从山东邹平的乡村学校看二十世纪的中国[M].泥安儒,译.济南:山东大学出版社,2005:10.

"新学"取代传统社区文化,乡村社会作为基层单位开始被纳入国家政权的建设架构中。

(二)"文字下乡"中的国家意志与基层教育需求之冲突

现代学校是现代性生成的重要组成部分,逐步实现了乡村社会由"科举化社会"向"学校化社会"的转向,由松散的教育空间向国家化和制度化教育空间的转向。

"文字下乡"代表国民政府向乡村推行"新教育",是改造传统社区文化的重要手段。新式教育承担着民族国家建设和改造乡村的任务,成为影响近代中国乡村社会流动和社会变迁的重要因素之一。

农村私塾与新式学堂之竞争是 20 世纪初我国农村教育的基本特征。国民政府在传统农村社会中,强行实施新教育制度必然招致传统教育形式和地方利益反抗。现代教育和教师以政府支持为后盾,理应在乡村教育领域占据主导地位。然而事实上,在清末到民国相当长一段时间里,乡村的教育阵地是由塾师而不是由新式教员所掌握,以学校教育为代表的国民教育并没有得到基层民众的普遍信服。

1936 年,燕京大学社会学系廖泰初在山东省汶上县田野调查中发现,政府主导"新学"在乡村并不为村民认同,村民仍喜欢"私塾",国家的教育意志与底层需求产生冲突。新式学校在政府的支持下,不断向传统教育发起"攻击",争夺生源是双方对抗的焦点,面对新学咄咄逼人之势,私塾并没有在政府的高压下处于落败地位,反而在民众的烘托下枝繁叶茂;"新学"虽然以政府的后盾作支持,但却是苦苦挣扎。

廖泰初在山东汶上县的调查发现:

> "民国二十四年,(汶上)城内私立育德小学最好的几个学生,给本街的一处私塾拖走了,经与街长交涉无效,校长始终摇头继则嗟叹;
>
> 四区赵庄民国二十四年春天,乡长自办一私塾,附近高里小学学生减去四分之一;三区孙家庄小学,有来自邻村冯庄的学生,其中三个为该村塾师拦阻,不使其到孙庄上课;
>
> 九区马村小学与一私塾同在该村阎氏祠堂授课,西屋为小学,东北屋为私塾;一方高诵'猫儿叫、狗儿说',一方高诵'孔子曰,孟子说'。短刀相接,互争雄长。"①

---

① 廖泰初.动变中的中国农村教育——山东汶上县教育研究[M].北京:燕京大学社会学系,1936:39.

新式学堂的教学安排与乡村社会生产和生活实际产生严重的冲突，这是新式教育受到较多批评的一个方面。① 新式学堂在教学时间、假期安排等方面烙上工业化色彩与乡土农事存在诸多矛盾之处，这种教学不仅不利于乡村学校儿童学习，而且极易引起一般乡民反感。而私塾安排灵活，不强调统一，授课的时间与农历作息时间相吻合。而学校所教的内容，"半是说些城市中间的东西，太不合农村的需要，同时学校教师态度亦与农民隔绝，所以农民对于学校，大多是有怀疑的"。私塾在乡土牢固的根基与广阔辐射面，使得乡民对私塾有着一种割不断的情缘，国民学校提供的知识在他们看来属于遥远且陌生的知识，这类知识符合升学需要和城市趣味，却脱离当时农村社会现实，成为洋八股，白话文运动后，小学的国文水准更降至"大公鸡喔喔叫""大狗叫，小狗跳"的水平。乡村小学教材不切于民生日用，毕业生所学知识与社会需求产生隔膜。

　　应该看到国民政府主导新教育运动试图将乡村纳入政府管理控制体系之内，彻底改变乡村固有的文化权力结构，但是西式的现代学校与乡村社会无法调和。新式教育在乡村的推广意味着国民政府试图将乡民转化为公民的诉求。但是在实施过程中忽视乡村文化和乡村社会实际情形，忽视现代性与传统乡土资源的有效嫁接。国民政府强制性地取缔私塾和改造私塾教师，忽视其在乡土社会和文化上存在的合理性。传统和现代之间是一个连续的过程，试图推倒一切，重新再来，只会造成文化的断裂及其新旧之间剧烈的摩擦。费孝通在《乡土中国》中强调，提倡文字下乡的人，必须首先考虑到文字和语言的基础，否则开几所乡村学校和使乡下人多识几个字，也许并不能使乡下人聪明起来。只有激发农村方面的主动性，形成双向交流与互动，教育才能产生应有的效果。

　　从我国新式教育产生的原点来分析，现代教育具有强烈的民族国家建构和工业文明诉求，现代教育作为一种超地方的"国家事业"，追求的理想目标是培养新式的"国民"，掌握世界性的"高层文化"，致力于现代民族—国家

---

① 雷士俊在皖南农村调查发现，"有些家庭宽裕的农民多半愿意子弟到私塾里去，村中的小学校，他们是不肯让子弟进去的"。雷士俊.皖南农民状况调查[J].载《东方杂志》第 24 卷 16 号. 苏珊娜·佩珀说："20 世纪 30 年代，一个由政府和私人资助的从小学直到大学的现代化学校网已建立起来……调查者发现，农村人尤其倾向旧式教育，因为这些更接近他们迄今尚未变化的生活和劳作方式。旧式的教书先生因其年事较高因而比近代学堂的老师更受人尊敬；新的课程派不上什么用场，而传统的课程更适应农村的需要，因为在乡村和家庭生活中，人际关系仍然是主要的问题。旧的教育形式比较随便，更容易随农事忙闲进行安排，同时，费用也比较低廉。"[美]麦克法夸尔，费正清.剑桥中华人民共和国史（1949—1965 年）[M].谢亮生，等，译.北京：中国社会科学出版社 1990：201.

建设。这样,现代性教育空间在村落的设置必然与乡村地方社区产生矛盾,政府强力推行新式教育,向农村输入新的价值观念和理想追求,促进农村传统文化向现代文化转型。但是"国家化""现代化"教育与农村地方性知识与习俗的冲突是百年来农村教育与农村社会之间难以解决的隔膜。在20世纪二三十年代的乡村教育图景中,私塾与学校之争恰恰反映了基层民众教育需求与国民政府理想期望之间的矛盾。

二、布局调整中"教育上移"与受教育机会变化

20世纪90年代后期,在撤乡并镇、撤村并乡等制度安排的背景下,国家大力推行农村学校和教学点的撤并,使得部分农村义务教育生源和师资流向城镇。

作为地方税费改革的配套措施①,国家层面于2000年要求调整农村义务教育布局,2000年《中共中央、国务院关于进行农村税费改革试点工作的通知》,提出农村义务教育布局调整问题。2001年5月,国务院颁布《关于基础教育改革与发展的决定》,开始全国范围内农村中小学布局调整,改变按照行政村布局办学格局,撤点并校,发展规模效益,逐步形成城镇集中办学的教育布局。

与民国时期政府强力推行"文字下乡"截然相反,新一轮农村中小学教育布局调整是政府层面主导的"文字上移"过程,十余年来的农村教育布局调整对农村教育发展影响巨大,波及国家、地方政府、农村家长和学生等利益主体,衍生出众多问题。国家教育架构与农村教育需求之间复杂纠葛是新一轮农村义务教育布局调整存在的主要矛盾。从国家利益角度分析,调整布局的动力与缓解税费改革之后地方政府和教育行政部门财政压力有关。按照工业化思维方式,农村学校布局分散无疑被认为是低效率的,布局调整有利于政府优化教育资源,提高办学效益,改变农村中小学教育布局零散、规模小,学校建设维修费用大等弊端,同时布局调整适应了国家城镇化战略,以及农村学龄人口减少的趋势。

但是在规模和效益调整的过程中丧失了对农村教育本体价值的关注,政策设计较少顾及农村学生和家长的真实需求。作为重要公共产品的农村中小学布局调整无法实现推行自下而上和自上而下相结合的规划,农民对农村教育需求难以发出声音,也难以得到满足。

---

① 2000年《中共中央、国务院关于进行农村税费改革试点工作的通知》,提出农村义务教育布局调整问题;2001年《国务院关于基础教育改革与发展的决定》强调"因地制宜调整农村义务教育学校布局"。

表 1.1 近 10 年来我国农村小学数量变化

年份	2001	2002	2003	2004	2005	2006	2007	2008	2010
学校(所)	416 198	384 004	360 366	337 318	316 791	295 052	271 584	253 041	210 984
教学点	110 419	108 250	101 674	98 096	92 894	87 590	83 118	77 519	65 447

数据来源:中国教育统计年鉴(2001—2010).

2001 年我国农村小学共有 416 198 所,教学点 110 419 个,2010 年农村小学数量 210 984 所,教学点 65 447 个。农村小学数量减少 205 214 所,占总数量 49%,10 年间,小学数量几乎减少半数。农村教学点从 110 419 个,减少至 65 447 个,缩减数量 44 972,占总数量 41%。农村教学点对偏远农村地区学生就读意义极大,数量急剧减少必然造成农村学生上学难。

表 1.2 近 10 年来我国农村初中数量变化

年份	2001	2002	2003	2004	2005	2006	2007	2008	2010
学校(所)	35 023	37 423	32 588	32 713	30 524	28 664	26 124	24 588	21 311

数据来源:中国教育统计年鉴(2001—2010).

2001 年我国农村初中数量 35 023 所,2010 年减少至 21 311 所,10 年间缩减了 13 712 所,占总数量 39%。10 年来,布局调整后我国农村中小学数量锐减,带来复杂的社会问题。

首先,农村教育布局调整给农村社会包括农村家庭、学生和社区产生深刻的影响,"镇办小学,县办中学"造成上学距离远。布局调整之后农村孩子上学路越来越远,安全问题日益凸显,间接加大学生流失辍学可能性。学校数量减少,有利于节约资本,提升规模,但是过度和无序的学校撤并,造成学校的集中化程度越来越高,离农村距离越来越远,甚至学生需要在路上行走 1 小时左右。部分地区在实施过程中提出"学校进城",不仅高中进城,而且初中、小学都进城。农村交通闭塞和路况条件较差,家长接送孩子,极不便利,校车运行不规范,安全事故频频发生。农村孩子上学成本间接增大,校车安全问题频现,辍学率反弹。21 世纪教育研究院发布研究报告表明,"从 2000 年到 2010 年的十年间,平均每天就要消失 63 所小学、30 个教学点、3 所初中,几乎每过一小时,就要消失 4 所农村学校"。农村小学生学校离家的平均距离 10.83 华里,农村初中生离家的平均距离 34.93 华里。[①] 过度的撤点并校,导致农村学生辍学率和流失率攀升,2013 年国家审计署发布报

---

① 我国小学辍学率退至十年前,辍学主体移至低年级. 2012 年 11 月 19 日,人民网.

告,"撤点并校"之后部分地区农村学生辍学人数增至 1.1 倍。①

其次,农村家长必须承担子女城市或县镇上学的交通成本、食宿成本,加重农村家庭经济负担。农村中小学布局调整过程中辍学率反弹,"上学远、上学贵、上学难"问题显现。虽然我国已经实现完全免费的义务教育,但是农村学校向城市和县镇集中的速度过快,远远快于农村人口向城市或县镇转移的速度,为此农村家庭不得不付出巨大的花费去较远的城镇接受基础教育。在许多农村地区,义务教育辍学率呈现反弹趋势。另外农村寄宿学校不规范,学生生活尚不能完全自理,缺乏父母情感呵护,不利于学生身心全面发展。

再次,农村学校布局调整之后,众多村小或教学点撤并和消失,意味着村落文化从村落里抽离,对于原本薄弱的农村教育文化是一个致命打击,损害了乡村文化建设,破坏了文明在乡村的传播,加速了农村社会的萧条。农村学校作为乡村文化机构的象征,不仅发挥教书育人、传道授业解惑之职能,而且承担传承文明,改良风俗,涵养民风之重任,学校的消失,无异于教育的消失,农村无教育对未来农村发展产生严重的负面作用。当前农村学校布局调整,在一定程度上破坏了农村文化生态,农村社区缺乏有效的文化载体,导致农村精神文化生活陷入空虚和匮乏状态。

最后,以追求质量、效益和规模为核心和以满足农民对优质教育需求为出发点的农村义务学校布局调整,最终可能导致优质教育资源逐渐向城市和县镇过度集中,制造更大的优质教育资源垄断的"托拉斯"集团,学生择校、生源竞争、学校乱收费等问题更为严重。近些年来,城市和县属初高中的连年扩大招生,高中师资极缺,城市中学到县属高中,县属高中到乡镇挖走了许多年轻优秀教师,造成农村年轻优秀教师外流。"村里的老师往镇上走,镇上的老师往县里走,县里的老师往市里走,市里的老师往沿海城市、大都市走。"这一非正常流动现象严重破坏了农村教育平衡,极大地阻碍了农村教育改革。农村学校的教师,尤其是优秀教师不断外流,高校优秀毕业生又很难引进,这也是农村教师发展陷入困境的又一重要影响因素。城乡师资分布失衡,总体上城市教师超编,农村和边远地区缺少优秀合格的教师,这是一种极不合理的流动现象。农村中小学教育反而在优质教育资源垄断面前愈发失去竞争力,逐渐丧失生存空间,甚至走向自然消亡,城乡教育失衡问题更加突出。

应该看到,"撤点并校"进程存在着一定的合理性。但是,它并没有真正

---

① 审计署.农村中小学撤并致辍学人数增 1.1 倍.2013 年 5 月 4 日,中国青年网.

回应教育差距的问题,反而强化了既有的差距格局。但是随着围绕农村学校布局结构调整而发生的各种事件日渐频发,学生辍学、寄宿学生问题和校车安全事件频现,社会公众和舆论将校车安全等衍生问题归结为"撤点并校"政策实施,2012年国务院出台《关于规范农村义务教育学校布局调整的意见》,开始彻底叫停大规模农村中小学布局撤并,恢复和保留农村小规模学校和教学点。

中央政府停止"撤点并校"政策的出台,实质上以强调"就近入学"的原则,反对地方膨胀过度以至于早已偏离合理轨道的大规模农村学校布局结构调整,通过经费保障、学校改造、师资倾斜、信息工程、督导检查等方法措施,长期保留并办好一定数量的村小学和教学点。但是,随着学龄人口减少,农村中小学数量仍然持续减少。

三、后"撤点并校"时代,乡村社会"空心化"与教育获得变化

历时10多年的农村大规模"撤点并校"运动,虽然于2012年被国务院叫停,但是中国城镇化迅猛发展以及对原有撤并政策的路径依赖效应,农村义务教育学校数量仍然持续减少,在校生持续下降。乡村中小学的数量从2012年17.44万所减少至2016年12.26万所;而另一方面,农村义务教育城镇化率从2001年的38.2%上升至2016年的75.01%,2016年我国城镇化率仅为41.2%,义务教育城镇化程度超过人口城镇化率33个百分点。

后"撤点并校"时代,随着城镇化迅猛发展,部分地区农村教育已经呈现相对滞后和衰败趋势。大量农村青壮年外出务工,乡村"空心化"趋于明显,一方面表现为适龄人口减少,大量农村生源"教育进城"或"向城市集中"及由此带来的农村学校普遍凋敝;另一方面表现为农村学校的文化整合功能弱化与留守农村学生日益边缘化。

后"撤点并校"时代,农村教育形态存在县城大班大校、乡村小规模校(或教学点)、乡镇寄宿校三种形态。"城满、乡弱、村空"是当前农村生源的分布特征。

(一)城镇大班额学校难以真正提升进城农村学生的教育质量

在城镇化趋势下,越来越多的农村家庭因教育质量问题将子女送到县镇学校就读,农村学生向城镇转移的速度超过地方政府预期。地方政府出于经济利益考量,将城市土地规划用于房地产、招商引资,而县城镇学校规模扩张缺乏内生动力。

随着城乡学生生源结构的变动,县镇学校规模扩张无法满足农村学生流动转移速度,学生过度向城镇集中,造成城镇教育资源供给紧张,中小学

"大班额"现象成为新常态。当前一些城镇学校班级规模普遍超过国家规定标准,城镇巨型学校和超大班额现象较为突出,甚至达到了令人触目惊心的程度。据《中国教育报》2016年3月23日报道,当前部分城镇学校最大班额达到150人,甚至出现后排学生只能站着听课,三四个学生共用一张书桌的现象。由于城镇学校规模有限,师资和设备改进相对滞后,生均教育资源匮乏,教师难以开展互动教学项目,一对一辅导流于形式,实验教学环节无法落实,班级课堂管理困难,教学质量难以真正提高。城镇学校的不堪重负,大班额班级可能导致学生学习成绩下降,无法保证教育质量,难以满足农村家长对优质教育质量的需求,损害农村学生公平接受教育的权利。

(二)农村寄宿学校与农村学生教育机会获得变化

当前农村学生寄宿率总体呈现增长态势。农村寄宿学校集中大量农村留守儿童,由于经费匮乏,师资参差不齐,学校管理不完备,导致生活、健康、安全等各种问题频现,进而造成儿童厌学、辍学甚至心理健康等严重问题。

以寄宿制为主导形式的乡镇学校规模办学,使得农村学龄期儿童不仅从时间上,亦从空间上脱离具体的乡村日常生活世界直接进入到抽象封闭的规训体制之内,导致其在认知和人格发展上先天不足,尤其是社会性发展存在严重缺陷。由于寄宿生缺乏家庭情感呵护以及处于封闭的校园文化环境之内,易导致寄宿生在情感、心理和安全等方面出现各种问题,影响农村学生身心健康发展。根据教育部基础教育质量监测中心监测结果显示,寄宿制学校学生的健康状况和学业成就远远低于走读生。农村寄宿学校已成为教育再生产日常发生的公共空间,这亦是中国农村学校布局结构变化带来的农村学生教育机会获得变化。

(三)农村小规模学校是农村家庭子女的无奈选择

地方政府一方面撤并农村学校,推进学校进城和农村学生进城上学;另一方面,为解决城镇学校的择校热和大班额,教育资源继续向城市倾斜,在城镇建更多的学校,这将进一步加剧"城满、乡弱、村空"的局面。"撤点并校"政策造成村小数量锐减,而对沉淀在农村底层、没有能力进城,或者因地理条件限制难以进城上学的农村学生,比较缺乏关注。在快速城市化和农村社会阶层分化背景下,农村富裕阶层子女进城上学,而许多农村贫困家庭却无能为力。在许多偏远地区和山区,远离县城和乡镇的村小、教学点,依然支撑着难以进城上学、农村最弱势群体子女的教育。

2010年联合国教科文组织发布《全球教育监测报告:普及到边缘化群体》,提出"最底层的20%"概念,乡村小规模学校、教学点是农村"后20%"贫困群体的无奈选择,是教育贫困的重灾区,是农村教育现代化的短板。强调教育公平须优先改善处于社会最不利地位者的生存状态。办好农村小规模学校是兜底教育公平，缩小城乡教育差距的关键。"撤点并校"导致一部分农村小学生就近入学的教育机会受到损害，优质教育资源分布更加不均衡，农村家长承担了政策变革的代价，而且造成了教育资源的浪费。农村寄宿制小学普遍存在低幼寄宿，造成儿童亲情隔断和社会化发展不足。"撤点并校"政策在某种程度上制造了社会再分层，一部分处境不利的儿童成为新的边缘化群体。

作为教育机会再分配手段的教育政策应该站在处境不利群体的正义立场，对义务教育阶段的儿童要坚持教育机会获得的便利性优先原则，为适龄儿童提供就近入学的教育机会和就近享受优质的教育机会是国家的应然职能，建立完备的政策纠错机制和监督制度亦是国家保障儿童教育机会获得的应然作为。

第四节　新时代农村教育高质量发展必须实现顶层设计与基层实践需求相统一

20世纪以来，国家主义与工业主义逻辑延伸至农村教育领域，农村教育改革陷入诸多悖论。清末民初政府推行国民义务教育与农民毁学的冲突，国民党乡村建设与农村破产危机，新中国成立初期农村教育沦陷为城市附庸，改革开放之后城乡教育体系等级森严，农村义务教育由农民自身买单，城乡教育差异进一步拉大，当前扩招背景下农村学生虽然获得更多教育机会，但是向上的社会流动呈现弱化态势，在集约化、规模化之工业主义逻辑指导下的全国范围内的撤点并校加大了农村学生就学成本，中小学辍学率呈现反弹趋势。

耶鲁大学教授詹姆斯·斯科特在《国家的视角——那些试图改善人类状况的项目是如何失败的》一书中，评判滥用国家权力重建社会造成诸多弊端，现代国家机器的基本特征就是简单化，它们并未成功地表达它们所描述的真实社会活动。无论以何种形式进行农村管理和社会改造，必须熟悉地方习惯和实践知识。[①] 现代化的展开是由对农村的"社会控制"与"社会动员"能力体现出来的。斯科特强调德国的科学林业、坦桑尼亚乌贾马村庄、

---

① [美]詹姆斯·斯科特.国家的视角——那些试图改善人类状况的项目是如何失败的[M].王晓毅，等，译.北京：社会科学文献出版社，2004：60.

苏联的集体农庄等从国家的视角看无疑是成功的，因为这些社会工程或者提高了国家的财政收入，或者强化了国家对社会的控制。而从那些被迫的参加者角度来看，这些社会工程无疑是失败的。"国家视角"过于强调自上而下的顶层设计，忽略底层教育需求，导致教育治理的简单化和平面化。以国家化、工业化、市场化为主导的发展主义意识形态主宰诸多政策实践并渗透到社会生活的方方面面。官僚主义和技术精英将极其复杂的、不清晰的和地方化的社会实践取消，代之以国家权力制造出的标准格式，从而凝练成一套可以不断复制的程序。"规模效益"宰制的发展主义意识形态逻辑正在逐渐支配农村教育的发展，使得农村教育日益远离乡村而呈现出"悬浮"趋势。

农村教育改革如果过度凸显农村教育的工具理性，追求经济增长速度和效益，就会抑制农村教育的价值理性。以经济指标掩盖社会群体多元利益需求，农村教育政策目标设计中充斥经济学概念，效率、规模和速度成为考量教育政策重要指标，在城市中心主义和教育产业化的推动下，农村教育改革疏远了农村底层人群的真实需求。长期以来农村教育改革在城乡二元结构约束下，处于附属的位置。农村教育作为城市化过程中劳动力供应工厂，日益经历去农化、边缘化和工具化的过程。与此相应，国家主义发展逻辑全面渗透农村教育改革，以经济指标衡量发展问题，极力凸显速度、规模和效率，农村教育工具性价值彰显掩盖了其本体价值，城乡二元结构不平等的权利、资源等关系得以通过教育机制再生产。现实表明，国家主义和工业主义逻辑所建构的农村教育改革，表面上变革似乎容易，然而国家与地方精英、集体、家庭、个人之间的利益冲突诱发许多无法预知的后果。斯科特认为，无论国家会以什么方式做出反应，我们不能忽视这样一个事实，即农民的行动改变或缩小了国家对政策选择的范围。[①] 当前国家意志主导的自上而下的农村教育布局供给方式，与农村家长意志自下而上的教育选择多样性之间存在较大裂痕。当今教育的基本矛盾已具体化为教育供给的单一、粗放及教育运行的内向，与人民群众教育需求的多样、个性及社会对教育参与不充分之间的矛盾。教育改革必须主动进入基层民众的生活世界，真切感受认知民众的教育需求和文化习俗，而不是根据政府的一纸命令强迫乡村百姓去认同或接纳。近年来轰轰烈烈的新农村建设，与民国时期"毁庙兴学""教育下乡""文字下乡"何其相似，其出发点是从自上而下的角度改造农

---

① 郭于华. "弱者的武器"与"隐藏的文本"——研究农民反抗的底层视角[J]. 读书, 2002(7): 13.

村,使农村向城市看齐,农民成为高雅和文明的城市人。但是,20世纪上半叶各种形式改造乡村运动最终都失败了,各种宏伟甚至浪漫规划最终沦为一厢情愿的想象,虽然政府设立乡村医院或社区服务站,但是乡民依然期盼神灵降子,向神灵祈求平安吉祥;农业科技化、机械化,但是每逢大旱,乡民还会向龙王求雨显灵;大众传媒如电视、报纸和图书馆下乡,但是无论冬夏,村里的老年人依然围绕神灵唱颂歌。[①]

农村教育改革呼唤基层视角,摆脱绩效化的效率崇拜,拥有底层视角是农村教育改革满足人民日益增长美好生活需求的最重要特征之一。在完善和改进"国家视角"的同时,形成"底层关怀"的视角,更多关注"地方性知识",才能真正保障不同区域之间、城乡之间以及不同社会阶层之间儿童的受教育权,让所有孩子在同一片蓝天下健康成长。

---

① 岳永逸. 传统民间文化与新农村建设——以华北梨区庙会为例[J]. 社会,2008(6).

第二章　农村家长的教育意愿与教育需求

农村教育发展不平衡不充分的问题,成为满足人民日益增长的接受良好教育的需求的主要制约因素。农民对教育的理解、体认、期望及其购买欲望是农村教育取得成功的关键因素,而对这一重要群体研究的忽视造成对农村教育的片面认识和理解。当前改革过于关注农村教育社会整体功能和运作效率,而忽视作为受教育者主体农村家长和学生的体验和感受。

学校教育对于农村家长和农村学生究竟意味着什么?农村社会不同阶层家庭的教育意愿是什么?长期以来,我国农村教育改革过分关注社会需要什么样的教育,而忽视了作为受教育者主体,特别是农村家长和学生这一庞大的群体对教育的意愿。

当前农村教育改革必须倾听底层的声音,关注农村家长和学生群体对教育的真实想法。农村教育改革的重要性不能仅仅从决策者和改革者的角度来估量,而是取决于农村家长和学生对教育的体认。对于庞大的农村底层受教育群体来说,宏大教育叙事只有转化为"念书有什么用""孩子跳出农门""改变家庭命运"等话语来表述才有意义。当前农村教育偏颇之处,在于没有从农民的实际需求出发,建立令农民满意的农村教育体系。农村家长的教育选择构成了一种社会性的倒逼力量,使教育差距成为一个迫切需要解决的问题。

农村教育改革须着眼于老百姓最根本、最真实的教育需求新变化,既有研究对农村家庭教育需求的内部差异缺乏足够的敏感,将农村家庭的教育需求等同化、简单化处理。同时,作为农村教育供给主体的政府无视农村教育的实际需要,通过行政命令的方式实施强制性供给。对农村家长和农村学生教育需求偏好的理解是政府有效供给农村教育的前提。

第一节　农村家长的道义理性与教育需求

近年来,城镇化、工业化和市场化迅猛发展,农村社会阶层结构处于不断分化状态,纯农业劳动者,其人数将会大大减少,外出务工人数不断增加,私营企业主、个体户、农村知识分子等非农职业阶层不断涌现。随着城乡一体化的推进,原本高度同质化的农村家庭日渐走向异质性。农村家庭异质性具有多方面的体现,但收入、受教育程度、职业、家庭结构等方面的异质性最受关注,这一差别必然会反映在对教育的不同需求和选择上。

一、农民的理性分化

农村家长的教育意愿是什么,其教育选择过程到底如何发生,受制于哪些因素影响,探讨农村家长教育行为发生逻辑,必须理解农民理性选择机制。对农民行为的理解,理论界出现两种互相对立与争辩的观点,亦即"道义理性"与"经济理性"之争。

1. 道义理性

道义理性以韦伯、恰亚诺夫和斯科特等学者为代表。韦伯认为,处于自给自足状态的农民,其最大动机是追求温饱,而不是冒很大风险追求效益最大化。农民行动的目的是追求代价最小化,而不是利益最大化。波耶克通过对印度尼西亚农村的研究,认为在传统农业社会中,农民自给自足,以满足生存为动机,没有追求利润最大化的欲望,表现出够用为目的的知足常乐小农意识。恰亚诺夫以俄国农民为研究对象,认为农民行为以满足家庭消费为主,追求的是生产上的低风险而并非利益最大化,当家庭需要得到满足以后就缺乏了增加生产投入的动力,因而小农经济是保守的、落后的、非理性的低效率。

斯科特在《农民的道义经济学》一书中形象地比喻,偏远和贫困地区的农民生活境遇如同身陷齐脖深的河水之中,仅仅涌来一阵细浪就有可能导致整个家庭陷入贫困的梦魇。① 资本主义追求利润最大化的生产方式并不适用于贫困地区农民。贫困地区农民行为的主导动机只能是"避免风险"和"安全第一"的生存经济学。斯科特将小农经济学定义为道义经济学,处于

---

① [美]詹姆斯·C.斯科特.农民的道义经济学:东南亚的反叛与生存[M].程立显,刘建,等,译.南京:译林出版社 2001:1.

贫困线的农民一般选择经济效益较低,但是相对安全的生产经营方式,通常放弃回报率高但是风险高的收入方式。

以斯科特等学者为代表的道义理性学派从小农自身特性出发,强调农民的传统生存方式和自给生活特点,农民一旦生存满足,就会表现懒惰和保守,担心追求更多利润会损失基本生存必需条件。农民的道义理性看似非理性,恰是特有生存环境被迫选择的产物。应该看到,农民是社会结构处于高风险阶层的群体,在道义理性支配下,农民选择满足生存需要的安全优先的原则,而不是追求经济利益最大化和效用合理化。

2. 经济理性

经济理性学派从市场竞争"经济人"的假设出发,认为农民像商人一样追求高额的利润回报。经济学家舒尔茨引用塔克斯对危地马拉一个小手工业比较发达的村庄的研究材料来论证其观点,他认为小农和完全竞争条件下的企业主一样,总是角逐利益最大化。波普金通过对东南亚国家越南农民的研究,发现越南农民具有浓厚的经济理性,谋求个体农户私利,并追求利益最大化。波普金在《理性的小农》中强调农户具有浓厚的经济理性。农户基于利益最大化,从价值观和个人偏好视角考虑家庭选择。

事实上无论将农民实践逻辑概括为道义理性还是经济理性,都是在思辨层面讨论农民行为理论,都存在以偏概全和简单化之嫌。对农民行为的分析必须放在其特定的生存境遇、制度架构和社会变迁背景中去理解。

农民行为极具复杂性,仅强调某一方面农民特质,难免以偏概全,将农民复杂的意图简单化和片面化,事实上,农民行为是不断建构的,在社会结构约束下,农民的政治、经济、文化和情感利益相互交织和博弈,并不断调整和变化,呈现多面性。

二、农民教育选择的结构二重性

农民教育选择主要体现为对子女的教育决策和投资行为。教育作为一种人力资本投资,投资动机大小取决于预期投资回报率的大小:成本越低或收益越高,预期投资收益率越大,投资动机越强。

教育投资主要由三部分构成:一是教育投资的直接成本,包括学杂费、研修费等;二是教育投资的间接成本,包括交通、通信、食宿、社会交往等衍生费用;三是机会成本,受教育者舍弃已有工作机会造成相关费用损失。教育作为人力资源开发与人力资本投资的重要方式,具体到农户本身,实际上存在着很大投资风险,如果受教育者在消费了大量教育投资之后没有得到合适的工作机会或无法将所学转化为实际生产力,教育收益和回报便无从谈起。

在当前高等教育规模持续扩张、高等教育过度和知识失业背景下,基于人力资本理论和信号筛选理论的研究都有实证,结果表明了教育经济功效的局限性。经济学家和教育家们不断地反思教育的人力资本价值的适切性,对舒尔茨人力资本理论研究更加深入。个体创造丰裕经济成果的潜在能力与这种潜能在社会组织中得以实现之间不是简单线性关系。

另外,受教育者进入劳动力市场以后具有流动性,因此就导致教育具有溢出效应,从而影响不同区域地方政府教育财政投入积极性。

(一)影响农村家长教育选择的因素

农村家长对子女的教育投入行为在现实中受到城乡二元户籍、就业、人事等各种结构性因素的约束和影响。

城乡二元社会结构成为影响农村社会发展的重要制度因素。在城乡二元社会经济结构背景下,城市户籍人口在教育机会获得、就业安排、社会保障、医疗等各个方面享有特殊权利,导致城乡居民发展机会的严重不均等。与我国城乡二元结构相对应的是二元分割的教育,在城乡二元结构下,城市与农村的教育差距越来越大。与城市教育相比,农村教育设施以及相应教学质量较为低劣,必然影响农家子弟获得优质教育机会以及升学率,减低农家子弟的教育期望。

户籍对农家子弟教育约束和影响极为明显,易于形成农户消极的教育投入观念,被动接受现实,并消极选择对孩子的教育投入行为。如就近选择户籍所在乡(村)低教学质量的中小学、升学无望(失败)时选择孩子上职业学校,甚至放弃教育投入等。

不断攀升的学费和大学生就业的不景气影响农民对子女的教育选择行为。当前我国处于市场经济转型和国家在教育领域市场化的宏观背景下,一方面高等教育实行全面收费制度,虽然农民收入有所提高,但是部分农民家庭经济收入仍然有限,经济因素仍然会约束农村家长对子女的教育选择。

就业难使农村家庭教育投入面临着更大的风险和不确定性,对农村家庭而言,教育收益实现具有不确定性。近些年来大规模的高等教育扩招,农村大学生数量日益增多,就业难问题日益凸显,毕业即失业现象越来越多,教育投资风险增加。知识失业带来教育收益递减,甚至在一些地方出现高考弃考现象,新一轮的读书无用论又在农村滋生。这些影响到农民对子女的教育选择行为,农村一些家庭子女上大学后没找到好工作的现实事例,被媒体聚焦放大,将进一步强化农户对子女教育的消极投入行为,影响农户对子女的教育选择行为。

我国城乡劳动力市场分割和歧视现象严重,城市主要劳动力市场对农村人群歧视和排斥,在一定程度制约农村家长教育选择的意向。

(二)农民教育选择行为社会学分析

关于个体教育选择行为,现有研究多是从宏观层面的社会结构和制度安排以及经济学的成本—收益角度分析教育选择行为。现实场域中的社会行动者有着复杂的动因,许多非经济因素是决定人们行动的重要变量,仅从经济单向维度来解释农民教育行为,具有极大局限性。经济理性过于强调经济人假设,忽略了文化和价值观诉求对农民教育选择行为的影响,造成社会学意义上对农民教育投入行为研究的空缺。

美国社会学家帕森斯认为,个体之行动是在特定情境下,通过适当途径和规范,实现既定目的的过程。个体特定行为不断升级构成复杂社会行动体系。该体系包括生物性体系、社会价值体系、人格文化体系。社会行动者作为有机体,则是由人格、文化、价值三个体系来决定的,其中文化价值体系对社会行动的影响具有特别重要的意义。

在当前社会利益格局转型,农村教育持续边缘化背景下,农村家庭教育需求及其对子女的教育投入行为交织复杂利益博弈因素,在西部宁夏、中部安徽、东部山东调查发现,农村家庭对子女的教育投入行为呈现复杂性和多样化。

农村家庭教育需求是农村教育持续发展的真正动力和根源,没有受教育者对教育的需求,教育就没有发展的动力。农家子女改变家庭地位,实现地位提升的期望成为推动农村教育发展的内生力量,亦是实现社会流动的一种内在的影响力量。

当前我国社会正处于加速转型期,农村作为一个相对独立的整体亦处于不断分化和分层状态。影响农村社会分层的因素主要包括经济资源、政治资源和技术文化资源。根据农村家庭资源占有量的多寡,将农村社会分成了精英阶层、中间阶层和底层阶层。精英阶层的社会资本和经济资本资源占有量最多,深刻体会到教育对社会分层和流动之重要意义,因而对子女教育期望最高。中间阶层产生分化,对教育需求产生两极分化,底层阶层资本占有量之低,导致其对教育选择有心无力,甚至选择逃避教育。

基于当前特定的社会制度设计和市场转型的宏观背景,在农村经济资本、文化资本和社会资本相对匮乏的现实下,探寻农村家庭教育选择实践遵循的"实践逻辑"。从某种意义上说,农村家庭教育选择是社会结构约束和农户自身行为在特定的场域下相互作用的结果。

(三)农民理性类型与教育选择分化

当前农村家长分化为不同阶层群体,与此相应农村家长理性呈现多元化、层次化,处于不同阶层地位的农民在道义理性、经济理性、社会理性之间产生复杂的利益博弈。农村家长对子女的教育投入行为呈现出多元分化态势。农村家长对子女教育投入在不同阶段存在明显差异,这种差异既有地位趋向差异,也有生存趋向差异,这种差异既体现农村教育投入偏好,也表明农村阶层分化和教育分化。

刘精明将教育选择分为两种,一种是生存教育,是个体适应社会生活必须接受的基本教育,另一种是地位教育,是个体获得更高的社会地位和社会声望,超越基本生存需要而接受一种教育类型。[①]

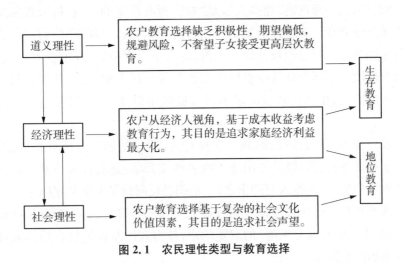

图 2.1 农民理性类型与教育选择

农民对子女的教育选择,具有情景性和场域性,呈现极为复杂胶着的理性表现形式,掺杂和糅合着道义理性、经济理性和社会理性等复杂因素,从中可以窥视出农民教育选择的生存取向或地位取向的差异。

首先,农民道义理性在教育选择中的作用趋向减弱。

农村家长道义理性是农民在偏远贫困的农业生产活动中形成的特有的意识、态度和观点,是农户感性经验、历史经验积淀和日常生产和生活的耦合体。农户道义理性决定农村家长追求"规避风险"和"安全第一"原则。

当前农村家庭对于所处社会阶层的劣势具有清醒认知以及社会资源占有不足,农村家长的教育期望首先是避害,其次是趋利。农民道义理性教育选择的行为模式指向生存教育,贫困地区的农民,为了避免失败风险,其追求目标宁愿够用而不是最大化。

特别是我国西部农户家庭身处地理环境封闭、经济贫困和文化落后的

---

① 刘精明.教育选择方式及其后果[J].中国人民大学学报,2004(1):65.

地区,受制于农村家长认知有限性和生存风险等复杂因素影响,在就业难度加大和教育成本攀升背景下,极易滋生读书无用之观念,甚至产生"怕子成龙""怕女成凤"畏惧心理。部分农民家庭患重病,导致因病致贫,是当前农村居民陷入贫困的主要根源。因教致贫在农村贫困家庭也较为普遍。

但是随着农村社会经济发展、社会流动频繁极大地改变了农民传统生存伦理和乡土观念,农村社会变化和农民价值观转变使道义理性在教育选择中的作用趋向减弱。

其次,农民经济理性在教育选择中占主导地位。

农村家长是理性的"经济人",是"贫穷而有效率的"。农村家长家庭教育决策是建立在经济理性的基础上,追逐经济利益,实现家庭利益最大化。农村家庭教育选择过程被分成三个阶段:义务教育阶段、高中教育阶段、高等教育阶段。不同教育阶段农民的教育考量呈现不同形式,基于农村家长经济人的假设,在不同教育阶段追求家庭效用最高目标,以便追求利益最大化。

农民在不同教育阶段的教育选择行为,明显受制于经济利益的估量。农家子弟义务教育阶段的外出务工或者继续升学,是农村家长基于机会成本的收益分析,考虑投入与产出之比,他们会反问读了大学又咋样。

高等教育扩张导致教育短期收益下降和成本攀升,高等教育选择面临着"高成本"和"高就业风险"的双重约束,使得农民对高等教育选择表现出了浓厚的经济理性。

当前高等教育成本投入日趋升高,但是劳动市场回报不断下滑,使得社会底层阶层和农村弱势家庭获取高等教育失败的风险加大,继续求学的动力也就不断减少。在社会结构约束下,高等教育获得机会倾向社会中上阶层,而贫困阶层和农村弱势群体则越来越倾向于放弃大学机会。在这种情况下,农民家长的教育理性被迫收缩,货币理性不断凸显,进一步加深城乡教育机会不平等。

随着政府公共免费义务教育强力推行,因经济条件匮乏而中断学业的家庭几乎消失,但是西方经济学家戈德索普认为,即使在普遍富裕的欧美发达国家,家庭收入的阶级差异仍然影响子女的教育选择。理性选择学派认为,不同阶层子女的教育选择行为是教育收益、地位提升、教育成本和失败风险之间的复杂博弈。

最后,农民社会理性在教育选择中扮演重要角色。

农民教育选择行为是一种复杂的社会行为,必然受到社会结构和文化因素影响,社会理性实际上在农村家长的教育选择中具有重要作用,社会理性是在经济理性的基础之上更深层次的理性表现形式。

不少农村家庭在极其贫困的情景下,仍然倾家荡产、咬牙举债地供子女读书甚至进城陪读。"砸锅卖铁也要供孩子读书""拿个大专文凭总要比初中毕业生在社会上更有出息""就是外出打工,大学肯定比中专有用",纯粹的经济理性无法解释农村家长的教育选择行为,农民社会理性包括价值文化、社会声望、情感追求等多种因素,表现出一种"非经济因素"的考量。农村教育选择极为复杂,呈现经济理性和社会理性复杂交织。

总之,农村家长理性呈现复杂性、情境性和变化性,在不同的教育阶段,其理性的表现形式,呈现不同追求。在每个具体的选择情景,亦呈现道义理性、经济理性和社会理性的多元交织。

(四)农村家长教育选择的结构二重性

农村家长教育选择是极为复杂的利益博弈和估量过程。吉登斯结构化理论的核心是强调从实践出发,以结构二重性来取代主客二元论,揭示了社会结构和人的能动性之间的相互作用。农户教育选择是行动主体(理性的行动者即农户)与结构(政策、体制和资源约束)二重化过程的结果。

关于农村家长教育选择问题,体现了行动者和社会结构约束的互动与相互建构。如果仅仅采取结构主义立场,只强调各种结构因素对农民行为的约束和限制,贬低或忽略农民理性,忽视农民行为意图性和主体性,就会陷入客观结构主义泥潭;如果过于强调农民行为是理性的,过于强调农民行为的自觉性和意图性,而忽视各种结构约束因素,就会滑向虚无主义研究立场。

吉登斯结构化理论表明,农户教育选择行为是被社会结构化,教育选择具有明显结构化属性,结构性背景限定了农户可能的教育行为领域。在既存的社会制度设计前提下,"嵌入"社会结构的个体所处的社会阶层状况规制农民教育行动和教育行为选择。农民教育行为既受到结构性因素的制约,又成为社会再造过程中新的结构性要素。吉登斯认为,结构本身具有反身性和生成性,体现于社会行动之中,行动创造结构,生成的既定社会结构约束行动者的行为,"社会系统的结构性特征并不外在于行动,而是反复不断地卷入行动的生产与再生产"。① 教育选择实践过程究其实质是农户行为与结构约束不断整合和互构过程,既包括各种结构性因素对主体行为的制约,又包括行动者在既定环境之下的自我创造和超越。

处于社会结构中的个体行动者无不被社会阶层所"结构化"。结构具有

---

① [英]安东尼·吉登斯.社会的构成[M].李康,李猛,译.北京:生活·读书·新知三联书店,1998:7.

规制个体行动和促成个体行动的双重效果。农户教育选择过程与自身的社会阶层结构紧密相关。农户对自身阶层的劣势和社会资源占有不足具有清醒的认识,他们具有强烈的通过教育改变命运的愿望,但是其行动却是在一定的规则和资源(如国家政策和既定资源配置)条件下进行的。农户的教育行动无法摆脱这些结构性因素的制约,但恰恰又是这一结构性因素促使农民想方设法地去改变不利的限制,通过"弱者"的武器在教育场域为自己的利益争取有利的位置。"一旦走入农村,走进农村教育,就会发现农民一直在用自己的方式,对农村教育进行着相应的表达,游走于既定的教育秩序和权力的缝隙间。"①

农村家长对子女教育行为是有明确意图和动机的复杂行为,农村家长作为理性的行动者,不断根据情景变化,选择和调节自己的行为。包括对教育选择内外结构约束因素的考量,并且不断对自己的行动反思、监控和调整。

农村家长清醒的理性认识,决定其教育选择行为意图明确,但是受制于社会阶层结构约束,农村家长作为行动者必然产生非预期性后果。农村家长的教育选择是在既定条件和情境下的结果,经常与农村家长行动者预先的行为预期存在一定的偏离,甚至产生预想不到的"意外结果",而这种意外后果又构成一种新的结构约束因素制约行动者下一步行动。

义务教育阶段户籍制和就近划片入学制度对农村孩子的教育机会、升学具有较强的结构性约束,在此政策约束下农户可能形成消极教育投入观,如就近选择本村(乡镇)教学质量较差中小学,升学无望时就读技校或辍学;另一方面,农户在结构约束下理性选择让子女中学业有前途的去县城较好的中小学读书,充分体现了农户主体性,但也带来未曾预料的"意外结果"。孩子寄宿县城学校,缺乏父母管教,自我放松或逃课,学习成绩下降,同时必定带来择校费、交通和生活成本急剧攀升,进一步加剧农户教育负担,形成一种新的结构因素规制农户教育行为。

农村家长对于教育选择是矛盾的,农村家长渴望子女通过教育改变命运,但是在规则和资源的约束下,又产生行动者内心的感受与外部世界的矛盾。农村家长作为社会行动者,其内心的复杂感受与外部世界的冲突和妥协,展示了社会结构与心智图式之间的矛盾。农民教育选择既受到结构性因素的制约,又成为社会再造过程中新的结构性要素。行动者与结构之间是一个循环往复、不断累积的过程。

---

① 陈坚.延续的痛苦——身体社会学视域中的农村教育研究[D].长春:东北师范大学,2010:108.

第二节 农村家长对待子女教育意愿和教育需求的调查研究——基于山东、安徽和宁夏调查

当前我国社会经济发展水平处于极其复杂的发展格局下,传统、现代与后现代被压缩在同一时空。东部沿海经济发达省份处于"后现代"水平,部分已经达到发达国家水平,中部一些省份经济发展处于现代水平,西部偏远地区仍然处于"传统"水平。与此区域社会发展不平衡相适应,我国农村教育不仅城乡差距悬殊,而且呈现明显的地域分化特征。东、中、西部不同地区发展水平和经济状况差异显著,其教育发展水平呈现明显梯度格局。

区域经济水平是制约农村教育的重要因素,近年来我国对农村教育财政投入逐年攀升,农村学校办学条件和教学质量有了明显的改善,但是随着城镇化快速推进和城乡人员流动日益频繁,农民对农村教育高质量诉求日益提高,城乡教育差距带来的社会结构性问题日益凸显。社会阶层结构变化亦是影响农村教育发展的不可忽视的因素,农村家庭教育选择与其阶层背景紧密相关。

选择山东、安徽和宁夏作为调查省(自治区)。2018年5月在山东莱西市、临朐县、东平县,安徽萧县、无为市、桐城市,宁夏中宁县、永宁县、青铜峡市等三省(自治区)9个县(市)36个乡镇,发放农村家长调查问卷1 250份,回收有效问卷1 164份,有效回收率93%,调查问卷包括农村家长特征变量(性别、年龄、职业、文化程度等);农村家庭背景变量(家庭经济收入、子女数量、家庭人口数等)。调查对象基本情况描述如下:

表2.1 农村家长调查对象基本情况

	分类	总数	百分比
性别	男	676	58.1%
	女	488	41.9%
年龄	20—30	54	4.6%
	31—40	416	35.7%
	41—50	574	49.3%
	51—60	109	9.4%
	61—70	11	1.0%

(续表)

	分类	总数	百分比
文化程度	文盲或半文盲	42	3.79%
	小学	241	21.8%
	初中	481	43.5%
	高中	186	16.8%
	中专	71	6.4%
	大专	57	5.1%
	本科及以上	29	2.6%
家庭经济状况	很好	115	9.9%
	较好	395	33.9%
	一般偏上	473	40.6%
	一般偏下	152	13.1%
	较差	29	2.5%
家长职业	务农	412	35.4%
	政府机关	23	2.0%
	村组干部	26	2.3%
	公司企业	70	6.0%
	个体户	258	22.2%
	教师	23	2.0%
	医生	11	0.9%
	外出务工	321	27.6%
	退休	4	0.2%
	其他	16	1.4%
子女数量	0个	9	0.8%
	1个	365	31.4%
	2个	580	49.8%
	3个	130	11.2%
	4个	32	2.7%
	5个	8	0.7%
	6个	1	0.1%
	缺失	39	3.3%

通过教育改变社会身份一直是农家子弟实现社会流动的重要指标,但是当前社会阶层结构已经发生了巨大的变化,那么教育作为个体社会分层与流动的重要指标是否发生变化,农民的教育态度和教育需求发生怎样的变化。对于农村家庭而言,他们有什么样的教育需求?不同家庭的教育需求是否存在差异?哪些因素影响他们的教育需求?

把握当前社会转型时期宏观社会结构和教育机会分配格局的变化,并以此解读农村底层居民对于学校教育的认识。由于基础教育收益内隐性和滞后性,高校扩招后大学生就业压力陡增,高等教育预期收益不断下降,农村学生上升性社会流动下降,于此背景下,农村家庭教育意愿的内驱力与外压力呈现明显变化。

一、社会转型过程中农村家长对待子女教育意愿的变化

当前我国社会处于加速转型期,基于血缘和地缘关系之上的同质性极强的乡村熟人社会,逐步向陌生化法理社会转型。城乡社会流动日益频繁,大量农村务工人员外出城市谋生,生活与社会交往半径日益加大,于此背景下,农民教育价值观念发生巨大变化。农民的教育态度包括对待子女求学的重视程度及其对子女择校、教育分流、辍学等意向。对于不同家庭背景的家长对参与子女教育的看法与相关策略进行考查,并以此为基础来探讨城乡社会内部阶层分化与教育获得的关系。

(一) 农村家长的教育价值观

在调查中发现,农村家长对教育的关注度特别高,已充分认识到对子女进行人力资本投资的重要性,迫切希望通过教育提升子女的知识、技能和素质,使之成为有文化、有能力的城市人,谋取较高的阶层地位,在瞬息万变的信息社会赚取财富,改变不利的家庭处境。调查中,山东68.5%、安徽75.6%、宁夏75.2%的农村家长表示对子女读书升学很重视,一定要尽全力让孩子把书读好。

表2.2 农村家长对子女读书考学的态度

	很重视,一定要尽全力让孩子把书读好	比较重视,学习差不多就行了	比较不重视,孩子想读就读,不想读就算了	不重视,读书没用
山东	68.5%	26.0%	4.8%	0.8%
安徽	75.6%	15.3%	6.6%	2.5%
宁夏	75.2%	18.8%	4.7%	1.3%
平均	73.1%	20.0%	5.4%	1.5%

随着农村社会生活水平不断提高,农村孩子的教育问题越来越受到广大农村父母的重视,在农民家庭支出中,教育支出占据第一位,其次是医疗以及日常生活支出。在城乡二元的社会结构约束下,农民对子女教育期望值相对较高,希望通过教育机制,实现社会身份改变。

考大学、找个好工作、摆脱农民身份,这是大多数农民对教育的期待,"不能让孩子像我们一样再种地"是许多农村家长对孩子的期盼,而通过教育实现阶层流动是农村家长心中的期冀。农民较高的教育目标和教育期望,激发投资教育的热情。帕森斯的社会学行动理论认为行动的最基本特征是意义性和目标导向性,行动的最终目标来源于社会文化价值体系。但是农民教育行为受制于"学而优则仕"观念指引,在教育动机上呈现畸形化,以追求考试成绩和升学为导向,明显呈现功利化的倾向。

表2.3 农村家长送子女上学的目的(多项选择)

	读书是为了以后更好地挣钱	读书是为了完成九年义务教育	希望子女离开农村,改变命运,为家庭争光	读书是为了获得一技之长
山东	15.0%	3.0%	47.0%	24.0%
安徽	26.6%	2.1%	52.9%	20.7%
宁夏	16.5%	2.7%	53.6%	21.0%
平均	19.4%	2.6%	51.2%	21.9%

希望子女走出农村,实现个人身份和地位飞跃,改变家庭命运是农村家长送子女上学的最主要目的,在调查中,山东47.0%、安徽52.9%、宁夏53.6%农村家长认为读书目的是跳出农村,为家庭争光。

许多农村家庭认为,读书的目的就是让孩子"考上重点大学,赚大钱出人头地""孩子将来读书有出息,家长有面子"等。这表明追求地位取向的教育价值观仍然占据农村社会主流。教育价值认识的偏差,助长了农村教育应试之风盛行,如今农村家长仅看到教育给家庭及孩子带来的经济利益及社会地位,而忽视教育内在本体价值,给孩子带来巨大的心理压力。

但是也有少数家庭富裕的农村家长认为送子女上学的目的是让孩子有知识、有文化,挣钱是次要的。部分家长反映读书是为了让孩子自己过得更好,为了更好的生活。这充分反映农村阶层分化之后,农村家长教育价值观呈现一定变化,逐步关注子女自身的教育幸福。

近年来,农村教育需求在社会结构转型过程中产生分化,农村家庭对教育态度呈现差异性和变化。但是随着社会阶层屏障不断凸显,底层人群的向上流动愈发困难。特别是伴随高等教育大众化的浪潮，农村大学生数量急剧增加，使得大学生结构性过剩成为一种社会常态。农民寄希望于教育的理性预期受到了极大的冲击。农村家长对待子女的教育态度被迫从追求地位取向教育价值观转向追求生存取向教育价值观。在调查中，许多农村家长已经认识到借助读书实现向社会上层流动的可能性逐渐降低，只有回归现实，让子女上技校，学点技能将来更好地在社会上生存。

农村家长对待子女教育态度充满悖论。绝大多数农村家长希望子女接受更多的教育，最好是考上重点大学，通过教育改变身份，实现向社会上层流动是农村家长支持子女接受教育的主要原因。但是农村家长又担心从高中到大学付出高昂的教育成本之后，子女就业无路，"白白瞎耽搁功夫"。部分农村贫困多子女家庭因供子女上学，特别是供孩子上大学，背上了沉重的负担，家庭陷入严重困境，甚至出现"因教致贫"。

表2.4 农村家长认为大部分农村学生辍学打工的原因（多项选择）

	厌学情绪严重，读个初中毕业，能够打工就满足了	家里贫困，没有能力支付其读高中或高等教育	读书没有用，不如打工实际，还有现钱赚	农村学校教学质量差，读书读不出来，所以就去打工了
山东	50.2%	42.5%	26.8%	20.7%
安徽	43.7%	40.5%	43.0%	27.2%
宁夏	58.4%	48.3%	30.8%	30.4%
平均	50.8%	43.8%	33.5%	26.1%

相比山东，宁夏30.4%的农村家长认为农村学校教学质量差，读书可能读不出来。作为劳务输出大省，安徽省43.0%的农村家长认为读书没有用，不如打工实际，还有现钱赚。他们表示，"找不到好工作，书读得再多也白搭"，如今上不上高中或大学都一样，与其花大钱，费大劲读书，不如趁早去打工赚钱。

应该看到大多数农民从内心里认为多学知识是有用的，但是当前教育给农民带来的实际效果呈现衰退状态，在社会结构转型和市场经济背景下，农民对教育的价值理性逐步向货币工具理性收缩。注重实际效益的农民对教育态度发生分化，除非子女学习特别优异，否则农民并不完全将希望寄托于虚幻未来之上。当前新一轮读书无用论思潮在农村泛滥正是农民复杂教育心态的表征。

（二）农村家长的学校教育观

在调查中发现，农村家长对农村学校教师、办学条件、教学管理等方面要求特别高。农村家长反映部分农村教师缺乏责任感,疏于辅导和管理学生,甚至少数教师上班时间打麻将,不务正业,对学生学业漠不关心。一些教师只关心少数升学有望的学生,牺牲大多数学生利益,更有教师从事有偿家教,谋取个人私利。调查发现一些偏远农村地区,农村教师业余生活单调,一些教师热衷研究彩票、玩麻将等。课余时间讨论最多的是彩票,无心备课,敷衍教学;热衷于酗酒、赌博等活动的农村教师让家长们甚为反感,教育质量下滑,教师责任松懈,村民在"百年大计,教育当先"下愤慨地写下"百年大害,麻将为最",指责教师教书不育人,泡在麻将中不能自拔。

近年来,随着教师待遇的提高,农村出现了所谓的"走读教师",农村教师在县城购买楼房,在城里生活,白天骑着摩托车到村里给孩子们上课,晚上骑着摩托车回到城里居住,"来匆匆,去匆匆,摩托来往城乡中",农村走读教师与乡村社区、农村孩子交流机会更加少了。[1]

农民对农村学校校舍陈旧、办学设施不完备、上学距离较远、校车不配套、食宿费用等问题反映强烈,虽然国家实施完全免费义务教育,但是仍有少数农村学校存在向家长和学生乱收费问题。

表2.5 农村家长认为农村义务教育优先解决的问题(多项选择)

	山东	安徽	宁夏
完全免费	29.9%	26.0%	32.9%
保证教学质量	62.6%	65.0%	67.5%
校舍改造	5.1%	4.60%	3.7%
教师培训	10.4%	8.67%	12.2%
食宿费用	4.1%	5.26%	1.9%
校车	2.8%	1.24%	2.1%
其他	0.8%	1.24%	0.6%

山东62.6%、安徽65%、宁夏67.5%的农村家长认为保证教学质量是农村义务教育优先解决的问题。当前城乡社会流动频繁,农民外出务工接触外界机会较多,较为切身感受城乡教育机会差异,农村家长对农村教育最不满意之处是农村学校教学质量问题,有的家长抱怨:"凭咱村里学校的教学质量怎能与城市相比,城里有好的教师、好的设施和条件,让咱的孩子与城里的孩子的竞争,实在是苦了农村娃。"农村学校难以实现资源均衡配置,

---

[1] 张济洲.农村教师的文化困境及公共性重建[J].教育科学,2013(1).

教学质量难以令农民满意,农村义务教育应从数量充足走向质量提升。

调查中家长反映城镇义务教育歧视农村务工人员子女,农村学校课程需要与生活接近,也有反映教育局应加强监管力度。

表2.6 农村家长认为现在的农村义务教育与以往相比之变化

	好很多,读书不用花钱,上学的人多很多	数量上去了,但质量大大下滑,学风变淡	依然很多人辍学,原因是对学习的兴趣大减	教师不抓教学质量,敷衍了事	其他
山东	46.4%	28.6%	12.2%	12.6%	0.2%
安徽	48.1%	27.7%	10.2%	11.2%	2.8%
宁夏	58.4%	48.3%	30.8%	30.2%	3.5%
平均	50.9%	44.9%	17.7%	18.0%	2.2%

近年来,农村免费义务教育取得明显效果,山东46.4%、宁夏58.4%、安徽48.1%的农村家长认为现行农村义务教育好很多,读书不用花钱,上学人多很多。尤其是宁夏农村较早实行"两免一补"政策,极大地缓解了农村家长教育支出,但是农村教学质量、学生辍学和农村教师素质等方面问题尤为突出。

处于变化之中的农村社会经济发展对教育质量需求日益提升。尤其是在社会转型和社会流动加快的大背景下,城乡社会的阶层分化程度也在提高。城乡社会涌现了不同利益阶层,利益群体和一些强势阶层会进一步利用自己的优势地位和资源,确保利益分化向着自己。

社会阶层分化对农村教育分化产生了多方面的影响,不同阶层获得教育机会的数量和质量呈现明显差距。这种差距表现在区域内部不同阶层农民子女接受教育方式的差异上。县、乡镇家庭供孩子上学出现两极分化,一部分特别富裕城镇地区的家长占据优越经济、文化资源,迁移到中心城市,追求高质量和高水平的教育,而部分农村家长对子女未来升学和就业感到悲观,无法缴纳高额的择校费,教育回报的期望过低,不如让子女早些回家就业或外出谋生。

与农村社会分层相一致,农村不同阶层家庭教育投入呈现明显社会结构差异,其子女获得优质教育机会和接受教育的方式呈现显著差别。首先,农村富裕户经济资本和社会资源丰富,完全有能力将子女送往教育资源丰富的大中城市就读,甚至举家陪读性迁移。其次,农村中比较富裕家庭,倾尽家庭资产送子女到当地县市办学条件较好的学校就读。再次,随迁进城农民工子女,无法进入城区较好的学校就读,集中在城郊接合部较差学校就读。第四类是农村中收入一般以下的家庭,选择当地教育条件较差的村办小学就读。①

当前的农村教育分化是社会主要矛盾转化在教育领域的反映,是对城乡教育质量差异悬殊的消极反映,其本身既没有促进社会机会的均等,更没有实现城乡教育资源的高效配置。

在农村布局调整政策实施的背景下,农村子女进城上学与家庭经济状况呈现显著相关。

当前非农就业的农村家庭收入普遍增加,从而增加进城上学的概率。家庭经济条件富裕的家长倾向于支持子女进城上学。在城镇化背景下,外出务工人员大量增加,进城随迁子女上学也增加了农村学生的择校行为。

表2.7 教育布局调整中农村家长对子女进城上学的态度

	孩子成绩不好,没有太大希望,就近入学	让孩子就近入学,上学方便,不用交额外费用	宁愿多花钱也让孩子到县镇教学质量较好的学校读书	选择城市重点学校,到城里陪孩子就读
山东	8.0%	16.0%	68.6%	7.4%
安徽	8.4%	16.6%	62.2%	12.8%
宁夏	8.8%	15.6%	63.4%	10.6%
平均	8.4%	16.1%	64.7%	10.3%

山东68.6%、安徽62.2%和宁夏63.4%的农村家庭,希望孩子就读于县镇学校,教育城镇化成为农村家庭的主导需求,但不可忽视的是,仍有部分农村家庭希望孩子就近入学,就读于农村学校,山东16%、安徽16.6%、宁夏15.6%的农村家长希望让孩子就近入学,上学方便,不用交额外费用。

农村家庭的择校行为符合微观经济学中投资—收益的利益最大化逻辑,选择孩子在何处学校就学,既与家庭的客观经济、社会、地理条件有关,也与农村家长对学校的认识、受教育的前景有关,家庭的每一种选择方式是在上述约束条件下的最优选择。

(三) 农村家长对子女接受高中教育的意向

农村初中毕业生面临的选择如下:第一,升入重点高中或普通高中,旨在为继续进入大学深造做准备;第二,进入中等职业学校学习,包括职业高

---

① 王文龙,彭智勇.农村教育分化带来的问题及其对策研究[J].学术论坛,2007(7).

中、中专和技校等;第三,直接进入劳动力市场,在城市打工;第四,短期职业技能培训,为外出务工做准备。因而,高中教育是农村学生获取教育机会的关键。

重点高中教育机会是反映不同阶层教育机会获得差距的重要指标,阶层背景对高中教育的影响更为直接。一般说来,重点高中声誉好,社会认同度高,师资水平高,更能吸引农村家长和学生。

但是在当前社会阶层分化的背景下,仅依靠中考分数标准获得高中教育机会被打破,缴纳择校费、借读费等以及疏通社会关系,已成为许多家庭面临的选择。不同家庭类型进入重点高中呈现明显差异,农村家庭学生更多依靠分数优势获得重点高中入学机会,占有经济资本和社会资本的家长可以凭借资本优势弥补分数不足。

城乡高中教育无论办学设施或者教学质量都存在明显差距,农村家长迫切渴望子女通过升入城市重点高中,进而考入重点大学,提升家庭社会地位。但是农家子弟从初中升入高中,面临各种困难,如学费的昂贵、家庭对劳动力和就业收入的急需、高中学校的短缺、升入高中后就业形势不明朗等。在农户回答"如果你家孩子考不上重点高中,你愿意花钱上重点高中吗"问题时,山东30.8%农村家长认为花再多的钱也愿意支持子女上重点高中,明显高于安徽和宁夏。

表2.8 农村家长让子女缴费上高中的意愿调查

	花再多的钱也愿意	交不起额外费用	交1万元以下愿意	交1万—2万元	其他
山东	30.8%	26.6%	20.5%	21.9%	0.2%
安徽	25.0%	38.3%	18.7%	16.0%	2.0%
宁夏	27.7%	34.2%	24.5%	13.2%	0.4%
平均	27.8%	33.0%	21.2%	17.0%	0.9%

也有家长反映,反正孩子学习成绩不好,不愿意花钱上,偏远以及欠发达地区农民子女获得向上社会流动以及非农职业岗位的机会相对稀少,农家子弟更渴望通过接受良好的高中教育,考上重点大学,谋求理想职业,实现向社会上层的流动,宁夏仍然有27.7%的农村家长表示花再多钱也让子女缴费读高中,但是"购买高中教育"每年花费不小。如果农村学生中考分数未达到重点线,上重点高中需要缴纳费用,在读普通高中不需要花费额外费用前提下,少数农村家庭无法承担重点高中较为昂贵费用,极有可能策略

性地选择普通高中,来规避缴纳重点高中费用。这亦是贫困农村家庭在生存压力下的无奈选择,是底层农民一种"弱者的武器"。

(四) 农村家长对子女接受高等教育的意愿

对广大普通家庭子女来说,高考作为一个可控的自致性因素,几乎成为他们获得高等教育机会、实现阶层向上流动的一座最为公平合理的"独木桥",作为社会弱势群体,农村家庭子女接受高等教育必须考虑两个最基本问题:首先,支付上大学期间学费、食宿等各项开支;其次考虑大学毕业后日益严峻的就业风险。高等教育费用对于农村多子女贫困家庭是沉重的负担,当前农村大学生就业持续困难,毕业后应聘打工,其收入甚至不如辍学外出务工者,挫伤了农家子弟求学积极性,降低了农村家庭教育投资的意愿。在社会上升流动减缓,社会加速层化背景下,农村弱势家庭或欠发达地区农村家庭面临教育选择困境:一方面教育投资风险不断凸显,部分农村贫困家庭产生教育放弃的意愿;另一方面在农村向社会上层流动机会和渠道不断减少的前提下,由于缺乏更好的选择,农村家庭高等教育需求特别旺盛,迫切渴望通过教育改变社会底层地位。

调查中,在回答"近年来,大学生就业形势越来越严峻,您是否会让您的孩子继续接受高等教育?"问题时,山东77.5%、安徽62.2%、宁夏74.5%的农村家长会让子女接受高等教育,虽然就业形势不容乐观,但是农村家长高等教育需求依然旺盛。

表2.9 农村家长对子女接受高等教育之态度

	会	不会	考到本科时会	考到重点大学时会	视经济情况
山东	77.5%	5.5%	8.6%	4.8%	3.6%
安徽	62.2%	9.2%	14.1%	8.7%	5.8%
宁夏	74.5%	5.8%	11.7%	3.3%	4.7%
平均	71.4%	6.8%	11.5%	5.6%	4.7%

调查中发现,近年来,农民对高等教育的支付能力有了一定程度的提高。近年来,国家惠农力度不断加大,农村社会不断发展,农民收入呈现逐渐递增趋势,大幅度降低了农民的负担。同时我国普通高校学费一直基本维持不变,于此背景下,农民家庭对高等教育的支付能力不断提高,当农家子女无法升入二本及以上院校,越来越多的农村家庭开始考虑子女升入民办院校和独立学院读书,选择高职院校家庭亦呈现上升趋势,完全让子女放

弃大学的家庭只占少数。

社会结构客观制约和农村家长主观期望呈现截然相反趋势。在调查对象中,山东54.1%、安徽59.7%和宁夏52.8%的农村家长认为子女接受"一本"重点大学机会最大。仅有11.2%农村家长认为子女接受高职高专类型院校的机会最大。农村家长对子女教育期望明显偏高,但是在社会结构客观约束面前,其落差和失望感也必然强烈。

表2.10 农村家长认为子女接受某种类型大学机会最大

	"一本"重点大学	"二本"省属大学	高职高专	民办院校
山东	54.1%	30.6%	11.9%	3.4%
安徽	59.7%	23.6%	12.1%	4.6%
宁夏	52.8%	35.0%	9.5%	2.7%
平均	55.5%	29.7%	11.2%	3.6%

关于"农村家长支持子女接受高等教育原因"的调查,67.9%的农村家长相信知识总会改变命运,8.1%的农村家长认为就业形势严峻只是暂时的,大多数农村家长对接受高等教育前途表示乐观,尤其是西部宁夏农民对高等教育寄予期望更大。山东19.9%的农村家长认为接受高等教育并不是为了就业,高于安徽、宁夏,表明发达地区农民接受高等教育意愿呈现明显非功利色彩,关注子女的教育幸福和生涯发展。

表2.11 农村家长支持子女接受高等教育之原因

	相信知识总会改变命运	就业形势严峻只是暂时的	接受教育并不是为了就业	家里有条件读大学	读大学家长有面子
山东	68.7%	5.2%	19.9%	5.0%	1.2%
安徽	65.8%	11.6%	14.2%	3.2%	4.1%
宁夏	69.1%	7.6%	15.8%	4.3%	3.2%
平均	67.9%	8.1%	16.6%	4.2%	2.8%

关于农村家长反对子女接受高等教育之原因调查,其中26.1%的农村家长认为现在大学就业很难,继续接受教育没有意义。作为务工输出大省安徽32.0%的农村家长认为让孩子提前就业,早些赚钱,西部的宁夏34.1%的农村家庭因经济情况不允许,不让子女接受高等教育。

表 2.12 农村家长反对子女接受高等教育之原因

	大学就业都很难，继续接受教育没有意义了	让孩子提前就业，早些赚钱	家庭经济情况不允许	孩子成绩差，没有必要再接受教育
山东	27.1%	14.5%	27.1%	31.3%
安徽	25.2%	32.0%	19.5%	23.3%
宁夏	25.9%	15.1%	34.1%	24.9%
平均	26.1%	20.5%	26.9%	26.5%

近些年来高校扩招带来的大学生就业难问题日益凸显。农村大学生就业质量明显偏低，工作岗位稳定性和薪酬较低，甚至不如外出务工的青年农民工。农村大学生的就业状况反映了社会流动和社会分层状况，直接影响着农村家长教育需求和教育期望。

二、农村家长教育需求特点

农村家长对子女的教育需求和教育期望普遍较高。农村经济的发展和市场体制的进一步深化，使得农村父母有了更多的机会为子女寻求教育资源，农村居民对优质教育资源的竞争也表现得越来越激烈。他们面对经济社会生活的改善和自身有限的教育水平，试图通过资本（经济资本和社会资本）的投入，转化为子女的教育机会，使子女获得较高的教育地位，进而优化家庭资本结构，获得地位的提升。

农村家长对学校教育的要求不断提高，成为提升教育质量的倒逼力量。外出打工为个体带来的直接好处是经济层面的改善，这使得农村家长有能力为子女的教育作出更多的投资。更重要的是教育观念方面的改变，打工经历使他们进一步认识到教育与职业之间的联系，从而更加重视子女的教育问题，并愿意投资去改善子女的教育条件。并且流动也打开了农村家长的视野，改变了他们的参照系，他们更清楚地认识到地区以及城乡间的教育差距。越来越多的农村家长开始对学校进行选择，一些乡镇以及县城周边开始出现大规模的"租房读书"现象。

外出打工经验让农村家长的教育需求和期望发生了改变，对学校教育提出了更高的要求。原来的农村教育显然已经无法满足他们的要求。从这个意义上看，国家对农村教育的改造与提升是对农村家长教育需求的一种回应。

从深层次分析，农村家长对子女教育行为的差异与变化源于其实践逻辑。在实践中,农村家长的理性行为受到家庭、社会、文化等结构性因素的约束和限制,在各种结构性因素约束下,农村家长理性选择对子女的教育投入行为,并随具体情境的变化而调适目标和行为。从农村家庭的教育选择类型、逻辑,结合农村教育的现状以及制度环境来看,目前绝大部分农村教育供给质量和类型太过单一,满足不了新时代背景下农村家庭的多样化需求。

第三节 教育对农民究竟意味着什么

现有关于农村教育的研究成果,主要基于国家和城市层面的教育改革设计和规划,这种自上而下的研究视角,忽视了农村受教育者包括农村家长和学生的教育体验和真实需求,底层农民的教育利益和诉求经常淹没于社会精英的宏大叙事话语之中,政府主导教育改革与农村家长及学生的真实需求产生距离和偏差。

以山东省南部一个名叫后张村的村落为个案,探寻在特定的农村社会情境下,学校教育对于特定群体命运的意义。考查农村教育之于农村学生的社会流动现状包括流动性质、方向。对于处在社会底层的农民子女而言,农村学校意味着什么?是实现向上流动的阶梯,还是社会底层再生产的工具?高等教育扩招是否会带来农村社会流动机会的增加?

无论是民国政府在农村推行新教育,借以培养村民"国家意识"和"公民责任感",还是中华人民共和国成立之后,教育作为培养"四有新人"和实施强国战略重要的一环,但是对于底层民众来说,教育首先作为一种社会升迁性流动工具而存在。

后张村是位于山东省与江苏省交界处的一个自然村落,行政隶属于山东省济宁市微山县韩庄镇塘湖社区。村南紧邻微山湖和京杭运河,104国道从村前穿过,京沪铁路从村北面穿过。抗日战争时期,这里是地方抗日武装活动较为频繁的地区,村前有抗日志士褚雅青之墓,附近有铁道游击队遗址、微山湖旅游码头。

明朝初年张姓宗族从山东登州府迁移至官桥,清末又从官桥辗转于此,自然形成村落,经过600多年的繁衍,目前已有125户,441人。后张村由单一的张姓分化为张、袁、李、吕、田五大姓,张氏又分为东头张和西头张。

该村庄人均耕地面积较少,仅为9分田,农业以种植小麦、玉米为主,兼种植棉花、大豆和蔬菜等作物。村庄附近有一家规模较大的私营焦煤化厂,污染严重。当前该村农民大部分收入来源于外出务工,亦有在当地湖岸码头从事个体经营,或从事船舶的维修与制造。年龄较大的村民、妇女靠经营田地为生,中青年劳动力到外地打工。2018年镇政府对外公布的数据表明后张村人均收入14 687元。

一、后张村村民职业结构和农民之社会流动

法国思想家孟德拉斯精辟地指出:"20亿农民站在工业文明的入口,这就是20世纪下半叶世界向社会科学提出的主要问题。"①

随着现代化高歌猛进,城市化突进,大量外出务工农民给沉寂的乡村带来了强势的城市中心文化。市场经济带来物质消费主义,工业文明入侵,乡土伦理和乡土文化面临合法性危机。乡民沉醉于经济大潮狂热兴奋之中,国家化、商业化的力量不断向村落生活中延伸。

后张村是一个拥有几百年历史的自然村落,已经调整为独立的行政村,设村民委员会和党支部,以便加强领导与管理,充分显示村落生活中国家力量的存在。"要想富,先修路""少生孩子,多种树"等各种口号张贴在墙壁上,各种商业性广告,诸如海尔洗衣机、海信电视等彩图张贴于街道和房屋外墙,工业化和现代化的力量已经渗透和改变农民的生活方式,联通、移动电信特约经销处、网吧,超市洗浴中心……,城市的力量不断向农村延伸,乡村生活在工业化的浪潮中已经失去往日的宁静。

后张村社会阶层结构从纯农业劳动者阶层已经分化为多种不同的社会职业群体,按照职业差异,分化为农业劳动者、乡镇企业管理者、个体户、私营企业主、当地厂矿工人、村干部、教师和医生、外出务工者等。

农村社会阶层分化造成不同阶层对社会资源占有的差距。目前我国农村家庭正在逐渐发生分化。私营企业主、建筑工程承包户、专业种植户、养殖户等家庭的收入和财富积累超过了普通城市家庭,而部分农村家庭则因为重大疾病、教育等陷入了贫困状态。

表2.13 后张村农民居民职业结构分类表

种类 数量	纯农业劳动者	乡村集体企业管理者	个体工商业者	私营企业主	本地企业工人	乡村脱产干部	教科文卫工作者	劳务劳动者	其他
人数	61	4	74	6	47	3	10	236	4
%	14	0.9	17	1.4	10.7	0.7	2.3	54	0.9

---

① [法]H.孟德拉斯.农民的终结[M].李培林,译.北京:中国社会科学文献出版社,2004:1.

农村社会流动机会在不同职业群体间的分布呈不均衡状态,非农职业者拥有较为丰富的代际流动机会,而农业劳动者得到的流动机会却十分有限,表现出明显的代际继承特征。关于农村社会结构配置,乡镇村干部掌握政治经济资源在农村地位威信最高,非公有制或私营经济老板掌握农村经济资源,在农村威信逐渐提升,甚至已经获取农村村委会干部职务。

随着新型城镇化的迅速推进,后张村正在搞乡镇社区,将许多行政村合并成为农村社区,村庄将彻底消失代之以高楼。在一个农业乡镇,强迫众多种田的农村人离开自己的家园,住进所谓社区,是否会出现"挑着粪担进电梯"的笑话呢?当前城镇规划过程中,忽略或者摒弃乡土文化追求整体化、机械化和普适性,城乡社会演化为一种单面社会。

当下农村村民可分为三类:一是出生于20世纪四五十年代的一代乡民,尚保留乡村儒雅文化传统,熟悉乡村伦理和生活传统,在村民中具有较高威信;二是20世纪60年代出生的乡民在反传统和破四旧的"文化大革命"中长大,乡间遗风在他们头脑里相当淡薄,缺乏乡村文化礼俗熏陶;三是出生于20世纪70年代,在改革开放市场大潮中成长起来的乡村社会中坚力量,这一代人经济意识超前,但是乡村伦理在追求金钱利润的刺激下已荡然无存。于此背景下,乡村文化逐渐衰落,道德约束失去控制力,阎云翔在《私人生活的变革:一个中国村庄里的爱情家庭与亲密关系》一书中指出,在社会急剧转型背景下,当下农村社会畸形的个人主义日趋膨胀,一味追求个体权力和利益,却缺乏尊重他人和社会的公共责任感,导致农村社会"无公德的个人"急剧增加。乡土文化的人文精神滋养人类的精神家园,梁漱溟认为,中国文化的根在乡村。但是当前经济利益成为农村社会压倒一切的中心任务,农民沉浸于金钱追逐中,乡村伦理淡化,大量农村青壮年外出务工,农村知识精英外流,农村社会结构逐步解体,农村逐步变成地域概念,失去文化内涵,趋向空壳化。在现代文明强势冲击下,乡土文化趋于边缘化和荒漠化。

二、村民就学空间与受教育机会

历史上,后张村一直是一个非常重视教育的村庄。后张村在当地颇有文风,张氏族长是晚清庠生,方圆十里八村颇有威望。据《微山县志》记载,清光绪年间,后张村附近设有私塾,为私人开办,后张村隶属的韩庄镇设有义学。晚清废科举、兴学校的变革中,清光绪三十年至宣统三年(1904—1911年),后张村所属的韩庄设有初等小学堂。清末民初,在地方政府倡导与开明绅士推动下,农村新式学堂逐步出现,但是面临观念嬗变和地方保守势力的阻碍,新式学堂数量较少,规模也很小,作为现代意义的初等小学尚未在乡村真正扎根。

1912年，中华民国政府成立之后，即教育部颁布教育法令，取消前清州县学、庙学和社学等传统教育形式，设立新式学校。1921年，韩庄设立高等小学堂，1923年韩庄国民学校改名为初级小学校，高等小学堂改称高级小学，高初级合并，称完全小学。1923年后张村附近多义基督教会设立树人高级小学校。①

20世纪二三十年代，是乡村教育运动高潮时期。梁漱溟在山东邹平创办乡村学校波及鲁西南地区，济宁、枣庄等各乡镇先后设立乡农学校。1935年后张村附近多义沟，基督教会于此设立初级中学，名为明德中学，学生来自本村或附近村落。抗日战争爆发之后，学校停办。

1949年以前，后张村张氏族人曾经在村南自家开办新式学堂，村里年轻人先后在此受到新思想、新观念的影响，参加革命。

后张村及其该地区乡村学校经历了战乱与政局的动荡，虽然设置农村小学，但是时兴时废，并没有完全承担起文化启蒙责任。私塾仍然发挥一定作用。

20世纪下半叶，中华人民共和国成立以后，教育作为一项让村民可以享受的福利，村民的就学空间和受教育机会得以极大提高，教育供给量的扩张刺激了教育需求的增长。后张村所在塘湖乡设立中心小学，附近村落相继成立里张阿小学、西张阿小学、新庄小学、黄庄小学、许庄小学等众多小学。

20世纪60—70年代，农村中小学数量和规模急剧扩张，公社设有高中，大队设有初中，村里举办小学，"文化大革命"十年我国农村教育规模急剧扩大。教育供给刺激了村民的教育需求，20世纪70年代，中学阶段受教育机会显著增加。村小附设初中班，公社建高中，1976年后张村隶属韩庄镇人民公社创办五七大学。后张村绝大多数少年小学毕业后得以继续读书，村里年轻人接受高中教育的比例不断增加。"文化大革命"时期的高中生，村里人并没有赋予他们文化人的角色，后张村小学老师张泽环说："中小学生被动员起来，批斗教师，完全陷入混乱。停课闹革命，学校开门办学，没有学到什么有用的知识。一些人后来当了民师，文化程度低，就显露出来。""文化大革命"时期的年轻人以"反传统"的形象凸现在历史舞台上，缺少正规教育的儒雅，街坊邻里的情谊关系在他们头脑里很淡薄，现代性的知识也没有留下太深的痕迹，红卫兵的文化身份和文化程度并没有真正地获得村

---

① 山东省微山县地方史志编纂委员会.微山县志[M].济南:山东人民出版社,1997:904—905.

民的认可。

20世纪80年代以后,教育规模开始压缩,公社高中停办,取消小学戴帽初中,减少了招生人数,小学毕业生要通过考试竞争才能升入初中,中学入学比例降低;高中部设立在县城和鲁桥镇、韩庄镇,就学距离较远,住校交通住宿成本加大,以及招生人数压缩,后张村在外面读高中的学子大为减少,大部分初中生毕业后不得不回家务农。事实上,村民的教育需求与就学距离、教育成本、教育供给密切相关。①

三、后张村教育与社会流动之变迁

后张村是一个深受革命传统影响的村落。革命战争对该村社会流动产生深刻影响。解放前,后张村开明绅士张泽丰在村南开办新式学堂,张泽丰是后张村国民党保长,利用特殊身份,掩护革命势力发展,但是在后来"文化大革命"政治运动中受到牵连,被诬陷判刑,最终平反恢复名誉。后张村年轻人先后在村南新式学堂受到新思想、新观念的影响,村里许多年轻人参加苏北、鲁西南一带革命武装,在抗日战争、解放战争、抗美援朝中受到革命洗礼,屡立战功。其中张仲先系中国人民解放军高级将领,后来晋升为广州军区政委,亦是后张村走出去的党政最高领导人。

在和平年代,革命已不再是社会地位上升的台阶。但是受此传统影响,参军对后张村年轻子弟之影响极为深刻。

20世纪50年代至70年代,城乡户口籍贯、家庭出身、干部工人身份、行政级别、工作单位所有制等作为社会分层的主要指标。这些具有先赋因素的身份抑制农村底层人群的活力和积极性,城乡二元刚性结构堵塞社会流动之通道。后张村张某因父辈为生产队队长,家庭成分好,被推荐进入滕县工读师范学校学习,毕业后回到后张村小学任公办教师。

20世纪70年代,后张村农民与其他各地农民一样,被人民公社和土地制度牢牢地束缚在出生地,很少有机会向社会上层流动。

改革开放以来,随着农村社会结构变迁和国家政策调整,社会分层机制

---

① "文化大革命"结束后,压缩教育规模,减少教育机会,确实带来了一些问题,根据苏珊娜·佩帕收集的材料发现,"当新成立学校的高中部于1979年开始关闭时,当地出现了各种不满情绪。在山东一个县的镇里开了三次大会安抚当地农民的不满情绪……福建一个办得好的公社中学要求继续允许开办高中班"。事实上"文化大革命"结束以后,教育规模调整并没有马上将学生按比例从普通学校转移到技术学校,也没有做任何工作使关闭中学与学龄人口减少相适应。[美]麦克法夸尔,费正清主编.剑桥中华人民共和国史(下卷)——中国革命内部的革命(1966—1982)[M].俞金尧,等,译.北京:中国社会科学出版社1990:608.

发生了重大变化。后张村农民流动主要通过两个渠道：一是正式渠道，通过升学、参军、提干、招工等途径，超越城乡制度壁垒，实现社会地位上升性流动；二是非正式渠道，通过务工、经商、办企业等形式，流动于城乡之间，实现经济地位和社会地位提升。

（1）20世纪70年代末至80年代，升学、参军、招工是农家子弟上升性社会流动的主要形式。

改革开放初期，文凭、学历等自致因素逐步取代先赋身份，所发挥的筛选和流动功能日益突出。国家实施公正的考试制度（如中考、高考等）以及稀缺的高等教育资源，使得教育成为社会底层人群向上层流动的主要阶梯。虽然农村弱势家庭初始禀赋条件较差，往往会通过更加刻苦的学习来获取有限的高等教育入学机会，实现身份和地位升迁。

1977年恢复高考，后张村田某考取青岛大学医学院，后赴美留学，在北京某医院工作，曾经为该医院副院长，教授，博士生导师。后张村及其附近村民患上疑难疾病需要求医问药，都会赴京求之帮助，村里人总是传颂他在生产队耕田不忘带着课本，空闲之时，埋头苦读的事迹。后张村这位农家子弟刻苦求学通过高考实现人生成功的故事，激励更多农家子弟实现"城里人"的梦想。程某考取山东科技大学，毕业后就职于济宁电力系统；吴某考取山东师范大学体育学系，后成为枣庄某大学教师；张某考取大连海军舰艇学院，毕业后升迁为海军舰艇团级干部。这鼓舞更多后张村学生发奋读书。

中专是农家子弟改变身份最快捷的渠道，初中毕业考取中专即可以获取城镇身份，国家分配就业。不少农村人认为，"不管中专、大专，只要是砖，都比咱土坷垃强"。后张村吴某考取山东省淄博卫生学校，毕业之后分配枣庄十里泉电厂附属医院工作，已经升为院长；陈某考取山东泰安煤炭学校，后来分配到济宁煤矿工作，成为矿长；张某考取山东济宁市城市建设学校，毕业分配到山东微山县建设局，目前是山东省微山县自来水公司经理。

参军对农家社会流动的影响不容忽视，由于军队与地方通过转业可以很好地对接。农家子弟在中考、高考失利之后，农家家长倾向支持子女参军入伍。由于受后张村传统影响，许多年轻子弟先后在部队转为志愿军或提干，复员后成为地方事业单位编制人员，张某从部队连级干部转业至枣庄市安监局工作。参军给后张村农家子弟带来极大脱农机会。

（2）20世纪90年代，升学、经商和招工是后张村实现地位性流动主要形式。

升学依然是后张村人心中不灭的梦想。在城乡二元结构壁垒严峻的现实下，农村子弟实现体面的向上社会流动的途径几乎仅限于通过教育的流动,吃"皇粮"、成为"国家的人",渴望国家体制内庇护,依然是农村家庭供孩子读书的最大的心愿。

20世纪90年代末大学扩招以及大学生就业难已经影响到后张村子弟。张某考取桂林航空职业高等专科学校,毕业后家里托人找到乡镇派出所工作。王某济宁电视大学毕业后,去上海谋生,最后通过亲属关系进入济宁鲁抗药厂。

20世纪80年代末乡镇企业的崛起,后张村及其附近先后开办稀土矿厂、铝合金加工厂、纸板加工厂、洗煤厂、纺织厂等,县城许多企业也相继招工,提供"非农业城镇户口",但是需要缴纳价格不菲的进厂费、押金等。

农业户口与非农业户口界限分明,县镇企业工资并不太高,但是颇具诱惑力,在村民眼中仍比种地强,地位体面,村民仍然通过各种关系让自己子女进厂。村里没有升学的女孩招工进入本地百货公司、纺织厂等企业,获得非农业户口,享受城镇待遇,对于女孩子来说,可以找个好婆家,嫁给本地乡镇干部、教师。20世纪90年代末,随着企业工人地位的下降、收入的减少和下岗的威胁,招工亦开始失魅。县镇企业极不景气,纷纷破产倒闭,后张村招工走出去的女孩被迫在县城自谋生路,转向个体经营。

(3) 2000年至现在,务工、包工和升学是后张村青年离开农村的主要形式。

务工和包工成为后张村年轻人获得经济财富和社会地位重要途径。后张村年轻人大部分流动到济南、青岛等地从事建筑行业,也有在当地造船厂务工,不少年轻人成为包工头,在村里盖起洋楼,买汽车,还有个别年轻人在县城购买楼房,迁移到城镇居住。

改革开放之初,农民把上大中专当成跳出农村的出路,随着市场经济的深化,大中专招生扩招和教育收费不断攀升,学历文凭贬值,自主择业不包分配制度的实行,知识失业现象在农村越来越普遍,他们越来越不可能把上学当作跳板,当作改变自己命运和地位的唯一出路。农村子弟受教育的直接动机是谋取"铁饭碗"或追求经济价值,因此,一旦无法满足,对教育的追求就会弱化。后张村农民深受升学考试文化影响,农民对子女抱有较高的教育期望,坚信宁可砸锅卖铁,甚至卖血也要供子女读书,这是支撑农村教育发展的真实力量。

但是处于城乡社会加速转型期,农村家庭对教育预期和价值充满迷茫,含辛茹苦供子女读完大学,却发现就业后的收入非常低。村里流行消极的读书论调:"没有背景,没有关系,孩子即使上了大学也很难找到好工作。""读太多书没用,初中就够了,关键是要能赚钱。"这种状况影响了农民对子女教育选择的积极性。后张村老村长抱怨:"以前谁家孩子辍学打工,我就跑去劝他们要着眼长远。但是现在呢,我自己都说服不了自己。"农村优质教育资源以及教育机会的匮乏,导致农村学子通过就读名校实现社会流动、改变命运的机会和通道正在锐减。

四、农村社会分层与教育意义变化

对于农村普通村民来说,学校教育究竟意味着什么?农民的教育观念和教育预期在多大程度上与国家的目标相吻合?为了更深入了解农民的教育需求变化,有必要从底层民众需求的视角,来分析学校教育在农村生活中的意义变化。

20世纪50—70年代,国家庇护型社会流动模式占据主导地位,其根本特征在于国家追求城市中心和工业化模式,通过城乡分野政策和制度设计,抑制农村社会流动需求,教育促进农村社会流动的渠道较少,户口、籍贯、党员身份、政治成分等社会屏蔽机制发挥重要作用。

1956年后张村的高小毕业生逐渐增多,最初毕业生回到村里还可以充当大队会计、记分员、宣传员等文差工作。后来人数越来越多,只好随同社员一起参加生产劳动。① 当时流行在村里的顺口溜就是:"高小毕业生,干啥啥不中;有心拾大粪,白搭二年工;有心抱孩子,老婆还没生。"表达了农民对教育的抱怨。农民希望子女受教育有文化,不再种田受累,脱离农村;村里也不欢迎毕业生回乡务农。②

国家层面的教育诉求与农民教育期望并不尽一致,从底层村民视角来

---

① 1953年暑假期间在全国范围曾一度出现高小和初中毕业生升学问题的紧张状态,1953年8月中央批转了中央教育部党组关于解决高小毕业生问题的请示报告,同时通过《人民日报》发表了"实事求是地解决小学毕业生升学问题"的社论。政府多次下文、有关领导多次讲话,鼓励、劝说农村毕业生安守农村,参加农业劳动。钱俊瑞认为:"农村高小学生总的思想状况还是想升学当专家当国家干部,到城市当工人,也不在农村……应坚决地彻底地加以改变,要教育他们为社会主义服务……"余秀兰.中国教育的城乡差异——一种文化再生产分析[M].北京:教育科学出版社,2004:74. 何东昌.中华人民共和国重要教育文献[M].海口:海南出版社,1998:288.

② 吉尔伯特·罗兹曼分析:"自从20世纪50年代后期起,受过教育的青年农民一般不得不留在其家乡的公社。城市知识青年到农村安家落户(这是中国特有的事),可能进一步使农民对教育失去了兴趣,因为教育与重视的流动性没有联系了。既然大学、高中毕业生都下乡扛大旗,那让孩子读书还有什么用?"[美]吉尔伯特·罗兹曼.中国的现代化[M].南京:江苏人民出版社,1990:364. 这种情况在河北饶阳县也是如此,"在饶阳一所初级中学,当上级宣布只允许少数人进入高中后,学生们非常愤怒,在宿舍墙上和黑板上写道:饶阳初中生,白搭九年工;高中没考上,师范不招生;出路只一条,回家把地种;宏愿何处诉?愤恨怎能平。"[美]弗里曼,毕克伟,赛尔登.中国乡村,社会主义国家[M].陶鹤山,译.北京:社会科学文献出版社,2002:289—290.

看,教育首先作为社会流动和升迁的工具而存在。在村民生活中,教育是向社会上层流动的阶梯。"对他们来说,上学的目的是走得更远,而不是拿着锄头被束缚在土地上。"①从根本上分析,国家实施城乡二元结构以及对城市阶层的庇护限制农村子弟的上升性社会流动。

20世纪80—90年代,基于绩效原则的自由竞争模式占主导地位,其特征体现于社会流动机会按个人能力和贡献分配,社会底层将拥有更多的流动机会,阶层利益分配逐渐淡化先赋因素之影响。

这一时期,我国大中专招生录取比例低,学费极低,毕业之后国家包分配,基本上是处于供不应求的状态,皇帝女儿不愁嫁。在校大中专生享受政府各种补贴,毕业之后即会拥有稳定的工作、相对较高的收入、完善的社会保障、较高的社会地位,甚至拥有一定的特权,可以完全摆脱农村户籍体制的束缚。后张村许多农民子弟通过升学教育改变社会身份,实现向社会上层流动,教育的社会流动功能得以充分发挥。在此背景下,大多数农村家庭甚至愿意不惜一切代价支持子女读书,"我们没有本事托人帮你找工作,你只能自己努力,好好学习,为自己将来争取个好地位",农村家庭子女充满知识改变命运的期望,借此实现农村人口身份和地位根本性转变。据统计,后张村11人通过升学教育,改变身份,成为公务员、教师和职场白领等。

20世纪90年代末期到21世纪初,随着我国社会转型不断深化,社会贫富分化与阶层固化问题明显,底层群体收入呈现下降趋势。基于社会不平等结构下的家庭地位继承模式占据主导地位,其特征是家庭的社会经济背景对子女的地位获得有决定性的影响,跨阶层流动弱化,代际的地位继承性特征突出。

随着社会结构阶层固化问题凸显,社会流动的难度增大,社会结构出现板结和"夹心层"现象。20世纪90年代末,后张村农家子弟考入中专,大多数毕业之后工作无着落。即便是大学生,就业形势也不乐观,后张村几个师范专科学校毕业的学生,教师招考没有考上,被迫在家里辅导学生,谋求生计。

高等教育规模扩招导致大学生数量过剩,农村大学生就业形势尤为严峻。不少大学生毕业之后赋闲在家,工作并不好找,含辛茹苦供养子女完成大学学业,却没有改变家庭地位,在街坊邻居之间荣耀感变成心理失落感。由于劳动力价格提升,一些辍学打工农村青年在城市收入也比新入职大学生工资高,上学难,就业更难,更多的村民开始怀疑,读大学到底有用还是没用。

---

① [丹麦]曹诗弟.文化县:从山东邹平的乡村学校看二十世纪的中国[M].泥安儒,译.济南:山东大学出版社,2005,221.

后张村农民从一味追求子女升学教育转向职业和技能培训,当升学教育不能成为农家子弟向上流动的主要依赖路径,随着市场化的深入推进,农村家庭考虑让子女接受继续教育和职业培训,以期通过生存取向的教育为子女提供低限度的向上流动机会。农村家长对子女的教育选择被迫从地位教育转向生存教育,这反映了职业生存的压力和农民的理性选择结果。近年来,村里孩子读中职和高职的越来越多。

类似后张村的村落,农村生活方式主要是基于分散小块土地经营的家庭承包体制,基本上依靠农民熟练手工和体力劳动,无论是种植农作物或者小规模的家庭养殖业,缺乏现代化大生产和经营的内在需求,并没有对劳动者提出较高的文化和技术要求,对农村义务教育内在需求缺乏动力。我国义务教育体系以离农为目的,与农村社会相脱节,目前教育体制造就了大批无法通过升学考试进入城市社会的失败者。这些教育的"失败者",已经被城市知识和城市生活动员起来。对于他们,乡土社会失去了诱惑力,由于缺乏专业技能,城市生活也无法安纳他们,他们在社会上找不到合适的位置,漂泊在城镇与乡村之间。在乡下,初中毕业未能升学的年轻人越来越多,很多年轻人聚集在城镇街头游手好闲,打架斗殴,给城乡社会稳定带来了严峻的问题。

目前,农村高中数量减少,乡镇高中向城区迁移,高中择校费用、交通食宿费用攀升,增加农村家庭教育成本。就业难度加大,进一步动摇农家子弟教育信心,部分农村地区出现高考弃考,更多农村青年由于缺乏职业技能,面临"就业无门,致富无术"的两难困境。农村校外青年职业与成人教育缺乏相应培训机构,教育资源匮乏,许多政策仅仅停留于纸面。农村校外青年社会支持体系和教育服务体系亟须加强,随着市场化深度推进,农村家庭渴盼继续教育和职业培训,以期通过生存取向的教育为子女提供低限度的向上流动机会。

总之,我国农村社会正处于转型期,国家对农村社会发展和农村教育投入不断增加,各种惠农举措不断出台。新时代农民对教育的意愿和需求呈现多种变化形态,既有道义理性支配下规避风险的教育行为选择,又有经济理性约束下教育投入与产出的利益选择,更有社会理性追求的教育选择。

应该看到处于社会底层的农民对子女高质量教育的需求和期望尤为强烈,旨在希冀通过高质量的农村教育实现子女向上社会流动的愿望,受制于城乡属性、教育资源配置以及家庭资本等多种因素制约,农村教育数量供给虽已充分,但是农村教育质量供给严重不足,农村家长和学生的教育需求和教育选择未能得到满足。

第三章　农村学生教育机会获得实证研究

当前农村家长对高质量的教育需求强烈,但是农村学生受教育机会获得不平衡不充分,构成新时代我国农村教育的主要矛盾。

受教育机会获得不平衡不充分主要体现在优质教育机会城乡不均衡以及农村教育质量低劣。影响学生受教育机会获得的因素,从宏观的国家制度层面来看,城乡、地区之间社会经济发展水平的差异导致了城乡、地区之间巨大的教育机会不均衡;从中观的社会结构、社会阶层入手,强调社会经济地位不同带来的教育机会差异;从微观的家庭特征来看,强调家庭的资本占有尤其是文化资本差距造成了城乡子女教育期望和教育激励不同,从而影响子女受教育机会获得。

第一节　城乡社会阶层分化与教育机会获得

教育机会获得反映社会不同阶层获得教育资源及受教育权益的概率或可能性。教育机会分配多寡或获得差距是反映城乡、地区和阶层差距的重要指标。教育机会获得之影响因素,包括先赋因素和自致因素,前者包括家庭阶层背景、父母职业类型、经济资本等,后者包括个体努力程度、教育程度等自致性因素。当前我国各类不同的社会阶层已经形成,阶层之间的界限分明,而且阶层之间的差距进一步扩大,阶层分化与教育分化循环叠加,严重影响教育公平。优质教育机会在不同阶层子女间的分配不均等的现状呈现扩大趋势。

第一阶段,20世纪80年代,我国阶层差异从外到内被逐步认同和接纳,不同阶层教育获得数量和质量呈现明显区别。随着社会转型和改革开放的深入发展,区域、城乡、阶层差距不断拉大,城乡不同人群从计划时代均等化以及对阶层分化的抵触,开始理解和认同阶层分化。

不同阶层群体逐步意识到教育是从低阶层向高阶层上升的桥梁,接受教育是作为保持社会层次的身份证。

第二阶段,20世纪90年代以来社会分层分化趋于成熟,社会强势阶层出于维护自身优势阶层的社会地位需要,迫切需要通过教育确保优势阶层代际传递。在基础教育阶段,优势阶层占据优质教育资源,获得优质教育机会。阶层教育差距逐步凸显,阶层背景影响教育获得质量,各地涌现的"贵族学校"、义务教育择校现象等教育机会不公平问题渐趋增多。

第三阶段,近10年来,阶层固化趋势明显,不同阶层占据的财富、权力、声望等差距明显,阶层内部认同感增强,阶层之间区隔较为明显。教育也已成为评判一个人所属社会阶层的重要标准。优势阶层极力垄断优质教育资源,获得高质量的教育机会。基础教育阶段重点学校,优质阶层子女占据大部分比例,重点大学优势阶层子女越来越多,而各类教育招生考试制度倾向于优势阶层子女获得学业成功。

工业化、市场化和城镇化的三重变革将城乡结构与阶层结构勾连起来,教育不平等以及教育分层固化在城乡差异的向度上更为突出。目前的学校教育是一个层级化的体系,城市—县城—乡镇—农村这一序列既是现实教育质量的排序,又表示了教育发展的优先顺序。

城乡社会在义务教育阶段入学机会上的数量不平等基本消除,优质教育机会分配是考查城乡教育公平的重要视角,它是标志城乡学生充分享受教育权利的重要指标,亦是实现向上社会流动的重要基础。由于城乡优质教育资源的匮乏,在市场化的冲击下,优质受教育机会竞争演化为家庭经济实力的竞争。城市教学质量较好、社会知名度高的中小学为了满足中上层家庭教育需求,以择校费、赞助费等名义,收取价格不菲的各种费用,对于优质教育资源的争夺,农村弱势家庭社会资本、经济资本匮乏,难以支撑,富裕阶层子女可以凭借金钱优势,获得优质教育机会,而贫困家庭子女输在起跑线上,扩大了城乡、阶层之间的教育差距。在当前城乡对立和阶层分化背景下,确保优质教育机会获得公平是新时代化解我国教育主要矛盾的重要举措。

第二节 城乡家庭资本差距与子女教育成就

家庭是社会分层的基本单位。家庭在形成和传递代际之间不平等的过程中扮演着重要的角色,家庭资本作用子女教育成就的机制,尤其它是如何回应不断变迁中社会政治经济变化,成为研究者探讨的热点问题。从微观的家庭领域考查城乡家庭资本的差距及其教育机会获得差距更能深刻揭示城乡教育不平等再生产机制。

家庭资本概念是布迪厄的核心概念,他认为资本以三种类型存在,即经济资本(物化形态的财富)、文化资本(文凭、阶层趣味和习性等)和社会资本(社会结构中关系资源、人脉等无形网络),实际上,经济资本、文化资本、社会资本相互转化,产生权力和利益等价交换。而"场域"中拥有各种资本的行动者,将不同数量和类型的资本外在结构内化为自身的一套性情倾向的系统。

科尔曼认为,社会资本存在于人际关系网络之中。社会资本增强家庭经济资本和文化资本对子女教育成就的影响。家庭资本的诸多变量显著地影响着子女的学业成就。从家庭所拥有的各类资本的角度,实证分析父母所拥有的各类资源对子女教育机会的获得具有多大程度的影响,哪一种资源对子女教育机会获得的影响最大。

2018年5月在山东省莱西、临朐、东平县,安徽省萧县、无为、桐城市,宁夏自治区中宁县、永宁县、青铜峡市等三省(自治区)9个县(市)36个乡镇,发放县(市)城市家庭调查问卷630份、农村家庭调查问卷1250份,共发放问卷1880份,回收有效问卷1760份,有效回收率93.6%,从一个比较研究的视角,从这些县(市)抽取市中心区和三个不同发展水平的乡(镇)作为调查点,再分别以这些个案单位中的初中三年级的在校学生和他们的家庭作为调查对象进行比较研究。

一、城乡各类家庭资本差距调查

将家庭资本分为经济资本、文化资本和社会资本,其测量分别由一组指标组成:关于对家庭经济资本的测量,问卷包括了家庭收入水平、家庭资产两个指标,同时问卷中设计的父亲职业等级的变项也可间接地反映家庭的收入水平。

关于对家庭文化资本的测量,问卷包括了父母亲的文化程度,子女的学习用品以及家庭藏书情况等。

关于社会资本的测量着重于父母在孩子学习上的联系程度,问卷中包括:父母对子女学业目标的期望;对子女学习的监督或督促;对子女学习的辅导;请家教、上培训班(作为自己与孩子学业联系的替代者);父母是否外出务工。农民外出务工必然稀释与子女联系的时间,因而不利于子女的学业进步。学业成就变量以全市(县)统考成绩来衡量。以下是测量的结果。

表 3.1 城乡家庭资本的差距

变量	农村 分布比例（%）	农村 均值（%）	城市 分布比例（%）	城市 均值（%）	与城乡属性相关系数 皮尔逊相关系数	与城乡属性相关系数 显著性
成绩		478		536	.215*	.032
家庭收入		9 765		18 762	.312*	
父亲职业					.468***	.000
是否有电脑	27.6		74.2		.358***	.000
家庭藏书	17.5		56.9		.241*	.043
父亲教育程度					.493***	.000
父母是否外出务工	51.7		16.3		—.347***	.000
父母对子女学习目标期望		6.0		7.3	.173*	.025
是否参加特长班	11.7		70.8		.208*	.034
是否聘请家教	8.4		63.6		.156*	.039
经常督促子女学习	10.7		71.2		.268***	.000
经常辅助子女学习	9.5		72.3		.307***	.000

（注：*表示 P<0.05；**表示 P<0.01；***表示 p<0.001）

首先，从所调查初三学生的考试成绩与城乡属性的关系分析，农村学生与城市学生的总平均成绩相差 83 分，考试成绩与城乡属性的相关性达到 0.215，显著性水平为 0.032，具有显著意义。

数据显示农村家庭子女和城镇家庭子女在获得家庭资本支持方面的差距。在家庭经济资本方面，城镇家庭的年收入约为农村家庭年收入的 1.92 倍，城镇家庭拥有电脑的比例是农村家庭的 2.69 倍。

在父亲教育程度的指标上，农村家庭父亲的教育程度集中在初等教育水平，初中文化程度达到 54.1%，父亲高中程度的比例 18.4%，大学以上程度仅为 5.1%。而城镇家庭父亲高中以上教育程度达 40.1%，大学以上程度也达到 20.2%。

家庭社会资本方面，在经常督促子女学和经常辅导子女学习方面，城市家庭的比例也高于农村家庭。仅有 10.7% 的农村家长经常督促子女学习，9.5% 的农村家长经常辅助子女学习，而城市家长则分别高达 71.2% 和 71.3%。

农村家庭父母外出务工的情况为 51.7%，而城市家庭则为 16.3%。农村家庭学生参加培训班比例明显低于城市学生，上过特长班与否方面，农村家庭仅为11.7%,而城镇家庭则高达70.8%。

城乡特征属性与家庭资本数量占有产生较强的相关性,城镇家庭的子女在学业上能得到更多、更优越的家庭经济、文化、社会资本的支持,而农村家庭子女则相对处于劣势地位。

二、城乡家庭资本与子女教育获得之关系

表3.2 城乡各种形式家庭资本与子女教育成就

变量	成绩	
	皮尔逊相关系数	显著性(P)
家庭收入	.203*	.047
父亲职业	.358***	.000
是否有电脑	.107***	.000
家庭藏书	.231***	.000
父亲教育程度	.307**	.002
母亲教育程度	.314***	.000
父母是否外出务工	−.197*	.047
父母对子女学习目标期望	.437***	.000
是否参加特长班	.582***	.000
是否聘请家教	.175	.128
督促子女学习程度	.238*	.012
辅助子女学习程度	.279***	.000

(注:*表示P<0.05;**表示P<0.01;***表示p<0.001)

统计数据表明,在家庭经济资本方面,家庭收入水平、资产占有状况都与子女的学业成就有着较强的正相关关系。代表家庭经济资本的家庭资产变量与收入变量,在初中学生的学业成就方面,都显示了较强的影响。家庭资产对学业成就具有显著影响,其中,互联网等新媒体的影响尤为显著,相关系数0.107,显著水平达到0.000。电脑之所以具有特别显著的影响,可能是因为它对于家长与学校教师的沟通是非常必要的,它是一个非常方便的沟通工具,而家长与学校教师的良好沟通对于学生的学业是非常有益的。城乡家庭收入对子女学业成绩的影响具有显著性意义,显著度达到0.047。这意味家庭的消费水平越高,或者说收入水平越高的家庭,其子女在学业成就上更可能获得成功。而间接反映家庭收入水平差异的父亲职业等级的变量则与子女学业成绩相关度达到0.358,显著水平达到0.000,显示了两者

极为显著的相关性。

从父母家庭文化环境、子女教育期望、学业沟通等方面考查文化资本对儿童学业成绩和教育成就的影响。研究表明，为子女提供较多的学习用品、组织丰富多彩的学习性活动（阅读、参观博物馆）、参与学校沟通的家庭其子女的学业成绩较好。父母对子女教育目标的期望与子女的学业成就显著相关，相关值达到 0.437，显著水平达到 0.000，显示父母赋予子女的期望有助于子女的学业进步。父母外出务工与子女的学业成绩呈负向相关，表明它对子女的学业成绩产生不利影响，导致子女学习成绩退步或落后。

应该看到，城乡不同家庭背景为孩子提供的经济资本、文化资本、社会资本差距较大。具有较好社会经济条件的城市家庭会为孩子选择较好的教育。此外，家长在学校教育之外的投入也因城乡家庭条件的不同而差距很大，城镇经济条件较好的家庭可以为孩子找家教、选择辅导班和进行各种才艺培训。城镇学生参加课外补习的比例和相关支出均高于农村学生。

我国教育的城乡差距集中表现在城乡家庭为其子女提供的文化资本的差异上。布迪厄认为，"在考虑经济资本时，不能遗漏最隐蔽的、最具社会决定性的教育投资——家庭所输送的文化资本，将来教育行为中所产生的学术性收益直接依赖于家庭预先投资的文化资本"。在教育过程中，即使看起来是中性的、不偏不倚的教学过程，实际上却暗暗地偏袒那些已经获得语言与社会竞争能力以掌握优势文化的人，更有利于其取得学业成就，因而也更有利于取得优势的地位。伊里奇认为学生家庭占有资本会对学生的教育成就产生重要影响，而其所在的社区则是以一种潜移默化的方式影响甚至决定学生的教育结果。城市学生从早期就占据文化、语言、信息量等方面的优势，城市家庭经济和社会文化资本优势必然导致其在教育获得方面取得优势。在接受正规教育之前，城乡学生掌握的文化资本已经存在很大差异，农村孩子想要取得学业成功，自然要比城市学生困难得多。入学后，由于农村教师整体素质不高、学校教学手段和方法落后等原因，再加上教材内容与农村社会生活状况不相符，也会增加农村学生的理解难度，增加农村学生取得好成绩的难度。

农村学生在农村家庭养成的习惯或文化品性则受到正规学校教育体系的排斥。城市中上层家庭具有丰富文化资本的子女，因其早期接触到的是去展览馆、听音乐会、阅读世界名著，通过购买书籍、学习工具、素质课程、参加补习班、聘请家教等，必定比来自文化资本匮乏的家庭的子女更容易在学校获得成功。另外，城市家庭子女在择校机会、教养方式、理解能力等方面明显优于农村学生。当前，农村家庭早期教育几乎空白，幼儿教育资源严重匮乏,父母外出务工,子女缺乏父母的有效呵护,农村家庭文化资本先天不足。城乡早期文化资本拥有的不平衡,导致了社会竞争先天潜在的不平等。

布迪厄文化再生产理论从隐性状态反映到现实层面,现代学校系统则承认和巩固优势阶层各种文化资本的合法性,通过考试、选拔等文化资本屏蔽机制剔除劣势阶层文化圈,现代教育通过优势阶层的文化资本的再生产实现社会再生产,同时强化了原有的社会阶层的不平等而不是消除了文化资本的不平等分配。

文化资本决定学生在教育过程中的成功,城乡文化资本差异是导致学习成绩分化的重要原因。美国社会学家安妮特·拉鲁在《不平等的童年》一书中揭示美国中产阶级和工人阶级的家庭如何在日常生活中赋予儿童不同的感知和信念。中产阶级的家庭采纳"协作培养"的教养方式,父母与子女保持良好频繁的互动,与子女谈论问题的词汇量较为丰富,倾向于慢条斯理的说理,孩子占有丰富的课外活动,父母与教育机构打交道很强势,常为孩子争取利益。而工人和贫民阶级的家庭倾向于"自然成长"教养方式,大部分孩子仅有比较封闭的交友圈,父母与子女的日常互动机会少,家长仅发出简短的命令,不容置疑。但是父母与学校打交道很局促,常常不能理解专业词汇。父母与子女互动和交流是形成正确感知和信念的前提,亲子互动形式和内容匮乏,缺少对子女的关注和耐心,极易造成产生错误感知和信念的可能性。

应该看到家庭资本与教育机会获得的联系并没有被切断和削弱,在中考、高考这种竞争性考试制度中,拥有优势家庭资本的城镇家庭的子女更容易获得学业的成功,而农村家庭的子女因家庭资本的缺乏,在学业竞争中缺乏平等的学习环境,在一刀切的中考、高考制度前,必然处于劣势地位,从而形成城乡教育水平分层的格局。家庭资本的支持状况与子女的学业成就有着强大的关联,城乡社会为子女提供这种支持能力的较大差距是形成城乡家庭子女教育成就差距的重要因素。这种差距通过优势传递效应进一步造成城乡学生在更高一级教育层次上的升学机会的差异。

当前推进城乡教育一体化,缩小城乡教育差距,保障城乡教育平等,需缩小城乡家庭资本的差距。但是如何缩小这种差距呢?当前国家加强对农村教育的财政投入,但农村文化资本和社会资本的建设却还未得到足够重视。科尔曼强调,经济资本只是提供了帮助取得教育成就的物质资源、家庭内学习的固定场所、辅助学习的资料以及家庭财政问题,而文化资本为儿童提供了帮助学习的潜在的认知环境。孩子的教育是一个知识的传递过程,自身没有一定的知识积淀,没有文化资源的投入,就无法为孩子提供一个好的智力发展的知识环境。社会资本对孩子的学业成就提升也至关重要。①

虽然父母的经济资本和文化资本强烈地影响着孩子的学业成就,但若父母拥有的经济资本、文化资本没有通过嵌入在家庭联系中的社会资本的补充,父母拥有多少资本与孩子的学业成就没有任何关联。

当前要缩小城乡教育差距,不仅要加大对农村学校的教育财政投入,实施完全免费义务教育,而且要致力于消除城乡在家庭社会资本和文化资本上存在的差距,"在剔除了经济位置和社会出身因素的影响后,那些来自更有文化教养家庭的学生,不仅具有更高的学术成功率,而且在几乎所有领域中,都表现了与其他家庭出身的学生不同的文化消费和文化表现的类型"。要补偿农村学生赖以成长的各种环境之不足,彻底改变城乡教育资源分配不均的状况,致力于城乡平等的教育质量的追求,而不仅仅是消除基础教育阶段入学机会的数量差异,从而为农村家庭子女在争取更高层次的教育机会方面,获得一个与城镇学生平等的竞争平台。

第三节　从中考数据库分析农村学生教育机会获得路径
——基于山东某县的实证研究

目前我国基础教育系统嵌入复杂的城乡二元社会结构之中。由于历史原因,城市教育与农村教育存在极为明显的结构性差异,鉴于目前城乡义务教育阶段实施户籍就近入学制度,从国家制度安排角度分析,接受小学及其初中学校类型对学生来说,在一定程度上是先赋因素。在城乡差距的宏观结构约束下,对于农村出身的学生来说,一入学就必须接受教育资源处于劣势的农村小学和农村中学教育,这一具有先赋因素的制约机制对农村学生获取优质教育机会极为不利。

虽然近年来,国家加大城乡教育一体化建设,但是当前我国教育系统内部仍然变相存在等级分类的制度安排,义务教育阶段内部教育分层问题尤为突出,包括城乡校际之间差异、教育系统学校等级划分以及学校内部重点班与普通班分化。学校类型和地位区隔制约学生教育机会公平。不同类型的初中学校导致不同类型高中教育机会的获得,不同类型高中教育直接导致个体获得高等教育机会之数量和质量差异。在同一教育阶段,接受不同性质和等级的教育机会可能导致个人未来生活机遇存在较大差异。事实

---

① 蒋国河,闫广芬.城乡家庭资本与子女的学业成就[J].教育科学 2006(4).

上,不同学校类型,甚至同一类型学校内部不同地位属性都可以将阶层优势固化。

我国等级化的基础教育体系是在1949年以后,国家为选拔精英人才和实现工业化的发展目标所作的制度安排。中央和地方政府虽然经过多次改革和调整,已经取消重点校制度,但是以省级示范学校或星级学校来代替,变相存在的重点学校制度异化为一种体制化屏蔽机制,但是学校教育系统分层化不断增强,省市重点学校与城镇农村普通学校界限分明,中考和高考之考试筛选制度越来越严格,重点学校系统与城乡二元分割的制度框架相互交错,构成城市学校与农村学校、重点学校与非重点学校双重二元格局,城乡教育资源的不平等事实上已经造成城乡个人教育成就的悬殊差异。城乡学生择校的家庭社会经济地位与子女就读学校水平之间的相关性更强。在义务教育阶段,这种差异和趋势可能彰显的是教育机会分布的不公平性。择校使得家庭社会经济地位与子女就读学校水平之间的一致性增强,择校可能强化了社会分层与教育分层之间的对应性。

20世纪90年代以后,在社会阶层日益固化背景下,教育在社会分层中的作用越来越重要,先赋因素对个体教育机会获得影响呈现逐渐增强的趋势,教育体系层级化的制度安排逐渐得以强化。教育机会的配置与特定的社会制度安排以及受教育者的家庭背景紧密关联。高中教育是基础教育体系之中重要的社会流动的节点,重点高中在某种程度上是社会成员进入上层社会,获得精英身份的桥梁。

一、理论研究基础

关于国外对教育机会获得的研究,美国著名的《科尔曼报告》较早分析美国不同种族教育机会差异,并认为家庭阶层背景对子女教育成绩影响最大,此报告引起巨大反响。美国的《科尔曼报告》和英国的《盖洛登报告》使人们注意到并非学校质量而是儿童的社会出身背景对学业成绩产生更为重要的影响。这两项报告的发表,形成了一个关于社会阶层背景与教育获得关系问题的社会学研究主流。美国社会学家布劳和邓肯通过大量实证研究表明,父辈的社会经济地位直接影响着子代的教育获得。关于阶层差异与教育的关系,在布劳和邓肯的经典社会流动模型中,教育被视为阶层再生产和个人之间的自致因素和中间变量。

国内学者对教育机会获得的研究,一般从家庭背景、社会分层等先赋因素分析教育机会不公平发生机理。李煜从文化再生产模式、资源转化模式和政策干预模式来概括家庭背景对子女教育机会获得的影响机制及特征。① 随着高等教育获得公共财政支持减弱,家庭背景对教育机会影响逐渐增强,"阶层结构和教育"的研究路向成为研究热点,运用量化的研究方法分析高等教育的入学机会在不同家庭背景学生中的分配问题。

国内相关研究关注到不同类型的学校对社会阶层的影响,例如,程红艳认为不同类型的学校实质上体现了社会阶层的分割和分化,学校通过将阶层差异转化为学业差异使之合法化,发挥了一种"再生产不平等社会——阶级关系"的潜在功能。② 刘精明以 CGSS2003 年数据为样本,得出 20 世纪 90 年代末期以来,高校扩招导致不同阶层接受教育机会数量扩大,但是优势阶层倾向于子女接受重点本科教育的结论。方长春研究发现,优势阶层子女升入重点高中的比例最高,社会底层子女流入重点高中比例最低,处于社会结构中间阶层子女流入各类高中比例相对分散,但呈现明显向社会上层流动的趋向;不同阶层子女学业成功和升学意向呈现显著的阶层区别,同时发现不同阶层中小学教育分流具有鲜明的累积性,小学阶段后分流将影响到初中后阶层分流,初中阶段教育分流会影响高中阶段教育分流。综上所述,大多数学者关于"社会阶层背景"和"教育机会获得"研究,主要从阶层代际传递角度,来考查影响教育机会获得的因素,而忽视社区因素、学校类型等因素对教育机会分配的影响。

国外部分学者已经注意社区特征对子女教育机会的影响。美国学者丹尼尔·U.莱文等学者对全美 346 所学校(包括市区、城区但非市区、郊区、农村四类区域)考查,发现大量贫困学生比例高的学校位于农村社区,与其他类型学校相比,农村社区学校往往显得功能失常,由于区域和阶层隔离使得为低阶层家庭学生提供充分的教育机会变得更加困难。此外,他们还考查了街区社会经济状况对子女教育机会获得的影响。③

事实上,一个人的教育成就与他在接受基础教育时所处的教育环境有着密不可分的关系。教育环境是指所属地区占有的教育资源,包括区域学校教学质量、教学设施、教师素养、师生比等,其反映了当地经济水平和居民家庭状况。城乡分割的二元教育环境,使城乡学生在教育、升学过程中面临着诸多的不平等。

---

① 李煜.制度变迁与教育不平等产生机制——中国城市子女的教育获得(1996—2003)[J].中国社会科学,2006(4).
② 程红艳.择校、家长教育观与社会阶层分化[J].基础教育,2009(11).
③ [美]丹尼尔·U.莱文,瑞依娜·F.莱文.教育社会学(第九版)[M].郭锋,等,译.北京:中国人民大学出版社,2010:221—222.

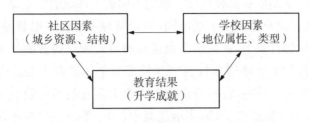

图 3.1 教育环境结构示意图

随着我国教育规模的持续扩大,教育机会获得的数量和质量普遍提升,但是城乡教育环境对于教育获得影响仍然显著。城乡教育环境差距在很大程度上是由城乡社会经济条件差异造成的。城乡经济差距导致城乡教育环境差距,城乡教育环境差距又造成城乡学生教育机会获得差异,反过来进一步影响到城乡学生个体教育成就。城乡经济差距与城乡教育差距,构成一种不断放大的振荡效应。

在城乡资源结构约束和学校地位属性约束前提下,基础教育城乡差异表现为以下三个方面。

城镇学校在硬件和师资水平方面大幅度超过农村学校,城镇学生自小就接受优质教育,其优势甚至起于幼儿园时期。与学校教育相补充,城镇学生接受大量的课外补习教育(影子教育),这类教育不仅与课程学习内容相联系,甚至延伸至体育、音乐、演讲、国外旅行等素质教育层面。城镇学生不仅在课程学习成绩上优于农村学生,而且在各类技能、素养、信心等方面全面超过农村学生。

城镇学生家庭中的父母以及其他亲属有更好的学历、背景、视野以及领先的教育观念,在学生学业帮助、挫折辅助、视野开阔等方面能为子女提供农村家庭无法提供的教育背景和帮助。

城镇学生成长的环境更加开放和现代化,学生较早接触网络、艺术馆、博物馆、动物园、音乐艺术演出等,受到国际化、开放、现代多方面观念潜移默化的影响,因而可以对其未来职业有所了解和规划。

二、研究设计与结果分析

我国基础教育城乡区域差异从小学—初中—高中序列中逐步强化,在层级递升获得优质教育机会过程中,除了家庭阶层背景等先赋因素影响之外,更受制于个体所处于教育系统的宏观结构约束。城乡区隔和层级叠加的重点学校制度构成我国中小学教育系统多重分割的局面。我国义务教育阶段的就近入学制度在某种程度上规定不同类型区域的学生享受不同的教育资源,说明子女户籍和出生地不同,教育资源占有存在明显差异,在城乡教育差距悬殊的背景下,农村学生在优质教育资源获得方面处于极为不利的地位。农村学生所处的学校类型和特征对个体教育机会获得有直接影响。具体在某一县域内,农村高中教育主要聚集在县城以及县城以下少数乡镇,包括县城示范高中、城镇非示范高中;初中学校主要集中在县城和乡镇,包括县城初中、城郊初中、农村初中,学校类型和地位不同影响个体教育机会的获得质量。

以城乡为不同背景的学生个体在教育过程中的发展呈现二元分层取向,中国学生城乡分层已经成为当前的普遍现实。本部分试图以华东地区某一农业县为个案,从城乡学校类型和地位特征探析农村学生教育机会获得差异。山东省N县位于山东省东部,全县总人口89万,经济以农业和农产品特色加工为主。

对一个优质教育资源构成和城乡择校机会相对有限的县域来说,从城乡结构属性和教育系统地位属性两个维度考查农村学生教育机会获得差异,更能折射城乡二元分割背景下,教育机会公平缺损程度。

1. 研究设计

假设1:教育资源配置以县城为中心,城市聚集丰裕的教育资源,学生获得更优质的教育机会;离县城越远,教育资源配置相对薄弱,学生获得教育机会和发展空间容易受到限制。

假设2:在初中升入高中的教育机会获得过程中,城乡属性和学校类型因素扮演重要作用,县城初中学生升入重点高中机会更大,城郊初中较之农村初中升入重点高中机会较大。

假设3:个体获得优质高等教育机会在一定程度上取决于所处的高中学校类型。在从高中升入大学的过程中,与城镇普通高中相比,重点高中重点班学生升入国家重点大学机会更大,农村乡镇普通高中生被淘汰或者进入高职院校机会更大。

假设4:教育机会的分配具有层级传递特性。在小学—初中—高中—大学的序列之中,教育机会通过不断地累积叠加而得以强化,个体接受教育的初中学校类型直接影响其接受教育的高中学校类型,而所就读的高中学校类型特征影响其获得高等教育机会质量之优劣。

数据来源2018年山东N县中考数据库和高考数据库。2018年山东N县中考数据库3449人,内容包括考生姓名、性别、民族、户籍、各科分数、总分数等,其中男生1738人,女生1711人,分别占总体50.4%、49.6%。山东 N 县高考数据包括考生姓名、性别、民族、户籍、就读高中类型、高考分数等等。①

数据分析采取多元线性回归方程和 logistic 回归分析,考查城乡二元结构下农村学生中考分数和重点高中入学机会获得之影响因素。不同类型的初中毕业生在县镇高中的分布状况,从侧面反映出高中教育机会在城乡之间传递不公平性。在高等教育大扩招的背景下,高中规模扩张相对滞后,因而高中教育则是获得高等教育机会之主要瓶颈,高中入学机会尤其是重点高中入学机会在一定程度上折射了家庭经济资本和社会资本之优劣。

自变量分为学生个体特征和城乡学校特征两大类。包括性别、户籍、年龄、学校类型、学校属性、班级类型等。

学生性别:男孩＝1,女孩＝0;户籍:城镇＝1,农村＝0;初中类型:农村初中＝0,城郊初中＝1,城市初中＝2;初中地位:非示范初中＝0,示范初中＝1;高中类型:乡镇普通高中＝0,县城重点高中＝1;班级类型:普通班＝0,重点班＝1。

因为自变量为定类变量,因此以虚拟变量形式进入模型。

表 3.3　自变量的选择及其解释

变量	定义	均值	标准差	变量性质	样本量
性别	女孩＝0,男孩＝1(参照:女)	0.50	0.500	虚拟变量	3 447
户籍	农村＝0,城镇＝1(参照:农村)	0.31	0.461	虚拟变量	3 447
年龄		15.56	0.580	数值变量	3 447
初中类型	农村初中＝0,城郊初中＝1	0.26	0.008	虚拟变量	3 447
	城市初中＝2(参照:农村初中)	0.41	0.492	虚拟变量	3 447
初中地位特征	非示范初中＝0,示范初中＝1 (参照:非示范初中)	0.54	0.008	虚拟变量	3 447
高中类型	乡镇普通高中＝0,县城重点高中＝1 (参照:乡镇普通高中)	0.91	0.285	虚拟变量	2 172
班级类型	普通班＝0,重点班＝1 (参照:普通班)	0.11	0.314	虚拟变量	2 172

---

① 由于山东教育厅和山东教育招生考试院禁止各县市对外公布高考分数和录取信息,所以本部分高考数据收集并不全面,只包括该县一中、二中高考总分数和学生相关信息。

对 N 县中考数据库的分析，主要是采用多元线性回归方程和 logistic 逻辑回归分析城乡结构因素和学校层级制度对农村学生高中教育入学机会的影响。

第一类方程是以中考总分、各科分数为因变量，以学生性别、年龄、所在初中城乡特征以及是否为示范初中为自变量的多元线性回归方程。

$$Y = a_0 + a_1 x_1 + a_2 x_2 + a_3 x_3 + a_4 x_4 + a_5 x_5$$

其中 Y 为中考总分或各科分数，a_0 为回归常数项，a_1、a_2、a_3、a_4、a_5 为回归系数。x_1 代表性别，x_2 代表年龄，x_3 代表户籍，x_4 代表初中学校特征变量（农村、郊区、县城），x_5 代表初中学校地位变量（示范初中或者非示范初中）。

由于研究的因变量均为二分变量，采取 Binary Logistic Regression 分析技术，第二类方程是建立 logistic 二元逻辑回归，因变量(Y)是"初中毕业生的中考总分是否升入重点高中"，设有三个定序分类：(1)重点高中重点班；(2)重点高中普通班；(3)普通高中。各类因变量均为

$$\text{Logit}(P) = \log(p/1-p) = a_0 + a_1 x_1 + a_2 x_2 + a_3 x_3 + a_4 x_4 + a_5 x_5$$

其中 P 为进入因变量中某一类的概率。$p/1-p$ 即是"数量优势比"(Odds Ratio of Quantity)，定义为获得某类型高中教育为参照类型的机会比率，为机会比率之对数。系数 a_0 表示自变量对因变量影响程度。自变量 x_1 代表性别，x_2 代表年龄，x_3 代表户籍，x_4 代表初中学校特征变量（农村、郊区、县城），x_5 代表初中学校地位变量（示范初中或者非示范初中）。回归系数 B 表示在控制其他变量的情况下，x 每改变一个单位，进入重点高中就读的机会的优势比（发生比率 oddsratio）将会平均改变 $\exp(B)$ 个单位。

2. 结果分析

(1) 城乡初中学校属性对农村学生各科成绩及其中考总分影响。

从上述数据结果分析表明，初中生个人特征与中考成绩密切相关。女生在中考总分和各科分数上，明显高于男生，中考总分高出男生 61 分。年龄每增加一岁，中考总分减少 78 分，在控制其他变量情况下，城镇户籍考生比农村户籍生源高 101 分。学校特征对中考成绩产生显著的影响，县城初中中考总分比农村初中高 53 分，城郊初中比农村初中中考分数高出 23 分，示范性初中比非示范性初中高 20 分，学校的城乡区隔和地位特性对中考成绩影响非常明显。在中考总分上，性别、年龄、户籍、学校城乡属性、学校地位特征这 5 个变量可以解释 20% 的中考分数变化，在英语成绩中，可以解释

25.8%分数变化,在数学、语文、物理、化学、史地生信等各科成绩中,可以解释17%—15%的分数变化。

初中毕业生中考分数高低,直接转化为获得高中教育机会的数量与质量差异。中考分数越高,学生越可能直接升入重点高中。

(2) 城乡初中学校属性对农村学生高中教育机会获得研究。

从上述数据结果分析,初中生升入高中地位类型与其个人特征和所处的学校特征密切相关。初中生是否升入重点高中重点班与户籍、年龄呈现显著相关。县镇户籍生源升入重点高中重点班是农村户籍生源的2.35倍,县镇户籍生源升入重点高中普通班是农村户籍生源的0.552倍,户籍对优质教育资源获得不容忽视。义务教育阶段就近入学,县镇教育资源配置优于农村,其重点高中入学机会必然产生差距。初中地位属性也在一定程度上影响入学机会,示范初中升入重点高中重点班是非示范初中的1.820倍,示范初中升入重点高中普通班是非示范初中的1.809倍。

初中毕业生获得高中入学机会,与所处的初中学校类型以及学校在城乡分割教育体系中地位显著相关。

1999年以来,我国高等教育规模不断扩大,高等教育入学机会急剧扩充。但是高中教育数量和规模相对有限,城乡高中教育质量差异较大,因而接受良好的高中教育是获得优质高等教育资源的关键。

高中教育属于非义务教育,具有选择性和排他性。就教育机会获得而言,高中尤其是重点高中入学机会的获得比高考竞争更为激烈。因此城乡高中教育机会获得差异是考查农村教育公平的重要视角。升学考试(中考成绩)是初中生升入高中的最基本的途径。

农村户口与城镇户口在获取重点高中入学机会方面存在明显差异。城乡家庭资本差异、所就读社区学校特征对初中学生升学成绩存在显著影响。农村优势阶层和城市中上阶层子女流向重点中学,而农村学生和城市低收入阶层子女集中于普通中学。

城乡家庭各类文化、经济和社会资本差异显著。城市和优势家庭将其各种资源转化为子女教育机会的优势,从而实现不平等的代际传递。农民在优质教育资源竞争中更为边缘化。公平和公正的教育是社会公平化的均衡器。

但是城乡学校地位划分和质量差距,使学校教育成为社会阶层结构的代际承继与再生产工具。城乡教育差距使城市青少年和农村青少年在教育获得过程中面临诸多不平等。

表 3.4 学校属性对初中学生中考分数的线性回归分析（非标准化回归系数）

自变量		因变量	中考总分	数学成绩	语文成绩	英语成绩	化学成绩	物理成绩	史地生信①
个人特征		性别（对照组：女）	−61.765***	−7.168***	−12.500***	−19.740***	−4.913***	−3.628***	−3.399***
		年龄	−78.388***	−15.648***	−5.645***	−19.303***	−9.383***	−9.133***	−11.400***
		户籍：城镇（对照组：农村）	101.604***	18.759***	13.834***	21.188***	12.082***	12.857***	12.326***
学校特征		城乡属性：县城初中；城郊初中（对照组：农村初中）	53.466***	10.540***	8.574***	9.211***	2.811**	6.445***	8.886***
			20.637*	5.796*	5.577**	2.675	−2.231	1.174	4.752*
		地位属性：示范初中（对照组：非示范初中）	23.938***	8.483***	4.1985**	6.272**	−0.466	−2.204	−0.093
F			143.588***	123.719***	109.761***	199.679***	111.112***	108.255***	123.373***
常数项			1755.383***	309.095***	163.614***	374.683***	188.961***	190.688***	275.820***
R^2			0.448	0.421	0.401	0.508	0.403	0.159	0.176
Adjust R^2			0.200	0.178	0.161	0.258	0.161	0.157	0.175
样本数			3444	3444	3444	3444	3444	3444	3444

（注：**p<0.05；**p<0.01；***p<0.001；括号内为参照组）

① 史地生信包括历史、地理、生物和信息技术。

表 3.5 影响农村初中学生获得高中教育机会的二元 logistic 回归结果

自变量		因变量	是否考入重点高中重点班			是否考入重点高中普通班			是否考入普通高中		
			系数	发生比	标准误	系数	发生比	标准误	系数	发生比	标准误
个人特征		性别：男（对照组：女）	−0.248	0.780	0.147	0.189	1.208	0.112	−0.076	0.927	0.198
		年龄	−2.406***	0.090	0.271	−0.456***	0.634	0.101	3.630***	37.724	0.321
		户籍：县镇（对照组：农村）	0.854***	2.350	0.205	−0.595***	0.552	0.164	0.187	1.205	0.427
学校特征		城乡属性：县城初中；城郊初中（对照组：农村初中）	0.093	1.097	0.264	0.737*	2.089	0.288	−1.529	4.364	2.056
		地位属性：示范初中（对照组：非示范初中）	−0.549	0.577	0.385	0.088	1.092	0.156	−0.112	0.894	0.212
			0.599*	1.820	0.277	0.593**	1.809	0.216	−2.301	0.000	2.055
常数项			34.095***	6.416	4.092	7.793***	2901.896	1.571	−58.057***	0.000	5.283
−2Log Likelihood			1300.074			2074.191			647.347		
X²			208.996***			143.704***			664.090***		
自由度			6			8			6		
Cox&Snell R Square			0.092			0.045			0.264		
Nagelkerke R Square			0.183			0.071			0.581		
样本数						2169					

(注：*p<0.05；**p<0.01；***p<0.001；括号内为参照组)

三、结论及其解释

当前城乡之间、同一地域的重点和非重点学校之间、同一学校的重点和非重点班级之间、同一班级的不同学生之间,都存在着教育资源分配不平等的现象。当前更重要的是优质教育资源不断向社会中上层集中。

我国教育资源是迎合社会不平等要求而配置的,凡是优质教育资源都倾向于配置到让中上层更容易获得的地方和领域,凡是中上层集中的地方,优质资源就越多。城乡教育差距以及基础教育阶段的示范学校制度和择校制度,已经成为制造教育公平问题的机制。

基于城乡分治的政策,中国城乡基础教育的不均衡发展是长期存在的。改革开放之初,国家有意放宽办理重点中学的政策,农村地区的重点中学开始少量出现;1994年,《国务院关于〈中国教育改革与发展纲要〉的实施意见》提出"全国重点建设1000所左右实验性、示范性的高中"的目标,时任国家教委副主任柳斌强调,示范性、实验性中学"最重要的是要创全面发展之优,示素质教育之范,其示范教育应当在全面贯彻教育方针、全面提高学生素质方面体现出来,应当在进行教育教学改革、搞好内部管理等方面体现出来"①。可见,国家办理重点中学的初衷是要突出它的示范效应,即重点中学能够以较高的教育质量成为本地区中学开展教育、教学研究活动的指导中心,以带动其他薄弱学校的发展,从而缩小校际差距、推动城乡教育的均衡发展。

近年来国家要求取消义务教育阶段学校地位属性的等级分类,但是整个基础教育体系尤其是高中教育系统仍然延续着重点校政策。重点学校制度并不仅仅存在于中学,而是从小学阶段开始就存在这种重点学校与非重点学校的差异,优质教育资源在小学—初中—高中层次之间具有累积放大效应和传递特性,由于"城市取向"的惯性思维,地方政府对县市区基础教育的投入要远多于乡镇农村,而优质教育资源过度集中于城市,城市学生可以享受到更多的优质教育资源。相比农村学校,城市、示范学校的学生有更多的机会升入重点高中。

虽然政府取消重点中学制度,但是重点中学仍然以各种形式变相存在,在一定程度上放大和强化了教育竞争中的阶层优势。② 在当前社会转型背

---

① 柳斌.在全国普通高级中学教育工作会议上的总结讲话[J].课程·教材·教法,1995(10).
② 刘精明.国家、社会阶层与教育:教育获得的社会学研究[M].北京:中国人民大学出版社,2005:275.

景下,我国社会阶层结构利益分化较明显,市场化资源配置,已经通过各种途径渗透到各类重点中学的选拔之中。不同家庭背景的子女如何进入高中,尤其是重点高中,已经成为考查教育公平的重要参照系。高中教育机会获得呈现不同的途径,主要有以下几种:(1)中考成绩居于规定分数线之上,属于正取生;(2)特长突出,在各种省市级竞赛中取得优异成绩获得加分,属于特长生;(3)"三限生",限分数、限钱数、限人数。高中录取的"三限"政策(限分数、限人数、限钱数),在某种意义上使高中择校政策合法化。高中教育选拔多元途径并没有带来高中教育体系选择多样化和教育均衡发展,反而导致进一步强化和巩固重点高中品牌地位,加剧校际之间不平等。

为了克服优质高中教育资源匮乏的弊端,在地方政府许可下,"名校办民校""校中校"等高中办学形式大量出现,虽然满足了部分优势阶层子女对优质教育资源的需求,但是损伤了高中教育公平性。在高中择校过程中,重点高中与普通高中呈现明显两极分化,重点高中凭借雄厚教育资源和品牌效应吸引大量优质生源,不仅是成绩优秀的学生,而且包括家庭社会资本丰富的学生,然而普通高中挑选的仅是被重点高中选拔淘汰下来的生源以及无能力择校的弱势阶层家庭,陷入生源差,学校发展无前途困境。

以N县高中教育布局为例,N县第一中学位于县城繁华的文化区,与县政府隔街相望,是一所老牌省级示范高中,在当地享有很高的社会声誉和知名度,吸引众多家长和学生,每年中考全县前300名优秀生源提前被录取。N县北大、清华以及众多"一本"院校生源均来自此学校。

N县第二中学是位于城郊的一所市级重点高中,升学率稍逊色于一中,每年升入"二本"院校较多。N县第四中学是一所农村乡镇普通高中,中考录取分数仅为420分。省市重点高中对生源层层抽离,农村普通高中录取的学生全部是其他高中挑剩下而又不想去职高的学生。该校长评论,对于农村普通高中来说,学生能考上一本,就是天大的惊喜。

现阶段区域、城乡、校际之间不合理的教育资源配置体制造成的教育机会分布上的不平等,强化了社会不同阶层结构教育获得的不平等。高中"三限"政策,是政府为规范高中阶段择校行为和遏制择校热,采取的一项主要措施,但是在具体实践操作过程中逐步异化为一种损伤教育公平的因素。所谓"限分数",其初衷是控制高中择校规模和比例,有利于缩小校际差别,但是许多重点高中创办"校中校""民校",在不减少计划内招生指标前提下,扩大招生规模,新增加的受教育机会需要用钱购买。"限钱数"实际上承认以钱购买高中教育机会的合法性,钱和权在获得高中教育机会过程中发挥重要作用。但是缺乏各种资本的农村家庭和社会弱势群体子女获得优质高中教育机会极为困难。

为了品牌效应，地方政府热衷于重点高中建设，导致高中教育资源配置不公平，高中非均衡发展。重点高中凭借稀缺资源的垄断高价收取择校费，而薄弱高中聚集城乡弱势阶层子女，不同阶层获得优质受教育机会差距进一步扩大。因此必须加强城乡薄弱高中建设，缩小两者差距，同时对城乡弱势群体实施优质教育机会补偿原则，只有城乡教育机会平等分配，降低先赋因素的影响作用，教育才有可能改变农村弱势群体自身困境，实现向上流动的功能。

第四节　数字鸿沟与城乡教育差距——教育公平视角下城乡学生互联网使用偏好的实证研究

信息化促进更高层次的教育公平是我国实现教育现代化的重要支撑。但是以互联网为核心的信息技术对教育公平的实证研究较为缺乏。当前教育改革处于城乡差异和阶层分化双重格局之下，必须基于新时代互联网技术向教育领域深度渗透的背景，重新审视影响教育公平实现的隐蔽再生产问题。

"技术变革教育"已成为我国深化教育改革的重要动力和支撑，从中央政府到地方政府尤为重视通过信息技术促进教育公平，《国家中长期教育改革和发展规划纲要（2010—2020年）》强调政府逐步缩小城乡数字差距，建立城乡一体化的互联网教育资源配置体系。中共十八届三中全会通过的《中共中央关于全面深化改革若干重大问题的决定》提出，通过信息化促进城乡教育公平，缩小区域、城乡和校际教育发展差距，实现城乡教育均衡发展。中共二十大报告强调提升城乡教育质量和教育公平，让十三亿人民享有更好更公平的教育，以互联网为核心的信息技术改变了传统学校的运作模式，为提升城乡教育质量提供了平台。

随着我国社会主要矛盾的变化，人们对美好生活的需求日益强烈，对教育公平的诉求正由起点公平转向过程公平，由显性公平转向隐性公平。以互联网为核心的信息技术促进更高层次的教育公平是新时代教育改革的新诉求，当前必须在新时代互联网技术向教育领域深度渗透背景下，重新审视影响教育公平实现的隐蔽再生产问题，由于不同社会阶层信息技术学习者能力和素养的区隔而导致信息占有和使用不平等，从而影响更高层次教育公平的实现。

应该看到优先发展信息技术促进教育公平作为既定的国家政策，被大力贯彻和执行,各类现代教育技术和操作模式已经被广泛推广和使用,但是政策背后的潜在风险尚未引起决策者的警觉,事实上,互联网促进教育公平的关键取决于微观层面的互联网使用偏好。我国社会城乡差异明显,并且阶层分化与城乡差异相互叠加,构成当前特有的社会结构,不同社会阶层子女互联网使用偏好存在差异,且此差异在农村学生内部表现得更为突出,因此从城乡差异和阶层差异探讨学生互联网使用偏好及其特点,更能深入揭示互联网促进教育公平的机制和规律。

一、文献综述

以互联网为核心信息技术对教育公平的影响始终存在功能论与冲突论之分歧。功能论认为互联网普及给农村学生带来优质教育资源,是缩小城乡教育差距,促进教育公平的重要利器。后工业主义者甚至乐观地认为信息技术迅猛发展导致社会结构日趋开放,社会阶层结构的自我再生产封闭特性被消解,互联网普及必将带来社会阶层平等性不断增强。而冲突论认为信息技术与社会分层之间存在复合关系,虽然互联网迅猛发展,但是社会分层结构并未消失,信息资本是一种特殊形式的文化资本形态,它通过电脑和互联网等媒体工具实现社会阶层再生产。互联网的普及并没有缩小"信息富有者"和"信息匮乏者"的阶层差距,信息资本通过与其他资本形式互相转化,不断强化既有的社会分层,互联网的普及并没有实现所冀望的促进教育公平,反而加剧了教育不平等,信息资本的占有和使用已经成为维持和扩大教育不平等再生产的重要机制。

当前我国城乡教育差距依然显著,优质教育资源城乡分配不均衡问题较为突出。国家及地方政府先后实施优质教育资源城乡信息化共享工程建设,"农远工程"已普及城乡学校,慕课等大型在线学习平台不断涌现,上海、江苏等省份推广云课堂城乡协同一体化教学模式,从"校校通"走向"班班通"再走向"生生通",逐步实现城乡互联网互惠普及和全方位覆盖。应该看到教育信息化迅猛发展拓展城乡弱势群体受教育机会,促进城乡优质教育资源均衡发展,提升城乡教育质量。但是以互联网为核心的信息技术普及是否意味着城乡学生教育机会公平呢?互联网究竟是促进教育公平抑或扩大教育不公平?对此,学术界一直有不同的争论。国内学者陈纯槿等认为互联网从更高层次促进教育公平和提升教育质量[1];江峰等学者认为互联网可

---

[1] 陈纯槿,顾小清.互联网是否扩大了教育结果不平等——基于上海PISA数据的实证研究[J].北京大学教育评论,2017(1):140—146.

能导致"新数字鸿沟",从而扩大教育不公平①。

荷兰数字鸿沟问题研究专家迪耶克教授强调,数字鸿沟从配置差距逐步转向使用不平等,高学历阶层倾向于"严肃类运用",发挥互联网对学习和工作能力提升之功能,而低学历阶层倾向于"娱乐类运用",易于沉迷网络游戏和聊天②。2015年经济合作与发展组织发布报告显示,伴随全球信息化迅猛发展,大多数国家社会底层家庭子女已有更多机会接触互联网,但是学生之间的教育差距并未因互联网的普及而日益缩小,反而"新数字鸿沟"呈现逐渐扩大态势③。新"数字鸿沟"集中表现于城乡学生信息"使用鸿沟"。社会底层家庭子女较多地将互联网作为线上聊天和娱乐的工具,缺乏寻找有教育价值信息的意愿和动机。2013年美国哥伦比亚大学教师教育学院基于4万名学生50万门课程的大规模实证研究表明,在线学习的持续扩张是扩大而不是改善教育不公平,特别是社会底层家庭子女面临信息学习隐形不公平④。学校教育中的数字鸿沟不仅表现为不同区域、城乡、阶层之间学生接触信息技术机会的差距,而且亦体现不同群体学生信息技术的使用差距。近年来,政府不断加强城乡基础教育信息设施配置,农村薄弱学校计算机拥有数量、联网率、获取优质教育资源比率等方面已取得显著改善,但是这种城乡信息"物理鸿沟"的缩小并不能有效促进教育公平。

近年来,城乡学生信息技术使用方面的不平等,包括使用偏好和使用充足性等方面的研究受到国内外学术界广泛关注。大卫·霍克里奇和汤姆·文森特强调信息技术对能力的拓展,关注信息技术的充足性利用,或者创造性利用,超越了信息技术的简单占有和使用⑤。法国社会学家布尔迪约在《资本的形式》一文中提出文化资本再生产的概念,强调不同社会阶层的文化教育程度和修养水平间接转化为子女的学业成功,从而导致教育不平等再生产过程⑥。文化资本再生产具有强烈的隐蔽性,是一种隐蔽的再生产。

---

① 江峰.新数字鸿沟研究[J].图书馆杂志,2013(1):9—12.
② VAN DIJK, J. The Evolution of the Digital Divide: The Digital Divide Turns to Inequality of Skills and Usage [M]. Amsterdam: IOS Press2012:57.
③ OECD. Student, computers and learning: Making the connection [M]. Paris: OECD Publishing2015:12;28.
④ 朱晓玲.研究表明:网络在线课程可能会扩大教育不公平[N].中国教育报,2013-4-2.
⑤ [英]大卫·霍克里奇,汤姆·文森.教育技术与课堂教学[M].宋旸译.北京:北京师范大学出版社,2006.86.
⑥ [法]布尔迪约,帕斯隆.再生产——一种教育系统理论的要点[M].邢克超译.北京:商务印书馆,2002:223.

不同社会阶层背景学生的互联网行为与家庭的文化资本紧密相关,学生互联网行为在某种程度上是家庭文化资本再生产的折射。

互联网是否真正运用于学生学习和发展关键取决于互联网使用偏好,如果农村贫困家庭学生养成互联网学习偏好,则互联网可以缩小城乡家庭背景造成的学业成绩差异,反之如果学生花费更多时间线上聊天、娱乐等,则无法降低受教育结果的不平等。当前以互联网为核心的信息技术对我国教育公平影响的实证研究较为缺乏,从微观层面考查互联网学习偏好或娱乐偏好与城乡家庭阶层背景相关性研究成果较少,课题以山东、安徽和甘肃城乡学生互联网使用行为调研数据为基础,从实证研究视角探讨城乡不同家庭经济文化地位对学生互联网使用行为偏好的影响,当前影响教育公平实现的因素从显性转向隐性,城乡学生互联网使用偏好的隐蔽性可能扩大城乡教育差距,造成城乡学生发展机会不平等扩大,并据此提出互联网促进教育公平的若干对策。

二、研究设计

在教育信息化大背景下,互联网联网率不断攀升,当前中小学广泛实施"智慧校园"工程,互联网全面渗透中小学日常运作和管理。但是互联网是否真正被运用于学生学习和发展,需要通过深入的实证研究分析。探讨影响学生互联网行为的因素,深入分析其背后的社会阶层背景,考查信息不平等再生产隐形机制,城乡学生互联网使用差异可能会导致新的教育不公平。城乡学生互联网使用的"新数字鸿沟"必须引起教育决策机构和教育行政部门的警觉。

(一) 数据来源

本研究采用数据来源是基于山东省莱西、沂水和微山县,甘肃省会宁、靖远和武威,安徽省萧县、无为县和肥西县等3省9市(县)的27所初中学校为调查样本,课题组调查时间集中于2017年3—5月,采取多层次整群随机抽样方法,选择初三学生为调查对象,莱西实验中学发放问卷80份,其余26所学校每所学校发放问卷70份,总计1900份,回收有效问卷1840份,问卷有效回收率96.8%。其中,男生963人,占52%,女生877人,占48%;城市学生321人,占17%,县镇学生514人,占28%,农村学生1005人,占55%。通过SPSS22.0软件分析收集数据资料。

调查问卷结构设计主要分为两大部分:第一部分是特征变量,包括调查对象的性别、民族、家庭居住地等;第二部分是核心变量,包括调查对象的家庭阶层地位、经济收入和父母受教育程度等。为了保证问卷设计的科学性和可靠性,运用 SPSS22.0 软件对问卷进行信度和效度分析,从信度分析表明,调查问卷内部一致性系数为 0.812;效度分析结果表明皮尔逊(pearson)相关性系数在 0.378—0.729 之间,问卷结构合理,效度较好。

(二) 变量操作

1. 因变量——互联网使用偏好

城乡学生互联网使用偏好作为因变量,将学生互联网使用行为划分为学习应用偏好和娱乐应用偏好。学习应用类偏好包括运用互联网完成功课、小组作业、线上学习、拓展课外活动、个人创作等,娱乐类偏好包括线上游戏、聊天、浏览网页、视频点播等。将学生的互联网学习应用偏好设置为虚拟变量(Y=1),互联网娱乐应用偏好为参照(Y=0);由于研究的因变量为二分变量,建立 logistic 二元逻辑回归模型。

$$\mathrm{Logit}(P) = \log(p/1-p) = a_0 + a_1 x_1 + a_2 x_2 + a_3 x_3 + a_4 x_4 + a_5 x_5$$

其中 P 为进入因变量中某一类的概率。$p/1-p$ 即是"数量优势比"(Odds Ratio of Quantity),是以互联网娱乐偏好为参照类型的机会比率。系数 a_0 表示自变量对因变量影响程度。

2. 自变量——家庭资本

本研究是基于城乡差异和阶层差异视角考查子女互联网偏好,城乡差异表现为家庭居住地包括城市、县镇和农村对子女互联网偏好影响,阶层差异表现为家庭经济资本、文化资本和社会资本对子女互联网偏好的影响。法国社会学家布尔迪约认为家庭资本是指家庭在社会结构中位置及其为子女发展提供的资源。本研究将家庭资本划分为社会资本、经济资本和文化资本三个维度,社会资本以父母一方职业背景较高为依据。依据《中国社会阶层报告》分类标准,将社会阶层划分优势阶层(国家与社会管理者、经理人员和私营企业主);中产阶层(专业技术人员、办事人员和个体工商户);基础阶层(产业工人、商业服务员工、农业劳动者、城乡无业、失业和半失业者)。

经济资本分为高收入家庭(家庭人均年收入 7.5 万元以上)、中等收入家庭(家庭人均年收入 2.5 万—7.5 万元)和低收入家庭(家庭人均年收入低于 2.5 万元);文化资本以父母一方较高教育程度为依据,分为高等教育程度(大专及其以上)、中等教育程度(高中、中专等)和初等教育程度(初中及以下)。

自变量 x_1 代表学生性别,x_2 代表家庭居住地,x_3 代表家庭社会资本,x_4 代表家庭经济资本,x_5 代表家庭文化资本。回归系数 a 表示在控制其他变量的情况下，x每改变一个单位，城乡学生互联网学习偏好的优势比。

表 3.6　自变量的选择及其解释

变量	定义	均值	标准差	变量性质	样本量
性别	女生＝0，男生＝1(参照:女生)	0.50	0.500	虚拟变量	1840
家庭居住地	农村＝0，县镇＝1，城市＝2(参照:农村)	0.31	0.461	虚拟变量	1840
社会资本	基础阶层＝0，中产阶层＝1，优势阶层＝2(参照:基础阶层)	0.26	0.008	虚拟变量	1840
经济资本	低收入＝0，中等收入＝1，高收入＝2(参照:低收入)	0.39	0.428	虚拟变量	1840
文化资本	初中及以下＝0，中等教育程度＝1，高等教育程度＝2(参照:初中及以下)	0.41	0.492	虚拟变量	1840

（三）研究假设

研究假设 1：家庭社会资本对学生信息技术使用偏好具有显著影响。与基础阶层相比，优势阶层家庭、中产阶层家庭学生更倾向于运用互联网进行信息获取、教育学习等自我文化资本提高型的活动。

研究假设 2：家庭经济资本对学生互联网使用偏好具有显著影响。与低收入家庭子女相比，高收入家庭学生更易于形成互联网学习偏好。

研究假设 3：家庭文化资本对学生互联网使用偏好具有显著的影响。受教育程度较低家庭子女更倾向于互联网娱乐应用偏好，受教育程度较高家庭子女更倾向于互联网学习应用偏好。另外，文化资本差异性影响城乡学生信息技术使用不平等。

研究假设 4：家庭居住地对城乡学生互联网使用偏好具有显著影响。城市、县镇家庭子女易于形成互联网学习偏好，而农村家庭子女易于形成互联网娱乐偏好。

（四）实证分析

如表 3.7 所示，回归模型 Chi-square 取值为 158.680，通过显著性检验，家庭阶层背景对互联网使用偏好的二元逻辑回归模型的总体显著性水平高，似然函数对数值表明模型总体有效。

表 3.7 家庭阶层背景对互联网使用偏好的二元逻辑回归分析(以娱乐应用为参照)

自变量	系数	Exp(B)	Std. Err.	Wals	[95%Conf. Interval]	
家庭社会资本(以基础阶层为参照)						
优势阶层	0.647***	2.020	0.235	7.519	1.104	3.102
中产阶层	0.067*	0.911	0.148	0.189	0.771	1.311
家庭经济资本(以低收入为参照)						
高收入	0.374**	1.601	0.195	3.357	0.398	1.061
中等收入	0.294	0.811	0.148	3.619	0.548	1.105
家庭文化资本(以初中及以下为参照)						
大专及以上	1.198***	1.328	0.176	49.114	2.589	5.321
中等教育程度	0.511*	1.107	0.141	7.886	1.312	1.756
家庭居住地(以乡村为参照)						
城市	0.634***	1.812	0.168	6.109	1.218	2.634
县镇	0.469*	1.611	0.216	5.378	1.066	2.319
性别(以女性为参照)						
男性	0.494**	1.629	0.106	23.874	1.317	2.152
Chi-square=158.680***		-2Loglikehood=1805.754		样本数=1840		

(注:* $p<0.05$;** $p<0.01$;*** $p<0.001$;括号内为参照组)

第一,从家庭社会资本分析,不同家庭所处的社会阶层对子女互联网使用偏好具有显著的影响。优势阶层家庭子女互联网学习应用偏好概率是社会底层子女的2.0倍。这一结论在一定程度上验证假设1,不同家庭阶层地位影响子女互联网使用偏好,优势阶层家庭子女更易于形成互联网学习偏好。

第二,从家庭经济资本分析,高收入家庭子女更易于形成互联网学习偏好,其概率是低收入家庭子女的1.6倍,这一结论在一定程度上验证假设2,家庭经济地位影响子女互联网应用偏好,相比低收入家庭子女,高收入家庭经济资本占有量充足,易于濡化子女互联网学习偏好。

第三,父母的文化程度对子女的互联网使用偏好呈现显著影响,主要表现高等教育程度家庭、中等教育程度家庭与初中及以下文化程度家庭对子女互联网使用行为影响差异。父母为大专及以上文化程度,其子女互联网学习应用偏好概率是初中及以下受教育程度家庭子女的1.3倍;高中文化程度家庭子女,其互联网学习偏好概率是初中及以下受教育程度家庭子女的1.107倍,这一结论在一定程度上验证假设3。

第四,家庭居住地对子女互联网使用偏好具有显著影响。城市家庭子女、县镇家庭子女形成互联网学习偏好概率分别是农村家庭子女的1.8倍和1.6倍,这一结论验证假设4。数据表明,城乡学生互联网使用偏好差异明显。

综上所述,家庭的阶层地位、经济资本、文化资本和家庭居住地对子女互联网使用行为产生显著影响。优势阶层家庭、高收入家庭、大专以上文化程度家庭和城市家庭子女,更易于形成互联网学习偏好。由此分析,学生互联网使用行为之学习偏好或者娱乐偏好,与社会阶层背景密切相关,社会处境不利的家庭背景子女更易于形成娱乐偏好,这种城乡不同阶层学生互联网使用偏好差异实际上是社会不公平和教育不公平在信息领域中的反映,城乡学生互联网使用方式差异较之信息资源配置差距更具有隐蔽性。

三、数字鸿沟与教育公平

通过实证研究,可以看出城乡互联网广泛普及并不一定能够惠及处于不利境遇的农村学生,"数字红利"可能带来新的隐性教育不公平。教育技术专家艾伦·贾纳斯泽乌斯基等指出全球范围内不公平使用信息技术状况持续存在[①]。2015年经济合作与发展组织发布报告显示处境不利群体子女将更多的时间花费在网络聊天,而不是探索和发现有学习价值的知识和材料,处境不利群体子女在校外聊天娱乐上网的比例高达90%[②]。2016年世界银行发布《世界发展报告:数字红利》指出仅仅强调互联网的物理接入是无法真正实现教育公平的,正确使用互联网技术是"数字红利"普惠弱势群体的关键[③]。

事实上,互联网和信息技术对教育公平发挥实质性影响,关键取决于如何正确地使用技术。仅靠"物理鸿沟"差距的缩小,难以实现教育实质上的公平,必须从关注学生"物理鸿沟"差距转向关注学生"使用鸿沟"差距。但

---

① [美]艾伦·贾纳斯泽乌斯基,迈克尔·莫伦达.教育技术:定义与评析[M].程东元,王小雪,刘雍潜,等,译.北京:北京大学出版社,2012:211.
② OECD. Student, computers and learning: Making the connection [M]. Paris: OECD Publishing2015:28.
③ World Bank. World development report 2016: Digital dividends [M]. World Bank: Washington, DC, 2016:48.

令人吊诡的是,互联网"使用鸿沟"并不是由学校教育系统的教育因素和技术因素所决定。"使用鸿沟"与受教育者阶层背景以及态度期望相关。

为什么社会底层家庭子女易于形成互联网娱乐行为偏好呢?其背后与受教育者阶层背景、家庭教养方式和教育期望紧密相关。学校教育中的信息技术使用差距实际上反映了社会更广泛的不公平,互联网使用行为事实表明,无论显性或者是隐性的教育不公平,背后总是触及更广泛的社会不公平。与城乡学生信息占有数量差异的"物理鸿沟"相比,学校教育中的信息"使用鸿沟"最具有隐蔽性,它掩盖了城乡学生教育结果的实质上不平等。

城乡学生信息"使用鸿沟"不仅是技术和教育问题,更重要的是社会学问题。信息技术不公平使用是社会不公平的重要表现形式。信息技术城乡学生互联网使用不平等是"新数字鸿沟"的特有表征,反映出深刻的社会结构因素。信息技术"使用鸿沟"涉及信息技术使用品质以及技术赋权和媒介素养等问题,背后隐含深刻的社会权力支配关系,更关涉宏观的社会分层和流动等结构性问题。社会处境不利群体信息教育隐性不公平问题,应该引起社会高度重视。当城乡中小学普及信息技术后,师生"如何使用"信息技术,是城乡学生互联网使用平等的关键。关于互联网使用行为调查,39.5%的农村学生经常用来浏览网页,32.4%的农村学生沉溺于交友聊天,27.6%的农村学生热衷于视频点播,仅有19.1%的农村学生使用互联网进行课内外学习。

表3.8 农村学生互联网使用行为调查(%)

浏览网页	39.5
交友聊天	32.4
视频点播	27.6
课内外学习	19.1
其他	10.9

(本项目为多项选择,故总和不等于100%)

如果城乡学校实现互联网信息技术互惠普及,但是农村教师和学生仅仅运用互联网进行浏览网页、社交和交友等浅层次的信息收集,甚至娱乐化应用,而缺乏科学探究、问题解决和知识创新等深层次有意义的学习活动,那么"新数字鸿沟"会在两者之间日益加深。

当前教育技术学界较为关注城乡学生信息数量占有不公平,忽视文化资本在信息不平等再生产中的隐蔽作用。相比农村贫困家庭子女,城市优势阶层家庭学生占有优越的文化资本,更易于形成互联网学习偏好。关于文化资本对信息教育再生产的影响机制,社会学家雷蒙·布东将文化资本影响机制分为首属效应与次属效应。从宏观层面分析,首属效应强调社会不同阶层之间文化资本占有的不平等,关注家庭文化资源对子女学习能力的分化作用。与社会底层不同,社会中上阶层家庭为子女提供文化资本占有量较为丰富,濡化子女不同水平的文化素养。次属效应从微观层面关注阶层地位对子女的教育期望和教育激励。城乡不同阶层无论是思维方式、生活趣味、人际交往、语言训练、家庭与教育机构关系等,都形成巨大差距,这些差距不断以结构化的方式,逐渐构成子女的认知体系和价值观念。

城乡不同阶层的文化品位、文化性情,构成不同阶层特有的文化符号,塑造不同行动主体的教育期望,而阶层的文化符号是通过家庭早期教育积淀和熏染,作用于不同个体的生活方式,这种生活方式与社会阶层位置在结构上具有一致性,从而进一步塑造个体的心智结构。因而,个体的文化资本是个体通过教育社会化的过程,浓缩个体的社会阶层位置、思维模式、认知结构和行为模式,文化资本的阶层差异是通过日常生活中不同主体的习性表现出来的。优势阶层地位的代际传递具有强烈的隐蔽性和潜在性。法国社会学家布尔迪约强调,"教育系统最隐蔽、最特殊的功能就在于隐蔽它的客观功能,即隐蔽了它和阶层结构关系的客观真相"。城乡不同家庭的文化资本差异塑造子女互联网使用行为偏好,城市优势阶层家庭子女拥有较高的文化资本占有量,更容易形成互联网学习偏好。

"新数字鸿沟"是隐藏于表面的数字公平之下的潜在问题。城乡学生互联网使用不平等是造成城乡学生信息不平等再生产的隐蔽机制。具有优势阶层地位的家庭,通过文化资本再生产机制,逐步形塑其子女的教育期望和媒介素养,濡化其子女互联网使用意愿和使用方式,优势阶层家庭子女在家庭各类资本向教育资源转化过程中,易于形成互联网学习类使用偏好。

而对于家庭处境不利的学生来说,由于经济资本、社会资本和文化资本匮乏,各类资本转换和交换能力缺乏,无法养成良好的互联网使用行为,互联网使用频次、时间增加并未真正转化为汲取新知识和技能的契机,因而无法有效降低教育结果的不平等。

城乡学生信息技术"使用鸿沟"比"物理鸿沟"更难弥合,它涉及复杂的社会阶层和社会资本再生产机制,"使用鸿沟"是社会阶层不公平在信息化社会的表征,甚至可能导致社会阶层不公平进一步加剧,乃至产生持久不公平的结果。

四、结论与政策

以信息化发展促进教育公平，提升教育质量是我国"十三五"教育信息化必然要求，当前社会各界对信息技术促进教育公平的呼声甚高。但是政府通过信息化促进教育公平，仅仅着眼于城乡教育信息化"物理接入"，而忽视城乡学生"使用鸿沟"，城乡学生互联网"使用鸿沟"是导致互联网使用不平等的关键，必须从城乡教育信息化实质公平角度，推进城乡教育信息化均衡建设。

首先，当前各级政府及其教育行政机构须对城乡家庭资本处于相对不利地位的学生，给予补偿性的提升。通过信息化促进教育公平的着眼点不仅关注城乡学生信息资本占有数量差异，弥补城乡学生电脑普及率以及联网率等物理鸿沟差距，更重要的是从关注城乡学生"信息占有差异"，到关注"信息使用差异"。

通过上述实证研究表明，互联网使用偏好与家庭的社会资本、经济资本和文化资本密切相关，不同阶层背景家庭子女在信息技术使用技能、类型、频次和时间等方面存在显著差异，正因为不同社会阶层子女互联网"使用鸿沟"的隐形差距，造成城乡学生教育结果实质上不公平。为此政府及各级教育行政机构应加强对"数字弱势"家庭子女，特别是农村留守儿童家庭进行信息使用补偿性指导，化解阶层背景对农村弱势家庭子女信息不公平再生产之机制。政府、社区、学校和家庭应从微观层面优化低收入家庭子女文化学习环境和教养方式，提升家庭教育和学校教育质量，须要通过补偿性原则缩小农村学生信息技术素养的原生差异，改变社会低收入家庭认知图式，使其拥有积极的心理期待。当前各级政府及教育机构应将关注重点从城乡信息化"物理鸿沟"转向"使用鸿沟"，应该加强对互联网促进教育公平工程和项目的评估，避免信息技术教育促进城乡教育公平流于表层，社会处境不利子女能够接触信息技术仅仅是实现教育公平，缩小"数字鸿沟"的第一步，信息资源城乡配置差距是当前国家政策关注的重点，但是更应关注农村处境不利家庭子女信息技术使用不平等，避免"新数字鸿沟"在城乡社会不同阶层学生群体之间的信息差距扩大。

其次，学校须扮演弥补城乡"使用鸿沟"关键作用的均衡者，培养城乡学生科学的网络学习观念，提升农村学生信息素养，引导农村学生认识互联网技术对自身学习和发展的真正价值。政府加强对农村学校消除"数字鸿沟"努力，如果仅仅停留在技术设备和信息资源提供方面，那将是无法弥补城乡差距的，学校在消除"数字鸿沟"方面发挥更为关键的作用是增强农村学生互联网创造性运用能力,引领学生运用拓展自身能力和开拓视野,养成互联网学习偏好,目前农村学校普遍开设信息技术课程,须超越对信息技术使用技能的过度追求,应加强对农村学生网络责任感教育,规范农村学生接入网络的动机和行为,塑造健康的网络行为,利用信息技术创建有意义内容,实现个人专业发展,培养农村学生充分发挥互联网信息技术拓展课内外学习资源和提升自我发展能力,获得自身所需的信息资源。

第三,引入社会力量,充分发挥家庭、学校和社会对城乡学生网络行为的引导管理,为城乡学生创建健康的网络学习环境。伴随城镇化和市场化迅猛发展,农村家庭外出务工现象增多,家庭隔代抚养子女较为普遍,对子女教育期望值低、亲子互动机会较少。与城市学生相比,农村学生容易形成娱乐偏好的互联网行为,是因为农村学生触网晚,抱有好奇心,再加上缺乏父母监管,所以易于沉溺网络娱乐活动。在城镇化进程中,充分发挥城镇图书馆、社区中心和信息数码港等公益机构,对农村学生父母和老人进行信息技术使用辅导,引导家长监管和监护子女网络行为,通过家庭、学校和社会协力合作,引导农村学生从关注"娱乐类应用偏好"转向关注"严肃类应用偏好",避免子女过度娱乐化的信息技术应用。

第四,互联网促进教育公平的着力点是缩小城乡学生"使用鸿沟",培养城乡学生互联网自主学习习惯,养成健康科学的互联网使用行为,涵养良好的信息技术素养。由于城乡学生互联网使用意愿和动机存在明显差异,不同阶层学生互联网运用存在明显文化区隔,造成互联网不平等效应隐蔽的持续性存在,因此必须引导城乡学生正确审视网络资源,控制和管理互联网娱乐活动时间,积极促进农村学生运用互联网进行有意义学习,让农村学生和教师体验到运用互联网促进有意义学习的乐趣,鼓励学生通过互联网进行科学探究、知识创新等有意义的深层次学习活动,鼓励农村学生运用互联网资源开展学习辅导、拓展阅读和网络选修等活动,克服互联网娱乐应用偏好,培养农村学生运用互联网自主学习、自主服务和自主管理的习惯,保证互联网技术真正用于农村学生学习和发展。

第五节　扩张背景下农村学生高等教育入学机会变化

近年来我国高等教育扩招,是在区域之间、城乡之间和阶层之间的差距基础上展开的。高等教育中的城乡、阶层差距的凸显和强化,已经成为影响教育公平的重要因素。

高等教育入学机会的阶层差距,在相当程度上是基础教育阶段机会不均等的累积和延续。农村学生所能获得的不同层次类型的文凭资格对他们进入社会阶层的影响具有不同的意义,高校扩招使农村学生接受高等教育机会的总量明显改善,但是这种改善被高校类型、层次和专业等质性的劣势所抵消。

一、农村学生高等教育入学机会的数量变化

高校招生规模不断扩大,大众化的迅速推进,我国城乡高等教育入学机会的数量差异迅速缩小。经济学家舒尔茨认为,人力资本投资是一种具有潜在创造性价值的"存量",这种"存量"能够提供获得理想社会职位和社会地位所必须的知识、技能和社会资本。[①] 高等教育对于农家子弟而言,绝不仅仅是空间位置的移动,而是通过读大学跳出农村,实现社会地位改变的桥梁。

表3.9 1990—2016年全国高校城乡高考录取率变化情况

	城市考生录取率	农村考生录取率	总录取率	城市高等教育入学机会指数(EC)	农村高等教育入学机会指数(ER)	城乡高等教育入学机会差距指数(EXP)
1990	30.2%	18.4%	23.1%	1.14	0.25	4.56
1996	46.55%	33.28%	38.9%	1.58	0.47	3.36
1997	43.0%	33.5%	37.7%	1.44	0.49	2.93
1998	42.1%	40.4%	36.6%	1.38	0.58	2.38
1999	53.8%	41.3%	47.1%	1.74	0.60	2.90
2000	60.1%	54.1%	57.1%	1.66	0.85	1.95
2001	65.3%	58.8%	62.1%	1.73	0.94	1.84
2002	69.1%	62.9%	66.0%	1.77	1.03	1.72
2003	72.5%	65.9%	69.1%	1.79	1.11	1.61
2004	73.7%	68.8%	71.0%	1.76	1.18	1.49
2005	68.4%	62.9%	65.4%	1.59	1.10	1.45
2009	68.1%	66.4%	69.3%	1.62	1.21	1.51
2011	72.7%	71.9%	72.3%	1.66	1.40	1.49

---

① [美]西奥多·W.舒尔茨.人力投资:人口质量经济学[M].贾湛、施伟,等,译.北京:华夏出版社,1990.26.

(续表)

	城市考生录取率	农村考生录取率	总录取率	城市高等教育入学机会指数（EC）	农村高等教育入学机会指数（ER）	城乡高等教育入学机会差距指数（EXP）
2014	74.9%	73.3%	74.3%	1.73	1.69	1.31
2015	74.5%	74.1%	74.3%	1.71	1.70	1.29
2016	81.8%	81.4%	82.1%	1.79	1.78	1.12

数据来源：根据《中国教育统计年鉴》(1990—2016年)、苟人民：《从城乡入学机会看高等教育公平》，《教育发展研究》2006年第5期提供数据计算。

城乡高等教育入学机会差距指数呈现逐年下降趋势，从扩招前后我国城乡高等教育入学机会的总体差异的变化情况来看，高等教育大众化无疑促进了我国农村子女获取较多的高等教育入学机会。

二、城乡子女接受不同类型高等教育入学机会的质量变化

大众化高等教育特征是其体系开放性和类型的多样化，当高等教育规模处于精英阶段，高等教育入学机会竞争表现在是否有机会升入高校的竞争；但是大众化阶段，入学机会竞争则演变为进入何种类型和层次高校的竞争。这种结构性的竞争最终会促使优势阶层子女、城市生源拥有更多机会进入高层次重点院校。而农村学生则可能由于各种原因只能进入一般高校。

高等教育入学机会的城乡差距和阶层差距，正在从显性的总量不均衡，转为更为深层的、隐性的教育差距，主要体现为城乡学生在不同层次、不同类型高校的分布。调查显示，城乡学生在不同类型高校中的分布呈显著差异。农村学生集中在地方普通本科院校和高职院校，而城镇子女分布在这两类高校中的相对较少；城镇子女分布在211高校和独立学院的较多。部属重点高校城乡子女间的入学机会差距最大，其次是普通本科院校，专科院校中的差距最小。

高等教育规模不断扩大，一方面社会弱势阶层子女接受高等教育机会绝对数量增多，但是接受高等教育质量类型仍然处于劣势地位，最大化维持不平等理论认为，只有在社会优势阶层重点高校入学率达到饱和之后，教育机会扩张才会产生真正平等化效果。[1] 国内学者实证研究表明，农林地质

---

[1] ADRIAN E RAFTERY, MICH AEL H OUT. Max-imally Maintained Inequality: Expansion, Refo rm, and Opportunity in Irish Educat ion, 1921-1975 [J]. Sociolog y of Education, 1993,66(1):41—62.

类高校,农村学生比例占据61%,重点大学农村生源呈现下降态势。① 高校扩招以后,新增的农村学生也主要分布在非重点的地方普通高校。

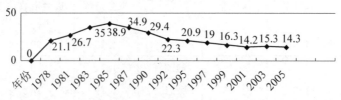

图3.2 1978—2005年北京大学农村新生生源变化情况(%)

通过对北京大学农村户籍新生所占比例的分析,同样可以发现农村学生在获得高质量的教育机会上所处的劣势。

数据显示,20世纪80年代北京大学新生农村生源比例相对较高,但是从90年代后期以来,该比例迅速下降,1985年北京大学新生农村生源所占比例为38.9%,到1999年迅速下降为16.3%,2005年北大新生农村生源仅为14.3%;1990年清华大学农村籍生源为21.7%,2000年清华大学农村籍生源17.6%,清华大学2010级农村籍生源仅占16.5%。

高校属地化招生无疑加剧农家子弟考入重点大学的难度,2014年北京大学在山东计划招生71人,山东省考生总数55.8万,每万人分配1.127个名额;四川考生总数57.17万人,每万名考生分配1.416个名额;广东计划招生134人,每万考生分配1.772个名额;北京计划招生200人,每万名考生分配28.368;北京考生被北大录取概率是山东考生的25倍,是四川考生的20倍,是广东考生的16倍。

重点大学学生中农村生源下降,地方普通院校农村生源比例上升,反映农村学生在扩招前后接受高等教育机会的质量变化。

在高等教育的金字塔中,农村学生主要分布在中下层。在教育水平相对较弱的地方性高等院校,以及高职专科院校聚集了最多的农村学生。根据谢作栩等人的调查,商业服务业员工、产业工人和农业劳动者这些较低阶层子女在公办高职院校中拥有较多的入学机会,居社会中上层的国家与社会管理者阶层、经理人员阶层和办事人员阶层在此类院校中的入学率比部属重点大学和公办本科高校要低。② 高等教育机会获得质量差异体现在就

---

① 冯建军.向农村学生倾斜更能体现高考公平——从中国人民大学的"圆梦计划"说起[J].探索与争鸣,2011(12):86.
② 谢作栩,王伟宜.高等教育大众化视野下我国社会各阶层子女高等教育入学机会差异的研究[J].教育学报,2006(2):67.

读何种科类和专业的机会上。社会各阶层子女在不同科类中的入学机会存在一定的差异。文史类基础学科农村学生相对较高,财经类热门学科,城市生源较多。学科专业选择与就业前景密切相关。热门专业意味有着更好的就业竞争力,在未来职业岗位获得和发展机遇方面,更具有优势。热门专业在高等教育机会竞争方面更加激烈,热门专业学费相对较高,即使在同一所高校,由于农村学生家庭经济、文化、阶层等背景都相对较低,农村子女更容易选择学费低,毕业后可以谋求稳定职业的冷门专业。

调查表明,财政、金融类等热门学科,城镇学生获得高等教育入学机会概率高;而在历史学、农林类,农村学生获得高等教育入学机会概率比较高。城乡考生高等教育入学机会差距与学科的冷热程度密切相关。通过学科和专业选择,城镇学生凭借各种优势更多地进入热门学科领域,这为他们毕业后步入社会,取得更大的经济和社会地位收益打下了基础,而农村学生则由于各种限制更多地进入传统的冷门学科领域,尽管他们大多能够跳出"农门",但与城镇学生相比,总体上他们在社会中的位置仍然居于下方。

高等教育大众化背景下,城乡学生高等教育机会的数量差距有所缩小,但在获得不同质量、就读不同科类等更深层、更隐性的层面上,城乡高等教育入学机会差距仍然很大。以鲍尔斯和金蒂斯为代表的新马克思主义,认为现代教育制度与社会结构之间构成一种不折不扣的符应关系,通过符应关系,院校层次、专业类型与社会阶层结构等级之间相对应,学科和专业的分布,也体现出明显的城乡差异。就业形势较好、未来工资待遇优厚的竞争激烈的热门专业,优势阶层子女占据较大比重;而农村考生和城市低收入群体子女,主要集中于冷门专业。

总之,在一般本科院校、专科院校的入学机会上,农村考生和城市考生的差距则在持续缩小,与重点高校突出的阶层差异相比,高职院校学生之间的社会阶层差异相对较小,对学生毕业之后的阶层流动作用也较小。越优质的高等教育类型,城乡入学机会不平等的程度越大。

三、教育扩张与高等教育入学机会变化实证研究

当前我国处于现代化进程、市场经济转型和阶层剧烈变动时期,研究机会扩张背景下教育不平等的变化方式、路径与条件,对推进教育公平,促进社会阶层良性流动具有重要意义。

教育规模扩张是否缩小家庭背景对子女教育机会获得研究。拉夫特瑞(Raftery)和霍特(Hout)提出"最大化维持不平等"(Effectively Maintained Inequality,简称EMI)假设,强调伴随教育规模急剧扩展,社会阶层背景对

教育机会的影响整体在减弱,但是阶层之间的屏障并没有消失。EMI假设认为教育质量层次越高,家庭背景对子女升学发挥的作用越大。社会经济地位高的父母对较低阶层群体的优势仍然保持不变。

事实上,对任何已经普及的教育,优势阶层总是力求保持教育质量的优势。2001年,卢卡斯(Lucas)提出"有效地维持不平等"假设。在阶层背景对教育获得的影响问题上,最大化维持不平等假设和有效地维持不平等假设都认为,家庭背景在教育获得中的影响力仍然较强,当教育普及程度提高的时候,教育机会的不平等就会向质量方面的不平等发生转移。

教育机会在阶层中的分配形态,反映社会分层的基本特征和社会阶层流动的程度。2014年我国高考报名人数939万,计划招生698万,录取率74%以上。教育规模的"容量"日益扩大,但不同阶层对教育公平的不满情绪越来越强烈,机会扩展时的教育公平究竟发生怎样的变化?教育机会公平是否可以通过规模扩大而得到改善呢?

深入把握高等教育机会分配不平等的变化方式与变化条件,是推进教育公平不可或缺的研究工作。

(一)研究假设

高等教育入学机会包括量的规定与质的规定两个方面,前者指是否有机会接受高等教育;后者指接受什么类型的高等教育入学机会。

无论世界各国,精英高等院校的入学机会一直是一种相当稀缺的教育资源。由于优质教育资源和机会的有限性,它的公平分配将直接关涉社会不同阶层向上流动的可能性以及将来其在社会阶层结构中的处境。不同阶层占有优质教育资源和教育机会的多寡是考量教育公平的重要视角。

假设1:当前我国高等教育机会在不同阶层子女间分配不均等的现状较为明显。基于功能绩效主义的高等教育机会分配原则,实质上体现了社会阶层的分割和分化。不同质量的教育资源和教育机会成为各个阶层选择的不同对象。

假设2:不同阶层占有资本数量差异对子女教育机会获得产生显著影响,这种影响因为扩招背景下高等教育的质性差异而产生相应变化。不同阶层高等教育入学机会在绝对数量的获得上有所提高,但是一般说来,高职高专和一般本科院校入学机会,阶层平等化效应呈现增强趋势,重点高校入学机会,阶层差距依然非常显著。

假设3:优势阶层极力垄断优质教育资源,获得高质量的教育机会。优质教育资源不断向中上层阶层集中,成为社会不平等扩大和社会阶层固化的一个重要原因。对社会底层来说,高等教育社会分层功能逐渐下降。

(二) 数据来源

本研究采用的数据来源是基于山东省 11 所代表性的高校在校学生调查问卷。调查时间集中于 2018 年 5—6 月，采取多层次整群随机抽样方法，按照山东省不同层次、类型高校比例，确定被调研高校名单，包括山东大学、中国海洋大学、中国农业大学(烟台)、中国石油大学(华东)、山东师范大学、山东科技大学、鲁东大学、山东工商学院、山东职业学院、烟台职业学院、济南大学泉城学院。基本覆盖了国家重点建设"985"高校、"211"高校、省部共建高校、一般地方本科院校、独立学校、高职高专，调查学校类型涵盖综合性、财经类、理工类、农林类、师范类、石油类、职业技术类等高校，样本具有广泛代表性和典型性。发放问卷总计 2 200 份，回收有效问卷 2 006 份，问卷有效回收率 91.2%。

问卷设计主要分为两大部分：第一部分调查对象个人基本情况，包括性别、民族、就读学校类型和层次、家庭居住地等。第二部分调查对象家庭情况。家庭所处社会阶层地位分为优势阶层(包括国家与社会管理者、经理人员和私营企业主)、中间阶层(专业技术人员、办事人员、个体工商户)、基础阶层(商业服务人员、产业工人、农林牧渔人员、失业半失业无业人员)；家庭的经济收入，根据山东统计局的划分方法，分为高收入家庭(家庭人均年收入 7.5 万以上)、中等收入家庭(家庭年收入 2.5 万—7.5 万)、低收入(家庭年收入 2.5 万以下)；父母受教育程度分为高等教育程度(大专及以上)、中等教育程度(高中或者中专)、初中及以下。

因变量"高等教育机会分配"定义为两大类：第一，在校大学生是否就读本科院校(Y=1)，以高职高专院校为参照(Y=0)；第二，在校大学生是否就读重点本科院校("211"工程院校)(Y=1)，以一般本科院校为参照(Y=0)。

由于研究的因变量为二分变量，采取 Binary Logistic Regression 分析技术，建立 logistic 二元逻辑回归模型。

(三) 实证研究结果

1. 阶层结构对获得本科教育机会的影响

表 3.10 显示，从 Chi-square 取值可以看出，该回归模型的总体显著性水平高，似然函数对数值也表明模型总体有效。

其一，从职业阶层分析，家庭所处的社会阶层对子女获得高等教育数量产生显著的负向影响。优势阶层与基础阶层相比，前者接受高等教育的层次由专科提升本科的概率较小，概率比为 0.532。这一结论在一定程度上验证假设 2，随着高校扩招，普通本科院校招生数量急剧增加，社会中下层获得一般本科院校入学机会增多,阶层间差距减少。

其二,家庭经济收入对子女获得本科教育机会的影响虽然是正向的,但却并不显著。这与研究预期相反,表明经济约束高等教育入学机会的因素在下降。

其三,父母文化程度对子女获得本科教育机会呈现显著影响,主要体现高等教育程度父母与初中及以下文化程度父母之间差异。父母文化程度为大专及以上,其子女获得本科院校机会是初中及以下文化程度家庭子女的1.541倍。

其四,家庭居住地对子女本科教育机会获得产生十分显著影响。相比农村和乡镇,家庭居住地为省会或直辖市、地级市、县城,其获得本科教育机会为农村学生的1.654倍(p<0.05)、1.878倍(p<0.001)、1.912倍(p<0.001)。此外,高等教育学生获得本科教育机会呈现非常明显的性别差异。男生从专科跨越本科概率为女生的1.486倍((p<0.001),而且统计学意义上非常显著。

表3.10 阶层结构对获得本科教育机会的二元逻辑回归分析(以高职高专为参照)

	系数	Exp(B)	Std. Err.	Wals	[95%Conf. Interval]	
父母职业阶层(基础阶层)						
优势阶层	−0.631**	0.532	0.246	6.584	0.329	0.862
中间阶层	−0.002	0.998	0.152	0.000	0.741	1.344
家庭经济收入(低收入)						
高收入	0.383	1.466	0.209	3.355	0.974	2.208
中等收入	0.146	1.157	0.137	1.132	0.884	1.514
父母文化程度(初中及其以下)						
高等教育程度	0.432*	1.541	0.202	4.581	1.037	2.289
中等教育程度	−0.168	0.845	0.128	1.726	0.658	1.086
家庭居住地(农村)						
省会或直辖市	0.503**	1.654	0.205	6.050	1.108	2.469
地级市	0.630***	1.878	0.170	13.782	1.347	2.620
县城	0.648***	1.912	0.181	12.899	1.343	2.724
乡镇	0.078	1.081	0.193	0.166	0.742	1.577

(续表)

	系数	Exp(B)	Std. Err.	Wals	[95%Conf. Interval]	
性别（女性）						
男性	0.396***	1.486	0.115	11.917	1.187	1.860
Chi-square=74.626***		−2Loglikehood=2 122.445			样本数=2 006	

（注：* p＜0.05；** p＜0.01；*** p＜0.001；括号内为参照组）

2. 阶层结构对获得重点本科教育机会的影响

从表 3.11 看出，阶层结构对高等教育机会质量获得影响显著。Chi-square 取值表明回归模型总体显著性水平高，似然函数取值显示模型总体水平有效。

首先，父母职业阶层对子女是否进入"211 工程"重点院校具有显著影响。优势阶层子女获得"211 工程"院校的入学机会是基础阶层子女的 1.930 倍（p＜0.01）。相对于父母职业为农民的学生来说，国家与社会管理者和经理阶层子女获得优质高等教育机会的概率极为明显。该结论在一定程度上验证假设 3。

其次，家庭经济收入对子女获得重点高校入学机会没有显著影响。

第三，父母的文化程度对子女获得重点本科院校的入学机会呈现十分显著的影响。相比父母文化程度为"初中及其以下"子女，父母为高等教育文化程度，其子女升入"211 工程"院校的概率是其 3.748 倍（p＜0.001）。父母为中等教育程度，其子女升入"211 工程"院校的概率是父母文化程度为"初中及其以下"子女的 1.497 倍（p＜0.01）。

第四，家庭所在地对子女获得重点本科院校入学机会呈现显著影响。家庭所在地为省会或直辖市的学生，其升入"211 工程"院校的概率是农村学生 1.945 倍（p＜0.001），家庭所在地为地级市、县城的学生，其升入"211 工程"院校的概率分别是农村学生 1.495 倍（p＜0.05）、1.600 倍（p＜0.05）。

表 3.11 阶层结构对获得重点本科教育机会的二元逻辑回归分析（以一般本科院校为参照）

	系数	Exp(B)	Std. Err.	Wals	[95%Conf. Interval]	
父母职业阶层（基础阶层）						
优势阶层	0.658**	1.930	0.241	7.468	1.204	3.094
中间阶层	0.067	0.936	0.152	0.192	0.741	1.344

(续表)

	系数	Exp(B)	Std. Err.	Wals	[95%Conf. Interval]	
家庭经济收入(低收入)						
高收入	−0.374	0.688	0.205	3.317	0.460	1.029
中等收入	−0.294	0.745	0.152	3.734	0.553	1.004
父母文化程度(初中及其以下)						
高等教育程度	1.321***	3.748	0.185	51.110	2.609	5.383
中等教育程度	0.404**	1.497	0.137	8.681	1.145	1.959
家庭居住地(农村)						
省会或直辖市	0.665***	1.945	0.179	6.050	1.368	2.764
地级市	0.402*	1.495	0.171	5.535	1.069	2.090
县城	0.470*	1.600	0.202	5.397	1.076	2.379
乡镇	0.386	1.471	0.220	3.063	0.955	2.265
性别(女性)						
男性	0.554***	1.739	0.111	24.864	1.399	2.162
Chi-square=186.750*** 　−2Loglikehood=1915.884 　样本数=1530						

(注：* $p<0.05$；** $p<0.01$；*** $p<0.001$；括号内为参照组)

另外，性别因素对子女获得重点本科院校入学机会呈现十分显著的影响。男生获得"211工程"院校入学机会是女生1.739倍。

综述表3.10和表3.11，从回归结果分析，将样本控制在专科教育层次，父母职业阶层对子女获得高等教育机会影响因素呈现下降趋势，但是如果将样本控制在本科教育层次，那么优势阶层子女比社会中下层子女更容易获得重点本科教育机会，从而部分验证假设1。高等教育机会分配从显性数量不平等向隐性质量不平等方面转移。

无论高等教育机会获得数量和质量，父母文化程度均发挥了举足轻重的作用。家庭所在地对学生获得高等教育机会数量和质量产生十分显著影响，从而折射我国教育资源城乡配置失衡现状，以及高等教育招生存在明显的"城市偏向"。

(四) 社会分层结构影响高等教育机会获得机制

作为一种阶层标示的教育，本身就是一种值得人们追逐的社会地位、声望、权力的标志；作为联系社会阶层各个影响因素的关键点，教育是联系家庭经济地位与子代社会经济地位获得的中间因素,是影响个体初始职业地位获得的重要资本,也是受教育者在劳动力市场上竞争的重要人力资本。正因为如此,教育才能够成为各阶层共同关注的焦点。高阶层希望通过教育延续其阶层优势,低阶层渴望通过教育实现阶层向上流动。

一直以来,人们对现代学校教育寄托美好期望,认为教育是铲除社会不平等的有力工具。法国社会学家布迪厄批判现代化学派和民主思想家所鼓吹的教育是社会民主平等的孵化器的谬论,在他看来,现代教育是一个生产和再生产社会不平等的主要场域,现代学校通过貌似公正的文化体系传递,复制不平等的社会结构,并使之正当化和永久化。

事实上,教育在社会分层与流动过程中扮演双重角色。教育一方面是社会底层上升性流动的桥梁;另一方面,亦是优势阶层实现地位继承的工具。

教育社会流动功能或阶层复制功能的发挥关键取决于社会阶层结构现状。在社会分化极为明显的阶层结构中,教育代际遗传功能无疑呈现明显增强趋势。

1. 社会阶层结构与不同类型高等教育机会分布的关系

吉登斯"结构化"理论认为,在社会流动路径被封闭的地方,阶层就被结构化,教育有助于阶层流动性越来越困难。① 从某种意义上认为,社会流动反映社会分层生成机制及其阶层间变化趋势,社会流动畅通程度反映社会结构的开放性程度。当前社会阶层差异已经结构化,阶层的边界清晰且逐步稳定化,并将被不断延续下去。权力资源、经济资源与文化资源均呈现向上层阶层集中的趋势。处于较低地位的社会阶层向上流动的渠道收窄,难度加大,社会结构的刚性呈现增强趋势。

社会阶层结构封闭性与高等教育机会分配不公平呈现累积循环叠加效应。高等教育机会获得是体现社会地位和阶层优势的重要渠道,阶层结构固化、社会流动性降低和教育机会获得不公平之间存在某种微妙联系,阶层之间差距导致了受教育机会的不公平;反之,教育机会分配上的不平等则进一步强化了不同阶层在教育获得与教育成就上的不平等,又加剧了代际之间阶层的固化,影响社会各阶层之间的合理流动。阶层差距与教育机会获得差距之间,构成一种不断放大的振荡效应。

我国高等教育规模扩张,是在区域之间、城乡之间和阶层之间的差距基

---

① 李春玲.断裂与碎片——当代中国社会阶层分化实证分析[M].北京:社会科学文献出版社,2005:62.

础上展开的。当前教育规模扩张的平等化效应主要集中高职高专和地方本科院校。高校扩招带来高职高专和一般普通院校入学机会急剧增加,农民阶层和工人阶层子女在此类院校入学机会较多并呈现上升趋势,有助于缩小其与上层社会阶层的差距。随着高等教育规模扩张,人们关注的焦点不在是是否有机会接受高等教育,而是接受什么类型的高等教育,高等教育机会分配的质量类型成为不同阶层的子女教育利益考量的核心。重点高校代表优质教育资源,由于数量极为有限,高阶层子女竭力争取重点高校入学机会,以确保阶层优势地位代际传递。法国社会学家布尔迪约在《国家精英》一书中剖析国家精英与名牌大学之间的符应关系,在貌似平等的民主社会中,优势阶层通过优质高等教育机会巧妙的分配达到了社会各阶层之间本质上的不平等。

为了获得重点高校入学机会,优势阶层对其子女从小学甚至幼儿园阶段就开始进行高昂的教育投入和求学规划,动员各种资源,包括择校、购买学区房、人情关系等方式谋求基础教育阶段名校入学机会,其中当然包括参加各种补习班、兴趣班、培优班、夏令营和家教等辅助因素,提升优势阶层子女考试竞争力。因而,高等教育机会分配阶层差异逐步向下延伸到中小学教育的阶层化,高等教育入学机会的差距,在相当程度上是基础教育阶段机会不均等的累积和延续。

当优势阶层在大众教育层次上的入学率达到饱和,进一步的扩张能更多地为弱势群体所用时,教育不平等就有可能下降。如当前一般普通院校,低阶层子女获得更多教育机会,这也印证了社会学家布东所提出的"顶点效应",由于顶点效应的存在,当高阶层子女的升学率已经很高时,其进一步的增长便受到"顶点"的限制,此时的教育扩张便有利于较低社会阶层子女的升学,阶层之间差距开始缩小。

重点院校因扩招所增加的名额首先被优势阶层子女所享有,从而导致不同阶层之间的差异更加扩大。伴随我国高等教育改革不断深化发展以及高等教育质量大幅度提升,将会为社会提供更多的优质教育资源,同时社会上层和中层子女对重点教育资源需求趋于饱和状态时,重点高校所提供的优质教育资源才会向下层转移,下层社会子女接受优质高等教育机会将会有快速提高。阶层结构与重点院校入学机会呈现倒U形曲线分布图状。

2. 社会阶层结构影响高等教育机会分配机制

不同社会阶层家庭占有的文化资本、经济资本和社会资本的数量呈现明显差距,优势阶层竭力将各种资本优势转化为子女获得优质教育机会的优势。

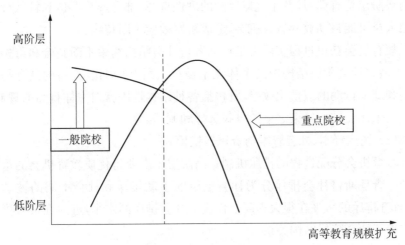

图 3.3　阶层结构与不同类型高等教育机会分布

(1) 文化资本与再生产模式。

当前高等教育机会分配标准基于绩效主义原则,强调机会均等、择优录取,但是忽视文化再生产在教育机会分配过程中的隐蔽功能。

社会阶层之间的文化屏障,包括不同阶层的文化资本、文化品位和文化性情,构成阶层特有的文化符号,不同阶层文化符号占有差异必然带来对子女教育期望差异,从而潜移默化影响子女的学业成绩。不同阶层对主流语言和生活方式熟悉程度的差异,甚至被转化成学校考试成绩的差别。

文化资本具有隐蔽性和强烈的代际遗传特性。法国社会学家布尔迪约敏锐地意识到,"教育系统最隐蔽、最特殊的功能就在于隐蔽它的客观功能,即隐蔽了它和阶层结构关系的客观真相"[①]。学校系统通过文化再生产模式将阶层差异转化为学业成绩差异并使之合法化。

关于文化资本对教育获得的影响机制,雷蒙·布东将其划分为首属效应与次属效应。首属效应是一种阶层间总体性的文化不平等,优势阶层为子女提供各种重要的文化资源和较高的教育期望,以推促子女达到较高的学业成就,使不同阶层子女之间产生文化不平等。次属效应关注不同阶层地位在教育激励和选择教育机会等方面的重要作用。不同阶层子女的升学机会选择和职业预期,受制于阶层成员地位和抱负限制。文化资本匮乏养

---

① [法]布尔迪约,帕斯隆.再生产——一种教育系统理论的要点[M].邢克超,译.北京:商务印书馆 2002:223.

成弱势阶层特有惯习,基于规避风险的理性选择,部分弱势群体和较低社会阶层人员可能自动放弃教育机会,造成阶层效应不断持续。

教育机会获得过程实质上是行动者与社会结构约束不断整合和重构过程,生活在社会阶层结构中的个体无不被社会所"结构化"。结构具有约制行动和促成行动的双重化效果,既包括各种结构性因素对主体行为的规制,也包括个体在结构约束之下的自我选择和调适。

(2) 经济资本、社会资本与资源转换模式。

教育机会分配过程的排斥机制是高阶层子女获得优质教育机会的重要途径。吉登斯将社会排斥分为社会上层的主动排斥和社会下层的被动排斥,教育排斥的水平在很大程度上代表了社会排斥的水平,进而在很大程度上代表了社会阶层结构关系。

在升学和择校过程中,高阶层利用雄厚的家庭资本优势,动员各种经济资源和社会资源减少其子女竞争激烈程度,或直接将部分竞争者排斥在竞争之外,获得比其他阶层更多的教育资源和机会。

通过经济资本直接实现资源排斥,富裕或优势阶层子女通过缴纳择校费、赞助费和购买学区房等方式获得重点校的教育机会,本质上是以家庭经济资本换取优质教育机会。目前愈演愈烈的择校热,不断攀升的择校费,极易导致重点校较高的升学门槛,造成社会底层获得优质教育机会减少。

通过社会资本直接实现资源排斥,某些单位或部门在优质教育资源的占有或分配上享有特权,对单位成员利益的保护或屏障是其他阶层群体所不可比拟的。某些直属机关附属教育机构,大都教育质量较高,而这些阶层子女理所当然地享受着此类优质教育机会。教育系统内部人员也在教育机会分配中占有优势。一些拥有强大政治资本和社会资本的单位通过单位之间利益互换而获得教育机会。社会机构、制度安排造成对既定阶层的教育利益保护,加深阶层之间教育机会不平等,国家与社会管理者、经理阶层、专业技术人员阶层等社会中上层在教育机会获得方面占有优势。

(五) 结论及其解释

社会阶层结构变迁与高等教育机会分配之间具有明显的演变关系。处于不同的历史时期,高等教育机会分配标准倾向于不同阶层群体。在相当长的历史时期,基于特定政策庇护和先赋因素在教育机会获得方面扮演重要作用。新中国成立初期,高等教育机会分配标准倾向工农干部和成绩优异者,"文化大革命"时期高等教育机会分配标准强调政治出身和政治表现,学业成绩优异但是家庭出身不好者仍然在教育机会分配中处于劣势地位。恢复高考之后,高等教育机会分配确立以高考分数为标准的精英主义选拔机制,功能绩效主义在获得高等教育机会方面占据优势。

改革开放以来,国家与社会阶层结构关系呈现以追求效率为主的散发状态,相对缺乏一种利益均衡和补偿机制,而市场机制自身运行中存在的某些缺陷不断地在社会体制内积累破坏性的力量。区域、城乡和阶层之间差距逐步凸显,当前高等教育机会分配处于极为复杂的社会阶层利益格局之下,强势阶层通过各种路径巩固既得阶层利益,社会强势阶层将教育符号作为巩固社会身份的象征,强势阶层排他性教育需求和差异性教育需求日益增长。特别是高等教育扩招之后,就业难以及受教育费用迅速增加,弱势阶层子女获得高等教育机会量的增加无法掩盖其质的劣势。

在社会阶层固化趋势背景下,重新考虑"守夜人"的政府在教育中的角色定位,把教育机会获得公平作为社会和教育政策的重要目标。正确处理追求公平与满足不同阶层不同教育需求之间的关系,国家应抑制教育机构的"阶层再生产"作用,弱化强势阶层对优势高等教育机会的垄断,发挥教育机构的"社会减震器"功能。

约翰·罗尔斯在《正义论》中强调,"所有的社会价值——自由与机会、收入与财富、自尊之基础——一律都要平等分配,除非对其中一种价值或所有价值的一种不平等分配对每一个人都有利"[1]。高等教育分配原则应凸显自致因素,强化能力原则和补偿原则。在不断分化的社会阶层结构中,教育机会分配坚持最有利于社会最不利阶层或群体,"不均等地对待不同者",努力为社会处境不利阶层提供机会或利益补偿。应该看到,教育机会获得涉及复杂的社会分层和社会结构因素,如果仅仅从教育领域内部完成彻底意义上的公平化改革是不可能的,不同阶层获得资源配置方式影响教育机会分配方式,因而教育公平化的根本路径,在于健全和完善社会保障制度,缩小城乡社会不同阶层结构的差距。

四、入学机会数量的增加与农村学生社会流动变化

当前高等教育扩张客观上为农村学生提供了更多教育机会,但随着社会阶层固化问题突出,不同阶层经济排斥和社会排斥壁垒凸显,大量农村学生并未因教育机会增加而获得社会上升性流动,相反部分农村弱势家庭因接受高等教育而陷入更加贫困的境地。

随着我国社会结构的急剧转型及高校扩招政策的推行,就业竞争越来越激烈,社会资本运作的空间会随着就业竞争的激烈程度而增加,靠学生个

---

[1] 万俊人.罗尔斯读本[M].北京:中央编译出版社,2006:12.

人的人力资本挤入社会上层难度加大,地方院校毕业的农村大学生,就业无门路,又不心甘情愿回到农村,构成漂浮于城市社会与乡村社会之间的夹心层,游离于城乡之间农村大学生"蚁族"群体和新生代农民工构成了社会新底层。

2014年全国"两会"期间,全国人大代表、中科院院士崔向群在谈到高等教育的普及以及大学生就业难的窘境时,他表示,现在的研究生和以前的中专生没有什么区别。当前教育深化和知识过度并存,"两会"代表的话部分揭露了当前的教育现实,让人担忧。以农村生源为主体的普通二本院校毕业生的就业情况更为堪忧,"毕业即失业"的状况愈演愈烈。

农村大学生就业难已经是一个不争的事实,农村家长对子女就业深为忧虑。更有政协委员建议农村孩子不要读大学。不鼓励农村孩子上大学,让农村孩子去从事菜馆、面片馆、包子馆、美容美发店里的工种,并且举例李嘉诚、卡耐基等人物从底层成功。可是如果卡耐基活在今天,还从摆地摊起步从当童工起家,他能获得当年那样的成功吗? 当前社会入职门槛逐步提高,放弃大学教育,无疑是农村孩子底层自我复制。至于农村孩子是否应该上大学,这是个伪问题。真正的问题是,农村孩子上大学是否能改变命运。或者说,从实用主义的角度看,农村孩子上大学的性价比到底高不高? 现实中上大学未必是农村孩子的最好选择,那么哪些渠道可以为农村孩子提供理想的未来呢?①

农村教育的底层社会的复制和再生产功能逐渐凸显。高校扩招以来,农村学生接受高等教育的机会大大增加,但这并不意味着农村学生上升渠道的极大拓宽,相反社会入职门槛逐渐提高。有学者对改革开放以来农村大学生社会地位的变化过程做了分析,结果显示,农村大学生经历了如下的身份转变:20世纪80年代地位取向的"国家人"——20世纪90年代中后期职业技能取向的"城市人"——20世纪90年代末至今从"城市人"到"他乡的打工仔"。②

随着高校扩招,"学历贬值"现象突出,社会上层因为有更多的家庭资本、社会资本和政治权力,其子女有更多机会进入重点高校的热门专业,或者出国留学,以增加其子女在劳动力市场的竞争力,学校教育的"城市化取向"、多样化的高考招生政策,增加了农村学生进入重点大学的困难。对处

---

① 新华网评论员文章 http://www.yn.xinhuanet.com/newscenter/2014-03/11/c_133176334.htm.
② 王小红.教育社会分层与农村学生社会流动研究:回溯和展望[J].上海教育科研,2012(9):30.

于社会底层的农家子女来说,通过勤学苦读进入高校之后,应对高校高额的学费和生活费用已经很困难,更别说通过其他途径来为自己"镀金"。在这种情况下,部分农村学生选择了"教育放弃",主动放弃教育场域的激烈竞争,规避教育线拉长的教育投资风险。

农村学生高等教育入学机会获得不平等,同时也面临着非常严峻的就业危机,通过"教育改变身份"的途径很难成为高考扩招背景下的个体发展模式,一定程度上,教育反而因为消耗过大而加剧了农村学生的阶层固化。

农村大学生就业群体是整个大学生就业中的弱势群体,麦可思中国大学生就业研究课题组调查发现,2013年农业劳动者家庭和农民工家庭毕业的大学生一次性就业比例最低,毕业半年后平均月收入最低,农民和农民工家庭大学毕业生是大学毕业生就业中的弱势群体,占有半数比重。54%的农村籍大学生处于低收入就业全漂状态,34%的农村大学生处于半失业半漂状态。[①] 这样的教育背景也让很多农村家庭有所体悟,考虑到教育成本和经济收益,很多农村学生选择了"教育放弃"。

农村学生在高等教育的显性成本和隐性成本承担方面都面临较大的压力。2014年全国许多高校调整学费收费标准,大多数省市学费呈现上扬态势,江苏公布学费收费标准,本科专业平均涨幅标准16.61%,其中医学涨幅标准最大为47.83%。宁夏各高校学费是涨幅标准最高的省份,文史、理科和医学等各专业涨幅均超过50%。农村高等教育显性成本明显增加,机会成本也呈现上升趋势,部分农村家庭对高等教育呈现观望甚至怀疑态度,曾经作为农家子弟上升的通道逐渐变窄。

总之,无论义务教育阶段、中等教育阶段还是高等教育阶段,城乡学生教育机会获得数量差距逐步缩小,但是教育机会质量差距依然显著。农村底层学生受教育机会在质量收益上呈现弱化趋势。

---

① 麦可思研究院.2014年中国大学生就业报告[R].北京:社会科学文献出版社,2010:209.

第四章 农村学生教育分流与教育选择

　　教育机会获得的劣势必然导致农村学生教育分流处于弱势地位。中国的学生必须较早面临对于重点学校的激烈竞争，并在受教育过程中数次面对更高一级教育层次的筛选分流，而这种突出的筛选和分流的功能使得中国的教育竞争格局更加残酷，具有优势社会经济地位的家庭更加希望通过教育层面的竞争来确保其子女的经济社会地位。教育结构的这种特点所导致的残酷的竞争格局，充分体现在中国大中型城市中非常普遍的择校竞争及前移趋势上。

　　基于城乡结构、家庭背景和学校类型特征等因素考查农村教育分流问题。农村学生所能获得的不同层次类型的文凭资格对他们进入社会阶层的影响具有不同的意义。从职业学校生源阶层构成分析，农村学生和城市低收入群体占绝大多数，职业教育是一种生存取向的教育类型，而不是地位取向的教育，职业教育在某种程度上甚至扮演阶层固化的角色。农村学生的社会流动被迫由"地位教育"走向"生存教育"。

　　当前优质教育机会竞争尤为激烈，由于教育机会获得质量方面劣势，多数农村学生在逐级分流过程中被淘汰。政府鼓励农村学生进入职业学校，从社会分层与教育分流（即分为普通和职业两轨）之间的互动关系分析，由于职业教育的文凭资格影响能力降低，当前面向农村的职业教育更多只是一种"生存教育"，而不是"地位（获得）教育"。

　　教育分流存在的表现形式，既有基础教育阶段分流，又有高等教育阶段分流。本文主要关注初中后非义务教育阶段分流。初中后非义务教育阶段分流对学生的影响较大，它直接决定学生将来是否获得优质高等教育机会以及获得社会阶层代际提升的机会。

第一节　教育分流的本质、特点以及影响因素

　　教育分流是社会流动的重要表现形式。教育分流不仅是个体的受教育

行为、家庭的教育选择、国家的教育制度安排,更是一种关涉受教育者个体和家庭命运,乃至国家经济文化状况的社会流动过程。教育分流是选择不同的个体进入不同类型和层次的教育模式,进而与个人的地位晋升和社会位置紧密相关。对于农家子弟而言,合理选择教育分流形式直接关涉其未来的发展。选择学术取向教育类型或技能取向教育类型直接影响学生未来职业和社会地位的获得。学校教育实现社会流动功能,其实质是通过学业入学考试和教育分流,实现对不同阶层子女的分类、淘汰和选拔,使之成为不同规格和种类的人力资本,实现社会结构位置转换和升迁。从教育分流的定义和特征来看,教育分流是兼具选拔、竞争、资源分配的复杂过程。教育分流是教育社会性功能的主要体现,是考查教育领域中个体、教育、国家和社会这一根本性关系的载体。

一、教育分流在本质上折射社会不同阶层利益分化

现代教育是社会流动的动力机制,亦是个体改变社会存在方式的重要途径。教育分流贯穿于我国学生群体学习生涯的始终,这个过程不仅是学生个体学习成绩的较量,同时也是包含经济资本和社会资本在内的整个家庭资本的较量。

教育分流在本质上凸显学校场域中不同阶层机会竞争。根据韦伯的观点,教育场域中竞争是一种重要的社会选择。竞争通常以获得质量较高的学校教育机会和凭借不同的教育文凭资格获得报酬优厚的就业机会为核心展开。教育分流是评判和选择教育类型的过程,不同阶层基于自身阶层利益和向上流动考量,竭力争夺优质教育机会,以便有利于实现社会阶层流动。教育分流是与阶层资源占有密切相关的一种社会流动形式。阶层分化对教育分流的影响主要是通过阶层背景影响子女学业成功来完成。不同阶层通过将家庭所占有的不同经济资源、政治资源和文化资源等转化为子女的教育资源,提高其在教育分流中的竞争力来实现,其中具体机制有资源排斥、教育期望、文化资本再生产等方面。

初中毕业生分流,对学生未来的职业选择和生活状态都有较大的影响。对农村初中毕业学生来说,能否在初中毕业教育分流中成功获得升入普通高中的机会,将决定他们是否有机会获得接受高等教育,进而改变农民身份,进入社会上层。正因为教育分流的重要地位,人们才会对其格外重视,会利用其占有的各种资源争取在教育分流中获得成功。

在分化明显的社会结构中,不同阶层占有的社会资源呈现明显的差异,经理阶层、政府管理和专业技术阶层较为容易将自身地位资源转化为子女教育分流中的竞争优势；个体工商户阶层和工人阶层在教育分流中更注重子女教育的投资收益。然而纯农业劳动者阶层和城乡无业失业阶层处于社会底层，占有社会资源较少，迫切盼望子女通过考上重点大学，获得较好工作地位，其实现阶层流动的愿望最为强烈。

二、教育分流异化为一种淘汰机制

教育分流机制决定着学生受教育机会及其享有的教育资源，社会阶层与教育分流机制两者之间存在着错综复杂的关系。

教育的"生存取向"和"地位取向"是对教育基本意义和特征的定位，前者是指教育满足个体基本生计需要的特征，后者是指教育帮助个体实现社会地位升迁，包含身份、地位和阶层的向上流动。目前，大多数学者将分流教育体制中的中等职业教育特征界定为"生存取向"。在学历社会的制度背景下，普通高中具有"地位取向教育"的特征[1]，相比之下，职业高中（含中专、技校）赋予农家子弟向上流动的机会有限，普通高中与职业高中的分流显然是为将来学生从事职业以及社会分层奠定基础。虽然近年来，国家对职业学校尤为重视，但是囿于普通高中的"地位取向"特征，以及偏重普通教育的传统观念，家长和学生对选择普通高中教育尤为热情。

在农村尤其如此，通过高中升学考试并进入普通高中，是农民子女摆脱父辈农民身份的重要途径。相比之下，进入职业高中，虽然毕业后容易就业，但是仍旧摆脱不了农业劳动者阶层、农民工和雇工阶层的身份。接受"地位取向教育"，意味着学生有可能获得较好的职业和较高的社会地位，接受"生存取向教育"，则意味着一辈子做"蓝领"，无法获得体面的职业和社会地位。《新京报》2013年8月19日一篇名为"我国新时代蓝领调查：钱包已丰满、地位仍骨感"的文章，足以让选择职业教育的学生和家长感觉到压力。新生代蓝领普遍具有熟练专业技能和高等教育文化程度，工资福利大幅度提高，甚至超过白领，但是仍然感觉缺乏较为体面的社会地位。

当前初中毕业后升入普通高中尤其是重点高中教育机会竞争激烈，许多农村家庭、贫困家庭以及底层家庭出身子女初中毕业后直接进入劳动力市场或者被迫选择职业学校。有学者指出，针对分流教育体制，可以将职业教育轨道中的教育类型部分地划分为生计取向教育。就我国目前的学制来看，中等职业教育显然是对那些初中毕业未能进入普通高中的学生设计的。

---

[1] "生计取向教育"是指个体为满足基本的生计需求所接受的教育，"地位取向教育"则是指个体为满足自身发展需要，实现社会地位升迁所需接受的教育。

上职业学校几乎成为"差生""考不上学"的代名词,国内媒体亦经常报道初中学校强制分流差生读职校的新闻。教育部职业与成人教育司统计数字表明,2012年,全国中等职业学校农村户籍学生占到在校生总数的82%,学习成绩差及家庭经济困难是农村学生接受中职教育的最重要因素。

当前普通高中与职业高中的分流几乎异化为一种底层淘汰机制。由普通高中与职业高中的分流所带来的教育机会分配不平等程度有可能加剧,教育分流机制在某种程度上复制社会阶层,加剧了社会不公平。

农村初中毕业生对普通高中的需求旺盛,而对中职学校的需求低迷。当前高中阶段教育,一方面是如火如荼的重点校择校热,另一方面中等职业学校陷入生源危机,其实质是义务教育后职教分流的困境问题。

第二节 当前农村学生教育分流现状及其问题

随着国家义务教育完全免费制实施和高等教育规模扩张,我国不同区域农村学生群体的教育分流状况有什么新变化?农村家长对子女的教育分流意向有何变化?家庭资本占有对子女的职业教育选择意向有何影响?

虽然国家加大力度改善农村教育基础设施和资源配置,但与城市相比,农村教育仍然较为薄弱,由于我国存在城乡二元、重点与非重点二元的"双重二元"学校教育制度,与城市学生相比,农村学生在教育分流中一直处于相对弱势的地位。再加上近几年高校扩招带来的文凭贬值,使得农村学生群体在教育分流中面临"弱势叠加效应",这种弱势叠加效应促使越来越多的农村学生甚至主动放弃进一步接受教育的机会。具体地讲,农村学生在教育分流中的教育资源分配不平等、教育选择中的低风险承受能力以及中等职业学校污名化效应等因素,共同促成了这种"弱势叠加效应"以及由此带来的农村学生社会流动困境。

一、当前我国农村学生义务教育后分流情况

初中后非义务教育阶段分流主要依据学生的考试成绩或家庭所在地等其他家庭资本将学生分配到不同类型的学校中。根据学校类别不同,可以分为普通高中教育和中等职业教育;根据学校地位属性可以划分为重点高中与非重点高中。此外,还有校内分流,如学校内部所谓的快班、慢班或实验班等。教育分流贯穿于我国学生群体学习生涯的始终,这个过程不仅是学生个体学习成绩的较量,同时也是包含经济资本和社会资本在内的整个

家庭资本的较量。

人们在教育分流中进行教育选择的标准不仅是就业机会的可获得性,更重要的是社会阶层中的流动性,即是否能够通过所受的教育实现社会阶层的向上流动。力争在教育分流中占据优势资源的心态,源于我国传统的"读书改变命运"的观念,即接受教育是获得良好的职业地位、实现阶层流动的最重要环节。而在这个环节中,能否进入普通高中就成为关键,尤其是在高校扩招的情况下,中上阶层利用所有资源为子女寻找优质高等资源,例如出国留学、通过自主招考进入名校等,以拉开与因扩招而进入高校的下层子弟的距离。处于社会下层的农村家庭子女,经历千辛万苦考上大学甚至读完硕士、博士,毕业后仍无法与海归、名校毕业生竞争,只能返回地方县镇、农村或者在城市做最普通的工作。基于这样的情况,我国农村学生群体在教育分流过程中,经历了一个"被弱化"到"主动放弃"的过程。

1. 各级各类升学过程中不可避免有学生逐步被淘汰

现代教育是社会流动的动力机制,亦是个体改变社会存在方式的重要途径。影响教育分流的因素,包括国家对每一教育阶段的入学控制和质量要求,以及学生的智力因素、非智力因素、家庭经济资本和文化资本等。从表中可以看出,1990—2012年,我国各级学校毕业生升学率都在稳步增加,但仍有10%以上的初中毕业生没有升入高中,也有近20%的高中毕业生没有进一步接受高等教育。

表4.1 各级各类学校升学率

年份	小学升初中(%)	初中升高中(%)	高中升高等教育(%)
1990	74.6	40.6	27.3
1991	77.7	42.6	28.7
1992	79.7	43.6	34.9
1993	81.8	44.1	43.3
1994	86.6	47.8	46.7
1995	90.8	50.3	49.9
1996	92.6	49.8	51.0
1997	93.7	51.5	48.6
1998	94.3	50.7	46.1

(续表)

年份	小学升初中（%）	初中升高中（%）	高中升高等教育（%）
1999	94.4	50.0	63.8
2000	94.9	51.2	73.2
2001	95.5	52.9	78.8
2002	97.0	58.3	83.5
2003	97.9	59.6	83.4
2004	98.1	63.8	82.5
2005	98.4	69.7	76.3
2006	100.0	75.7	75.1
2007	99.9	80.5	70.3
2008	99.7	82.1	72.7
2009	99.1	85.6	77.6
2010	98.7	87.5	83.3
2011	98.3	88.9	86.5
2012	98.3	88.4	87.0

（注：高中升学率为普通高校招生数与普通高中毕业生数之比，资料来源：中华人民共和国教育部2012年教育统计数据）

2. 普通高中学生人数持续高于中等职业学校

"职教分流"是当前教育分流的关键问题。从表4.2可以看出，在我国的高中教育阶段，学生主要集中在普通高中。自改革开放以来，中等职业教育的学生数一直低于普通高中的学生数。2001—2012年，普通高中学生数超过高中阶段学生数的半数以上。自2004年以来，虽然普通高中的学生数有所下降，但是仍然超过中等职业教育学生数的5%左右。

《国家中长期教育改革和发展规划纲要（2010—2020年）》指出："根据经济社会发展需要，合理确定普通高中和中等职业学校招生比例，今后一个时期总体保持普通高中和中等职业学校招生规模大体相当。"2014年6月教育部、国家发改委、财政部等六部委联合发布《现代职业教育体系建设规划（2014—2020年）》，明确提出中等职业教育在校生将达到2 250万人。

当前高中阶段教育，一方面是如火如荼的重点校择校热，另一方面中等职业学校陷入生源危机，其实质是义务教育后职教分流的困境问题。职校生源问题已经成为制约职业教育发展的关键问题。

表 4.2 高中阶段学生数的构成

	合计	普通高中	成人高中	中等职业教育				
				小计	普通中专	成人中专	职高	技工学校
学生数(万人)								
1965	622.9	130.8		492.1	52.7	351.8	77.5	10.1
1980	1 720.5	969.8	75.1	675.6	124.3	449.4	31.9	70.0
1985	1 295.7	741.1	139.0	415.6	157.1		184.3	74.2
1990	1 528.6	717.3	47.8	763.5	224.4	158.8	247.1	133.2
2000	2 463.2	1 201.3	32.4	1 229.5	489.5	169.3	414.6	156.1
2001	2 606.3	1 405.0	31.0	1 170.3	457.9	189.2	383.1	140.1
2002	2 889.8	1 683.8	33.5	1 172.5	456.4	153.3	428.1	134.7
2003	3 240.9	1 964.8	21.5	1 254.6	502.4	105.5	455.7	191.1
2004	3 649.0	2 220.4	19.4	1 409.2	554.5	103.3	516.9	234.5
2005	4 030.9	2 409.1	21.8	1 600.0	629.8	112.5	582.4	275.3
2006	4 341.9	2 514.5	17.5	1 809.9	725.8	107.6	655.6	320.8
2007	4 527.5	2 522.4	18.1	1 987.0	781.6	113.0	725.2	367.1
2008	4 545.7	2 476.3	12.7	2 056.7	817.3	120.6	750.3	368.5
2009	4 624.4	2 434.3	11.5	2 178.7	840.4	161.0	778.4	398.8
2010	4 677.3	2 427.3	11.5	2 238.5	877.7	212.4	726.3	422.1
2011	4 686.6	2 454.8	26.5	2 205.3	855.2	238.7	681.0	430.4
2012	4 595.3	2 467.2	14.4	2 113.7	812.6	254.3	623.0	423.8
比重(%)								
1965	100	21.00		79.00	8.46	56.48	12.44	1.62
1980	100	56.37	4.37	39.27	7.22	26.12	1.85	4.07
1985	100	57.20	10.73	32.08	12.12		14.22	5.73
1990	100	46.93	3.13	49.95	14.68	10.39	16.17	8.71
2000	100	48.77	1.32	49.91	19.87	6.87	16.83	6.34
2001	100	53.91	1.19	44.90	17.57	7.26	14.70	5.38
2002	100	58.27	1.16	40.57	15.79	5.30	14.81	4.66

(续表)

年份	合计	普通高中	成人高中	中等职业教育				
				小计	普通中专	成人中专	职高	技工学校
2003	100	60.63	0.66	38.71	15.50	3.25	14.06	5.90
2004	100	60.80	0.50	38.60	15.20	2.80	14.20	6.40
2005	100	59.80	0.54	39.69	15.60	2.79	14.40	6.83
2006	100	57.91	0.40	41.68	16.72	2.48	15.10	7.39
2007	100	55.71	0.40	43.89	17.26	2.50	16.02	8.11
2008	100	54.48	0.28	45.25	17.98	2.65	16.51	8.11
2009	100	52.64	0.25	47.11	18.17	3.48	16.83	8.62
2010	100	52.64	0.25	47.11	18.17	3.48	16.83	8.62
2011	100	52.38	0.56	47.06	18.25	5.09	14.53	9.18
2012	100	53.69	0.31	46.00	17.68	5.53	13.56	9.22

(资料来源：中华人民共和国教育部2012年教育统计数据)

3. 城乡二元与重点和非重点相区隔的教育分流制度

与城乡二元和阶层分化明显的社会结构相适应，我国教育体系长期存在城乡、重点非重点的二元学校教育分流制度。"双重二元"教育制度复制和扩大了社会阶层差距。虽然近些年来，国家取消基础教育阶段重点学校制度，但其仍然变相以各种形式存在，当前城市和中高阶层家庭子女多集中于城市重点中学，农村和低收入阶层多集中于非重点中学，当前城乡教育分层与社会阶层分化相互影响，深化了农村学生受教育起点、过程和结果的不公平。

二、农村家长和学生职教分流意向调查——基于山东、安徽和宁夏的实证研究

教育分流制度涉及社会多方利益主体博弈。普通教育和职业教育的分流关涉不同阶层群体对教育分流的理解和选择，是关乎农村家长和学生教育公平之关键问题。

当前国家高度重视发展职业技术教育，旨在为现代化建设提供大量高素质和技能型人才。然而对于个体而言，选择某一类型教育服务，取决于教育预期效益是否得以实现，能否提升个体向上的流动机会。

国家政策导向对农村家长和学生的职业教育选择行为产生何种影响，

国家教育政策架构与个体教育选择之间能否在不同目标追求上达成一个契合点,从受教育者和社会底层视角认识和理解职业学校和职业教育,是职业教育可持续发展的重要因素。

2018年5月在山东莱西、临朐、东平县,安徽萧县、无为、桐城市,宁夏中宁县、永宁县、青铜峡市等三省(自治区)9个县(市)36个乡镇,发放农村家长调查问卷1250份,回收有效问卷1164份,有效回收率93%,发放农村初中生调查问卷800份,回收有效问卷764份,回收率95%。

(一)农村家长对待子女教育分流意向调查

1. 农村家长对教育分流的态度和意向

不同区域农村家长职业教育观念差异显著($X^2=41.384$,df=4,p<0.001)。调查中山东37.0%的农村家长表示考虑让子女上职业高中,安徽21.3%的农村家长考虑让孩子上职业高中,宁夏仅有20.1%的农村家长考虑让孩子读职业高中。不同区域农村家长对子女教育分流意向发生明显分化。一般来说,区域经济发达,职业教育体系完善,职业学校学生就业机会多、工资待遇较好,增强对农村家长和学生的吸引力。

2. 农村家长教育程度、职业类型、经济状况与子女选择职业高中的关系

影响农村家长职业教育分流意向的因素,包括文化程度、职业类型和收入状况,他们与支持子女职业教育选择存在明显相关。

(1)父亲受教育程度与子女分流职业高中存在显著差异($X^2=26.832$,df=12,P<0.01)。

从总体分析,文化程度较高的父母,倾向于让子女分流职业高中的比例较低。仅有6.7%具有本科及以上学历的农村家长表示支持子女分流职业高中,14.8%的大专文化程度的农村家长表示让孩子上职业高中,19.3%的中专文化程度的家长支持子女读职业高中。22.7%初中文化程度、22.5%小学文化程度的农村家长支持子女选择职业高中。

(2)父亲职业类型与子女分流职业高中存在差异($X^2=34.152$,df=18,P<0.05)。

从调查情况分析,农村中公职人员希望子女分流普通高中。家长职业为政府机关、教师、村(组)干部,支持子女分流职业高中比例低,其比例为8.0%、4.3%、13.0%,农民、乡镇企业工人支持子女上职业高中比例高。

(3)子女分流职业高中因农村家庭经济状况不同,存在非常显著差异($X^2=26.545$,df=8,P<0.001)。

经济条件较差的农村家庭,26.5%的父母会让孩子读职业高中;经济条

件一般偏下的家庭,18.4%的父母会让子女选择职业高中;经济条件较好的农村家庭,仅有8.8%的父母考虑让子女分流职业高中。

从调查数据分析,在大多数农村家长看来,职业教育无论是对其子女的受教育水平,还是对他们未来职业的选择,都是在普通高中之后的次等和被迫选择。文化程度越高、经济状况越好、父亲职业地位越高的农村家庭,越是反对其子女进入职业高中。在这些农村家长看来,进入普通高中、接受高等教育是社会的大趋势,即使孩子学习成绩差,大多数家长仍旧希望孩子进入普通高中。对大多数农村学生而言,选择职业高中成为其成绩不好而又不得不继续接受教育的无奈选择,或者成为规避文凭贬值带来的教育投资风险的措施。

表 4.3 不同家庭背景农村家长职业教育分流意愿

		支持子女选择职业高中			显著性检验
		会	不会	视成绩而定	
受教育程度(父亲)	文盲	20.5%	53.8%	25.6%	$X^2=26.832$ df=12 p=0.008
	小学	22.5%	44.4%	33.2%	
	初中	22.7%	54.5%	22.7%	
	高中	21.7%	56.5%	21.7%	
	中专	19.3%	37.8%	42.9%	
	大专	14.8%	47.1%	38.1%	
	本科及以上	6.7%	62.2%	31.1%	
职业类型	务农	23.7%	39.5%	36.8%	$X^2=34.152$ df=18 p=0.012
	政府机关	8.0%	64.0%	28.0%	
	村(组)干部	13.0%	78.3%	8.7%	
	公司(企业)员工	20.9%	35.8%	43.3%	
	个体户	18.2%	45.5%	36.4%	
	教师	4.3%	65.2%	30.4%	
	医生	14.5%	47.9%	37.6%	
经济状况	较差	26.5%	36.3%	37.2%	$X^2=26.545$ df=8 p=0.000
	一般偏下	18.4%	43.7%	37.9%	
	一般偏上	17.1%	46.9%	36.0%	
	较好	8.8%	60.5%	30.6%	

3. 农村家长支持子女读职业高中的原因

调查中发现,农村家长让子女上职业高中的动机应该是出于被迫和无奈,首要原因是"升学无望,不如学一技之长"(43.5%),其次是"成绩不好,考不上高中"(27.6%),部分农村家长可能考虑到孩子的兴趣(25.1%)。但是,国家减免职业高中学费政策对农村家长吸引力并不大,只有6.4%家长考虑到此因素。也有家长认为上职业高中就是找个地方看管孩子。

表4.4 农村家长支持子女选择职业高中的原因(%)

升学无望,不如学一技之长	43.5
职业学校减免学费	6.4
成绩不好,考不上高中	27.6
孩子自己感兴趣	25.1
本科生也不好找工作,选择职业高中也不错	12.3
其他	2.8

(本项目为多项选择,故总和不等于100%)

在访谈中,个别家长认为上职业高中也可升学,有些家长强调上职业高中,早点找上工作。12.3%的农村家长认为本科生也不好找工作,选择职业高中也不错。表明部分农村家长对职业技术教育主观认知逐渐发生变化,职业高中逐步被农村家长接受。

4. 农村家长不支持子女读职业高中的原因

调查发现,农村家长不让孩子上职业高中的最主要原因是"职业学校的教育水平不高,教育质量不好"(52.4%),反映农村家长对优质职业教育质量的渴望,26.1%的家长认为"上职业高中也不能更好就业",8.5%的农村家长认为职业高中是次等学校。安徽省调查对象中,13.0%的农村家长认为孩子上职业高中,家里感觉没有面子。

表4.5 农村家长不支持子女选择职业高中的原因(%)

上职业高中也不能更好就业	26.1
职业学校的教育水平不高,教育质量不好	52.4
孩子上职业高中,家里感觉没有面子	4.1
家庭困难,不如直接打工赚钱	8.9
次等学校,都是成绩不好的学生读的	8.5

访谈中,有些家长认为,读大学是一种趋势,个人总得经历大学,只要孩子有能力读书家里就支持;不少农村家长坚定地表示一定会让孩子上正规高中。农村家长的价值观仍然倾向让子女通过接受高等教育实现向上流动。

从调查情况分析,农村家长普遍要求子女接受义务教育—高中教育—高等教育的教育链,以此获得向上流动的机会和能力,改变个人乃至家庭的社会地位。即便被挤出正规普通高中教育的农村学生也不情愿选择职业高中,许多学生选择外出务工或辍学,农村家长对子女读职业学校的热情并不高。

(二) 农村初中生教育分流和职业教育意向调查

农村学生对职业高中的体认和理解,是影响职教分流的重要因素。农村学生学习成绩、职业观念与职教分流意向相关。

1. 初中生性别、成绩与教育分流情况

(1) 初中生性别与教育分流无显著差异($X^2=11.390$, df=8, p>0.05)。

在初中生群体中,72.4%的男生意愿分流到普通高中,仅有16.9%的男生考虑职业高中;74.4%的女生选择普通高中,仅有16.0%的女生考虑职业高中。

(2) 初中生教育分流因学习成绩不同存在非常显著差异。农村初中毕业生倾向报考普通高中,即使成绩差的学生分流普通高中意向比例仍然较高。

统计结果表明:农村初中生学习成绩与初中毕业报考志愿存在非常显著差异($X^2=52.768$, df=12, P<0.001)。87.9%的学习成绩优秀的学生选择报考普通高中,仅有5.8%的学习成绩优秀的学生考虑报考职业高中;在学习成绩处于中等水平学生中,63.1%的学生选择普通高中,24.4%的学生选择职业高中;52.9%的学习成绩差的学生仍然报考普通高中,31.4%的差生则考虑读职业高中。

如果第一年由于种种原因,没有实现上县高中的愿望,53.6%的初中生会选择复读,明年再考;16.6%的初中生考虑上职业高中,6.7%的初中生花钱以特价生名义上高中。

(3) 初中生关于职业教育必要性的认识,因学习成绩不同存在显著差异。

农村初中生学习成绩与职业教育观念存在显著相关($X^2=34.043$, df=9, P<0.001)。36.4%的学习成绩优秀学生认为初中生非常有必要接受职业教育,37.6%的学生则强调有必要接受职业教育,仅有6.9%的学生

认为初中阶段没有必要接受职业教育。成绩优秀学生接受职业教育的观念较家长更为积极,已经认识到实践能力和技术培训的重要性,但在学习成绩差的学生中,仅有19.6%的学生认为非常有必要接受职业教育,23.5%的差生则认为完全没有必要接受职业教育。

虽然优秀生强调职业教育的必要性,但是报考志愿依然选择普通高中,思想观念与实际行动之间存在差异,可能是受制于家长、老师和社会环境压力,许多学生考虑到读职业高中没有面子。

2. 初中生职教分流动机调查

(1)初中生选择普通高中的原因。

调查发现,初中生选择普通高中,其中59.8%的学生分流动机是将来可以考大学,25.6%的初中生认为多读点书,好为社会多做贡献。仅有6.2%的学生认为职高没有前途。数据反映,农村初中生具有追求高学历和高文化程度的诉求,反而说明只有职业高中为学生进一步深造提供机会和途径,才能吸引更多的生源。

表4.6 初中生选择普通高中的原因(%)

将来可以考大学	59.8
多读点书,好为社会多做贡献	25.6
职高、中师、中专等没有前途	6.2
满足父母、老师要求	8.5

(2)初中生分流职业高中的原因。

调查发现,初中生分流职业高中的动机主要是从生存教育出发,属于被迫型,其中32.7%的学生因为成绩不理想,考不上高中,而就读职业高中;46.3%的学生认为读职业高中能掌握一门技术,将来好找工作,16.5%的学生认为上高中读大学,投资成本太大。只有4.5%学生考虑到读职业高中免学费。

表4.7 初中生分流职业高中的原因(%)

成绩不理想,考不上高中	32.7
上普通高中再考大学,成本太大	16.5
能掌握一门技术,将来好找工作	46.3
职业高中免学费	4.5

总之，多数农村家长对子女接受职业技术教育持矛盾心态，老百姓不认可、不愿意送孩子上职校。家长让子女上职业高中的动机应该是出于被迫和无奈。

在大多数农村家长看来，职业教育无论是对其子女的受教育水平，还是对他们未来职业的选择，都是在普通高中之后的次等和被迫选择。对高学历的渴望和对中等职业教育的排斥，是教育分流普遍存在的现象。

对农村学生来说，即使是学习成绩差的学生，在进入普通高中几乎没有希望的情况下，也不希望接受职业教育（52.9%的学习成绩差的学生仍然报考普通高中，仅有31.4%的差生考虑读职业高中）。学生一进入职业高中，就被打上"差"的标签，学习成绩差、未来职业差、未来身份低，职业教育实践特征建构了整个社会对职业教育学生的"低能力"认知，使得他们在社会阶层流动中处于不利的地位。

（三）农村职业学校和农村学生在教育分流体系中处于弱势地位

教育分流带来的教育竞争可能促使农村学生提早结束学业。受传统的"读书改变命运"观念的影响，农村学生如果希望通过学校教育改变身份、实现阶层流动，就要应付从小学、初中、高中到大学乃至硕士博士的多次教育分流，他们参与教育分流竞争的形式就是考试，在其中的任何一步被淘汰，就可能意味着他们无法获得好的职业。相比之下，城市学生在教育分流中有多种方式可以选择，除了考试之外，他们还可以动用家庭关系以及其他家庭资本，从而在教育分流中进入理想的学校。

在学历社会结构中，接受教育是农村学生实现阶层流动的最重要机制，与城市学生相比，虽然农村学生在社区资源和家庭资本方面存在明显弱势，但是从低学历到高学历所经历的历程基本是一致的，毕业后也可以通过较高职业获得实现阶层流动。高校扩招加剧了"学历社会"规则在农村学生群体中的践行难度，虽然他们仍旧像之前一样，努力追求高质量的教育和更持久收益的教育类型，但是"学历贬值"带来的教育战线拉长使教育成本大大增加，岗位盲目抬高学历要求的现象使农家子弟获得教育质量收益下降。

高校扩招带来的文凭贬值进一步加剧了农村学生在主要劳动力市场上的不利处境。"我读了这么多年书，到最后仍然拼不过有家庭背景的城市学生，我仍然只能回到农村或者在城市做最一般的工作，还不如早些退学打工挣钱，这也比本科甚至硕士、博士毕业后的收入多"，这是很多农村学生的心态。也就是说，追求高质量、高层次的学校教育，是为了获得好职业、好前途，市场经济深化以及高校扩招带来的文凭贬值对这种价值取向进行了猛烈冲击，带来新一轮的"读书无用论"，在这种情况下，农村学生的"教育放弃"就成为规避风险的选择。一部分农村学生和家长主动放弃接受教育的权利,选择早点进城打工。例如,在上海,有很多新生代农民工从事快递行业,月工资上万元,相比之下,很多博士生、硕士生刚毕业的工资都只有三千块钱。"读书无用论"的意识在新生代农民工脑海中印象很深。从这个意义上说,教育只要能认识字就行了,读书时间太长成为一种资本浪费。

农村职业学校和农村学生在教育分流体系中处于弱势地位。城乡二元、重点非重点二元的学校教育制度是我国教育体系的基本特征,重点学校、示范学校、城乡学校、职业学校等,共同构成了城乡交错、重点与非重点交错的学校教育体系。能否考进名牌大学很大程度上取决于是否能够进入重点高中、示范高中,而初中教育质量直接影响到学生能进入什么样的高中、进入什么样的大学。进入什么样的初中,主要取决于学生家庭所在的社区。① 城乡区隔以及层层重点的特征叠加在一起,造成了多重的教育分层体制。

三、谁被分流——基于受教育者视角

吉登斯结构化理论表明,行动者的行为是被结构化的,阶层结构性背景限定了农村家长和学生可能的教育行为领域。在既存的社会制度设计前提下,"嵌入"社会结构的个体所处的社会阶层状况规制农村家长和学生教育行动和教育行为选择。

(一)大量社会底层子女读职校折射社会阶层结构的约束

城乡差距和阶层差距制约教育分流。农村低阶层家庭由于家庭资源占有、教育期望、教育风险承受能力等因素促使其子女被迫选择职业教育。从社会阶层分析,职校生源主要包括农村和城市低收入家庭。教育部颁布的《2012中国中等职业学校学生发展与就业报告》显示,农村户籍中职学生占到在校生总数的82%。报告指出绝大多数中职生来自农村和城市经济困难家庭,其中中西部地区的学生占在校生总数的近70%。

据北京教育科学研究院统计,51%的北京职校生源来自城市低收入阶层。2014—2015年天津涉外工业学校贫困生已占总数50%以上,其中特困生占学校总数20%。2008年的一项调查发现职校生父母职业多为城乡失业半失业者、农民和工人,占调查总数3/4,家庭阶层背景基本上属于社会

---

① Claudia Buchmann1, Emily Hannum. EDUCATION AND STRATIFICATION IN DEVELOPING COUNTRIES: A Review of Theories and Research. [J]. Annu. Rev. Sociol. 2001.27:79.

底层。2017年教育部职业教育与成人教育司新闻发布会公布数据表明,中职学生70%以上来自农村和城市贫困家庭。

在初中后竞争淘汰式分流过程中,职业技术教育一直被视为"次等教育",选择职业技术教育的学生作为"学业失败者",是无能力进入正规高中的。更有教师以"不好好读书,送你读职校"的言辞,批评学生。

大量社会底层子女读职校,在某种程度上折射社会阶层封闭性增强和阶层复制能力的凸显。教育选择具有明显结构属性,个体所处的社会阶层状况规制教育行为选择,学校教育作为一种地位分配机制,在功绩主义掩盖下进行的是按照家庭社会经济地位将个人分配到不平等的经济地位中去。因为家庭经济地位较高的学生,接受良好教育机会更多,学业成绩较好,容易通过考试而有较多的升学机会。反之,低经济地位学生不利的学习条件,使得其难以通过考试,升学机会也较少。不同的阶层地位代表社会资源获得和占有上的差异,社会优势阶层则将以父母的教育水平和职业地位为代表的阶层背景优势转化为子代的教育优势,获得更多的人力资本和文化资本,从而自我复制了一个社会分层结构。

(二) 职校生"反学校文化"盛行暗合阶层再生产趋势

1977年,威利斯在《学做工——工人阶级的孩子如何得到工人阶级的工作》一书中提出"反学校文化"概念,揭示社会底层子女反抗学校教育中占统治地位的中产阶级价值观和文化,反映工人阶级子女抵制行为与阶层再生产之悖论。彼德·伍茨认为,反学校文化"会把学校看作是由冷漠的异己教师组成的异己机构",它是"工人阶级的某种基本态度和价值观的表述,事实上是一般工人阶级文化的延伸和反映"。[1]

当前大量农村学生和低收入阶层子女聚集的职校"反学校文化"盛行,无视学校规范,穿着奇异服装,吸烟、喝酒,保持与学校时刻表不同的节奏,旷课、上课睡觉、随意走动、随意校园闲逛,不仅取笑教师,而且粗言俗语相互嘲弄,破坏公物,藐视法律,偷窃和打架,从中获取刺激和兴奋感。

1. W县职业高中:叛逆,早恋,逃课,打架[2]

拥挤的桌面上,除了摆满书本,还有矿泉水瓶、女生的手提包、各种从学校商店买来的垃圾食品、叫外卖吃米线的一次性塑料碗、梳妆镜、梳子、化妆品、美瞳、手机、耳机等。而且通过观察发现,越是有问题的学生,她的桌面

---

[1] 张人杰.学校文化与反学校文化[J].教育研究资讯,1994(3).
[2] 笔者所指导的在职教育硕士吴莉丽2016年11月在W县的职业高中调查.吴莉丽.社会流动视界下的农村职业教育困境与对策[D].烟台:鲁东大学,2014.

桌洞就越乱,桌上桌下摆满了与学习无关的东西。

穿行于教室中,不时有刺鼻的指甲油味。课堂上,她们中有一半以上的人都是在玩手机、听音乐或看漫画书、电子书中度过的。当老师开始上课时,她们会默默地做自己喜欢的事,不影响老师讲课,但仅仅是不影响而已,她们只求老师不要干涉自己的事,相安无事是她们追求的。班里也有少数人在学习,老师只要辅导好这些人就可以了,教室后边角落里的那些女孩,把化妆品等一些应该放在寝室的东西拿到教室里来,原因是宿舍的卫生纪律很严,她们没地方放,班主任治班不严,所以只能转移到教室里来。她们把本该学习的地方营造成一个相对隐蔽的私人生活空间,在课堂上嗑瓜子、小声聊天、做着与学习不沾边的事。

她们的手机都能上网,于是上课时利用手机QQ聊天、看电视和电子小说等成了司空见惯的事。当然也有自恋者,在课堂上将自己收拾妥当之后,先用手机自拍,再用美图秀秀把照片P一下,传到自己的QQ空间。

一位中职生说:"如果我收回玩的心,努力学习,那我早就去高中了,就是为了不受那份学习之苦,继续快乐地玩,我才来职专的。"

2. 中职家长会上家长的缺席

职校家长会与中小学家长会每叫必到相比,现场是多么的冷清啊:半数家长缺席,到场的家长中祖父母辈的家长占了一半。当班主任激情地向爷爷奶奶辈的家长介绍学校的日常活动时,迎接她的是莫名、沟通受阻的眼神。学生家长对职校的不认可似乎已经说明了我们职业教育的底层化和污名化。

3. 中职教师的尴尬地位

同事中有调到一中的老师,被问及工作单位时,随口说"一中的",立刻引来了羡慕赞许的反应,"呀,一中的老师啊!我家那＊＊在一中上学,你教什么科啊?"同样还是这位老师,在职专时,被人问起:你是哪个单位的?"职专的。""哦,那你们挺轻松吧!"或者只是一声长长的"哦……"就闭口不谈了。时间长了,再被人问及工作单位,她要么闭口不说,要么干脆说"没工作"。

虽然都是同一级别的学校,但普教与职教在人们心中的反响却是如此的不同。被"污名化"的职业学校,在教育分流体系中处于低层次地位,自然不被家长和学生看重,基于城乡二元、重点和非重点学校分流制度,城市低收入和农村弱势阶层子女在教育分流被淘汰是无可奈何的,因为其各类资源有限,文化资源、人力资本和家庭经济占有都处于弱势地位,所以在教育分流中难以取得成功。

为什么中职学校盛行"反学校文化"？保罗·威利斯是较早关注"反学校文化"的学者，他探讨社会底层阶层再生产不同于精英阶层的形成方式。威利斯是"抵制模式"的代表人物，新教育社会学"抵制模式"提供了一种不同于再生产理论的解释方式，即社会底层子女在学校教育乃至教育分流中是主动放弃阶层流动的机会，自动维持原来阶层状况和习性。

社会学家威利斯对12位就读于英国中部小城中一所中等学校的劳工阶层男孩进行个案研究，发现这些社会底层的"小青年"总是以多种形式反抗学校权威，揭示社会底层"小青年"的抵制行为与阶层再生产之间的复杂纠葛。

这些工人阶层出身的"小青年"时刻保持与学校不同的节奏，他们总是旷课、闲逛游荡、打架、抽烟和喝酒，穿着与众不同的衣服，而且嘲笑学校和教师权威，彼此粗言俗语嘲弄对方，蔑视校规和法律，甚至参加偷窃。这些"小青年"崇拜"男子汉气质"，将那些尊重权威和服从规矩的好学生视为"小耳朵"，他们看不起这些遵守纪律、刻苦学习的"小耳朵"，总之出身劳工阶层的"小青年"对知识和资本抱有非常轻蔑的态度，将自己与正常的学校活动相隔离。因此这些来自社会底层的"小青年"必须形成与学校文化相对立的"运动精神"，主动选择工厂—地板文化。①

与再生产理论明显不同，保罗·威利斯认为，行动者不是社会统治意识形态的被动承载者，而是具有主体意图的占有者。他们通过洞察部分社会结构，以及选择、竞争和反抗等过程，实现现存社会结构再生产。

应该看到，这些"小青年"反学校文化是更广泛意义上劳工阶层文化的延伸，但不是劳动阶层文化的简单克隆，而是基于特定情境和结构约束下的主动斗争和改造生产的结果。

在威利斯看来，出身工人阶级的"小青年"并不必然学习父辈阶层文化，他们有一套不同于父辈阶层"继承"和"合谋"的抵制与竞争模式。威利斯文化再生产理论不同于传统再生产理论的关键之处在于包含底层的斗争和反抗。但是令人吊诡的是，这些小青年反抗学校权威，主动放弃向上流动机会，但是最终认可现存社会结构和政治经济体制权力安排。

中职生"反学校文化"与威利斯笔下的"小青年"类似，他们拒绝制度化知识体系，不适应学校生活，各种粗野捣乱行为恰恰表现出个体在结构约束下的无奈选择。中职生"反学校文化"盛行虽然与青春期叛逆、独特的心理和社会特征相关，本质上是一系列社会结构因素制约下自我放弃的

---

① 钱民辉.教育社会学概论(第三版)[M].北京:北京大学出版社,2010:156.

结果。

农村底层子女由于家庭经济地位和社会地位较低,即使经过普通高中的学习和高考的选拔后,顺利接受高等教育,但是他们中的大多数成为知识青年的底层,这主要与他们家庭的经济和社会地位相对较低有关,他们或者接受职业教育,继续在城市中从事低收入行业工作,即使在接受高等教育后,也往往从事餐饮服务、保险推销、广告营销、电子器材销售、教育培训等低收入行业工作,艰难地漂泊在大城市,并在不同程度上被排斥和被边缘化。[1]

从以上例子可以看出,在国家制度和政策安排的意义上,教育分流中社会阶层固化的趋势已经很明显。就整个社会阶层的教育分流状况而言,优势阶层远优于中下阶层,就农村社会阶层内部而言,农村管理者阶层、知识分子阶层、个体工商户阶层子女远优于雇工和农业劳动者阶层的子女。通过教育分流进入普通高中、接受高等教育的可能性小,职业教育就成为农村底层子女的另一个重要的接受教育的途径。

就学生个体和家庭的选择意向上说,有较大比例的农村家庭及其子女倾向于进入普通高中而非职业高中,因为前者是改变农民身份的重要途径,甚至是唯一途径,而后者毕业后则会成为"蓝领",摆脱不了干体力活的命运,即使获得可观的收入,其社会地位、职业声望仍然处于社会下层。

(三)"技工荒"与"生源慌"的悖论折射职校生的社会地位

"技工荒"是指企业员工短缺现象,新华网 2016 年 2 月 13 日消息称:春节过后浙江、广东、山东重庆等地"技工荒"现象加剧,用工紧张现象再次出现。支撑经济高速发展人口红利减少。

广州、深圳等地调查显示企业招聘中需求的技术性岗位占70%。技术工人供给严重不足,制约产业结构升级转型,职业院校理应获得良好发展机遇。按照事实逻辑,技工荒将带来职校生源充足。

《2012中国中等职业教育学生发展与就业报告》显示:2007—2011年,中职毕业生就业率一直保持在95%以上,高于普通高校毕业生的平均就业率。职校毕业生"供不应求""就业率高"是中职招生宣传优势。但是如此高的就业率并未增强中职的吸引力,反而陷入生源慌。

职校招生陷入"生源慌","慌"是由生源危机诱发职校恐慌心理,"生源慌"折射职校生存困境。许多媒体相继报道,职校抢夺生源暗藏灰色利益链,给初中校长和老师劳务介绍费。四川某县初中强行分流学生读职高,百

---

[1] 辛鸣,杨继绳,刘精明. 防止"阶层固化"促进社会流动[J]. 时事报告,2011(11):31.

名学生不准参加中考。

1. W县职业高中招生

中考成绩揭晓,学校要求招生老师进村入户,对落榜考生及家长宣传中职学校招生政策。此时正是农村农忙之时,白天家长们忙农活,没有时间,我们只有晚上去宣传。而家长和我们老师彼此又不熟悉,所以只好麻烦初四班主任带路。

村里的夜路不好走,又没有路灯,我们深一脚浅一脚的艰难走访。敲开门,见到自己孩子的班主任,家长们满脸堆笑,但当我们说明来意后,态度好点的家长碍于初中班主任的面子,会让我们进门,听我们把话讲完,但仅仅是听我们把话讲完,没有任何想让自己的孩子就读中职的意愿;态度不好的家长,会断然拒绝我们,并恨铁不成钢地说:"俺知道自己的孩子考得不好,就是让他下地干活,也不去恁(蓬莱方言,意为"你们")学校。"当问及为什么的时候,家长会不耐烦地说:"没啥前途。"

整整一个晚上,走访了5户中考落榜生的家长,未达成一个就读意向,倒是把全村的狗都惊动了,叫个不停。回校的路上,我们的心里五味杂陈,一位刚参加工作第一次参与招生工作的年轻老师,甚至委屈地哭了起来,我也禁不住鼻子酸了。

经过我们宣传,姜述壬的父母答应领孩子到校报到,可直到今天也没来,我们决定再去走访宣讲。

因为路窄,我们的车无法开到姜述壬家门口,所以要走一段路。看到我们远远地走来,姜述壬的爸爸,一个老实巴交的男人忙向我们摆摆手,"别跟俺说,俺不懂,恁去和俺老婆说吧,她在大道上晒麦子,俺现在得去上班。"说完,骑上摩托车就走了。

姜述壬的妈妈是一个瘦弱的女人,见我们来了,一边忙着往袋子里装麦子,一边跟我们说:"老师啊,对不起恁哈,一会儿收麦子的就来,我得赶紧把麦子装好,就指望着这点儿东西了。"见此情景,我们也只好一边帮姜述壬的妈妈装麦子,一边询问孩子为啥没来报到。姜述壬的妈妈是一个通情达理的女人,听到我们的询问,连声说对不起。"俺和他爸这几天都睡不好觉,考虑来考虑去,俺还是想花俩钱,叫俺儿上高中,能考上学就考上,考不上,俺们也不后悔。"当我们告知她,就读中职也可以参加春季高考,对口升大学时,姜述壬的妈妈对我们的话表示了极大的怀疑。鉴于她家经济情况,我们又给她算了笔经济账,但也未能说服她。"就算在恁那儿能考大学,可俺儿上恁学校,结交的同学、朋友水平都和他差不多,就算考上大学,毕业后找个活干,也就是个工人,同事、朋友也都是工人;要是花俩钱,叫俺儿上高中,那他交往的同学、朋友档次就不一样了,将来到了社会上,说不定还能帮衬着他点。"听闻此话,我们无言以对,这是一位家长无奈又理性的选择。①

但是职校生这种"就业易"仅仅是指就业机会的容易获得,绝非指就"好"业。中职毕业生很容易找到工作,但这种工作一般薪水不高,工作不稳定,缺乏职业发展前景,也就对中职毕业生没有吸引力。皮奥利认为,在现代工业社会中,存在两种劳动力市场:首属劳动力市场和次属劳动力市场。高收入、劳动环境好、待遇好、福利优越的劳动力市场称"首属劳动力市场";收入低、工作环境差、待遇差、福利低劣的劳动力市场称"次属劳动力市场"。次属劳动力市场上的雇主是由众多中小企业组成,主要生产劳动密集型产品,工人的工资水平低,晋升的机会几乎没有,工作环境差。"就业易"的岗位大多是从事一般性操作的普通技术工人(营业员)岗位,而这些岗位大多没有知识和技术的门槛,属于次属劳动力市场,而进入次属劳动力市场的人往往无法进入主属劳动力市场,也就缺少向上社会流动的机会。

2. 职校生反复跳槽现象

几乎所有的中职毕业生都会在刚毕业的一年内换一次工作,随后更换工作的可能性更大。他们变换工作的背后有着怎样的隐情,是他们不知珍惜工作机会,工作上不务实,还是企业主待他们太苛刻?笔者走访了几位职专毕业生。

学生A,财会专业毕业生,由于会计学得一塌糊涂,所以毕业后去一家饭店做了服务生。饭店的工作可以用苦、累、脏来形容,但她都能咬牙坚持下了。终于挨过了实习期,该涨工资了,但老板并没有给她涨工资的意思。当初应试时并没有签订任何用工合同,无奈考虑到换一家公司,还要从实习生做起,所以她又坚持着在那家继续做下去。但她的隐忍并没有换来工资的上调,终于在接到下一家的招聘后,她跳槽离开了那里。至此她的第一份工作坚持了近一年。但第二家餐饮业对员工的福利待遇并没有像招聘时说的那样一一兑现。虽然薪水比原来高了不少,但由于经营不善,开业不足半年就宣告暂停营业了。员工自然被遣散回家了,"等开工时再打电话叫你"。在这一年半里,学生A的两份工作都没有签订用工合同,两家企业也都没有给她投任何保险。甚至有一段时间还处于失业状态。像学生A这样的状况,在中职生里并不少见。他们不缺做好事情的能力与态度,但显然我们的城市还没做好接纳他们的准备。上例中的第二家餐饮业,是一家全国连锁性的餐饮业,筹备之初,社会上的用工荒,让他们立刻想到了职专毕业生,

---

① 2016年6月W县职校调查.

但后期员工的遭遇却让我们感觉到,国家对农民工的一系列权益还没有相应的保护措施。

调查发现,中职生就业易背后的隐忧集中表现在低质量就业,如不对口就业、低层次就业、不稳定就业,中职生就业率高,但是幸福感低,缺乏发展后劲,难晋升。上海教育科学研究院对702名职校毕业生调查显示,52%的学生在6个月内更换工作。更换工作的次数和频率也反映了职校生不尽如人意的工作环境。当前职业学校缺乏为越来越多的年轻人提供改变社会地位的机制和渠道。

社会流动的开放程度制约技术工人的选择空间与发展可能性。因此,必须消除阻滞社会分层合理化流动制度性和政策性因素,如就业歧视政策、晋升制度等,深化户籍、就业和人事制度等领域改革,疏通社会流动渠道,社会结构客观约束和行动者的主动选择对职业教育发展有很大影响,因此,职业教育只有更好地促进社会分层和流动才能获得良好的发展态势。

四、"职教分流"的阶层化

现代教育是社会流动的动力机制,亦是个体改变社会存在方式的重要途径。通过教育获取文化资本成为农民代际升迁的主要途径,学校的名声和地位,个人从教育中所接受的知识、技能和价值观,在教育中形成的能力等,都会影响一个人进入社会的路径以及今后在社会阶层之间流动的机会。[①] 农村职业教育因为教育质量及其封闭性的特征,难以真正帮助农村学生实现阶层升迁,职业教育作为弱势叠加效应的无奈选择,复制了阶层再生产,增加了通过教育实现阶层流动的阻力。

20世纪80年代至90年代上半期,是我国中等职业教育发展的黄金期,大批初中毕业生自觉自愿地涌向中专、技校,甚至职业高中,似乎并不存在强制性的分流。职业教育曾一度具有"地位取向"的特征。由于经济建设对中级职业技术人才需求旺盛,职高毕业生的就业情况亦十分良好。"农转非",较好工资待遇保证了中专或职高对农村初中毕业生的吸引力。所以,这时学生选择职业学校,并非被迫无奈,多数学生是主动分流,自愿选择。[②]

但是随着高等教育规模的扩张,就读普通高中与就读中职学校相比具有越来越明显的优势,职业教育在社会分层中的不利地位逐渐突显出来。

---

① Thurow, L. The Future of Capitalism. New York: Penguin Books. 1996; Schultz, T. Investment in Human Capital. New York: The Free Press. 1971; Spencer, M. Job market signaling. Quarterly Journal of Economics, 1973.87(3, Aug.)355—374.

② 李红卫.教育分流与职业学校升学政策的冲突与协调[J].教育与职业,2012(4):6.

(一)"职教分流"阶层背景分析

在我国,高中教育是衔接义务教育和高等教育的中间环节,由普通高中和职业学校(包括职业高中、中专和技校)两部分组成。不同类型的学校按照不同的要求和标准,采用不同的方法,教授不同的内容,使学生成为不同规格和类型的人才。

教育的"生存取向"和"地位取向"是对教育基本意义和特征的定位,前者是指教育满足个体基本生计需要的特征,后者是指教育帮助个体实现社会地位升迁,包含身份、地位和阶层的向上流动。目前,大多数学者将分流教育体制中的中等职业教育特征界定为"生存取向"。教育分流制度涉及社会多方利益主体博弈。在学历社会的制度背景下,普通高中具有"地位取向教育"的特征,相比之下,职业学校赋予个人向上流动的能力有限,具有"生存取向教育"的特征,这导致此时教育分流在一定程度上为学生从事不同的职业和进入不同的社会阶层打下了一定的基础。

普通教育和职业教育的分流问题关涉社会不同阶层群体对教育分流的理解和选择,是关乎城乡家长和学生教育公平之关键问题。

2018年5月在山东莱西、临朐、东平县,安徽萧县、无为、桐城市,宁夏中宁县、永宁县、青铜峡市等三省(自治区)12个县(市)36个乡镇,发放县(市)城市家庭调查问卷630份、农村家庭调查问卷1 250份,共发放问卷1 880份,回收有效问卷1 760份,有效回收率93.6%,从家庭社会资本、经济资本和文化资本三个层面考查阶层背景对高中阶段教育机会分配的影响。

通过二元逻辑回归分析表明,性别与教育机会获得无显著关系。户籍与教育机会获得呈现显著关系。城市户籍生源获得普通高中入学机会影响显著,城市生源获得普通高中机会是农村生源1.271倍。职业高中入学机会较为充裕,城市户籍变量与职业高中机会呈现负相关,农村孩子上职业高中概率高于城市孩子。高中阶段教育分流与城乡家长的文化程度、经济收入和职业地位密切相关。从家庭社会资本分析,父母职业类别与高中教育机会获得之间影响显著。工人、农民和下岗失业人员子女获得职业高中教育机会分别是国家与事业管理者子女的3.218倍、3.851倍、3.519倍。经理、专业技术人员和事业单位职工家庭对子女获得职业高中教育机会呈现显著负向影响。从家庭经济收入分析,低收入家庭子女获得职业高中教育机会是高收入家庭子女的3.065倍。从父母文化程度上,父母为初中及以下文化程度,其子女获得职业高中教育机会是大专及以上文化程度的家庭子女的3.298倍。

表4.8 高中阶段普通教育与职业教育获得二元逻辑回归分析

自变量 \ 因变量	是否获得职业高中入学机会			是否获得普通高中入学机会		
	B	Exp(B)	S.E	B	Exp(B)	S.E
性别(男性)	.372	1.124	0.145	.161	0.592	0.079
户籍(城市户口)	.418**	1.271	0.173	.574**	1.654	0.211
家庭社会资本(国家与社会管理者)						
经理人员	−.369***	2.008	0.321	.078*	0.591	0.139
私营企业主	−.174*	1.102	0.129	.032	0.179	0.216
专业技术人员	−.269***	2.741	0.203	.143*	0.489	0.269
事业单位职工	−.129*	0.925	0.098	.191*	0.365	0.189
个体工商户	0.154	0.364	0.173	0.328	0.217	0.176
工人	.368***	3.218	0.126	−.467**	0.176	0.213
农民	.314***	3.851	0.213	−.529**	0.128	0.351
下岗失业人员	.289***	3.519	0.183	−.376***	0.101	0.217
家庭经济资本(高收入)						
中等收入	0.163	1.119	0.216	0.126	0.236	0.196
低收入	.239***	3.065	0.129	−.238*	0.778	0.218
家庭文化资本(大专及以上)						
高中文化	0.212	1.124	0.165	0.129	0.212	0.312
初中及以下	.186**	3.298	0.152	−.176*	0.124	0.229

(注：*表示P<0.05；**表示P<0.01；***表示p<0.001)

教育选择具有明显结构属性，个体所处的社会阶层状况规制教育行为选择，学校教育作为一种地位分配机制，在功绩主义掩盖下进行的是按照家庭社会经济地位将个人分配到不平等的经济地位中去。因为家庭经济地位较高的学生，接受良好教育机会更多，学业成绩较好，容易通过考试而有较多的升学机会。反之，低经济地位学生不利的学习条件，使得其难以通过考试,升学机会也较少。不同的阶层地位代表社会资源获得和占有上的差异,社会优势阶层则将以父母的教育水平和职业地位为代表的阶层背景优势转化为子代的教育优势,获得更多的人力资本和文化资本,从而自我复制了一个社会分层结构。

以鲍厄斯和金蒂斯为代表的新马克思主义者考查美国资本主义学校教育体系,强调社会不同阶级子弟进入不同类型学校,接受不同课程内容和价值观,训练不同类型的行为态度、自我形象和阶级认同,将来在不同的生产体系和位置工作。新马克思主义认为教育分流制度反映了现代教育制度与社会结构之间构成了相对巧妙的符应关系,通过或明或暗的符应关系,学校类型、层次与社会结构等级之间相对应,教育分流体系在结构上趋向于刚性和封闭,校际界限分明,缺乏有机的联系,反映社会阶层代际传递和社会分层的固化。通过教育分流再生产不公平社会阶层结构。

当前普通教育和职业教育分流制度逐步异化为一种体制化屏蔽机制,我国区域、城乡、校际之间不合理的教育体制造成的教育机会分布上的不平等,则进一步强化了不同阶层在教育获得与教育成就上的不平等,缺乏各种资本的农村家庭和社会弱势群体子女获得优质高中教育机会极为困难。当前"职教分流"是一种淘汰性竞争机制,实质上是优质教育机会和教育资源的竞争。农村学生和城市低收入家庭在优质教育资源竞争中处于劣势地位,大多数情形下是"被分流"到职业学校中去。

农村学生和社会底层子女参与教育分流竞争的形式就是考试,在其中的任何一步被淘汰,就可能意味着他们无法获得好的职业。相比之下,当前优势阶层子女在教育分流中有多种方式可以选择,除了考试之外,他们还可以动用家庭关系以及其他家庭资本,从而在教育分流中进入理想的学校。根据杨东平的调查,城市重点高中有相当部分的学生是通过交赞助费、考试费或者动用关系而入学的,这些因素会随着学校级别的降低而降低。麦克尔·扬在分析"知识与控制"问题时认为,学校是根据对知识的看法构建起来的,学校中的知识如何得到选择、组织和评估取决于进行"知识分层"的权力,关于知识的分类已经预设性地控制着不同阶层的教育机会获得。大量社会底层子女读职校,实质上是社会阶层封闭性增强和阶层复制能力凸显的反映。当前面向农村和城市低收入阶层的职业教育体现为一种"生存教育",而不是"地位(获得)教育",职业教育低阶层属性,甚至起到了"阶层固化"的作用。

新马克思主义认为,学校教育中所安排的显性课程与隐性课程,与资本主义经济对劳工阶层技术要求与纪律要求相呼应,通过这种符应安排,学校教育再生产出资本主义企业所需的劳动力与生产关系。英国学者保罗·威利斯深入工人居住区,以学校民族志的形式向人们列示了通过教育底层社会再生产的独特机制:来自工人阶级家庭背景的"小子们",崇尚"男子汉气概",鄙视学校文化,对抗教师权威,处处表现出叛逆的个性。然而这样做的"意外后果"却是,他们"主动"放弃了通过教育向上流动的机会,从事和父亲一样的体力劳动。这与布迪厄"符号暴力"所揭示的支配逻辑的吊诡相符:被支配者作为支配逻辑的共谋,参与了整个支配结构的再生产。当前大量农村学生和城市低收入阶层子女聚集的职校盛行威利斯笔下的"反学校文化",即学生通过否定学校的价值系统,蔑视校方和教师权威而获得独立和自尊,甘心情愿进入次级劳动市场。在某种意义上,作为"学业失败者"的职校生自我放弃,反映了教育过程中从社会客观排斥转向学生自我排斥和淘汰,从外部经济因素直接限制底层学生受教育机会转向一种隐藏在学校教育过程中的自我放弃。

当职校学生将学业失败归结为考试失败、学习能力不足、厌学等自我排斥形式,并认可其合理性时,误识即已形成,并掩盖了优势阶层的教育代际传递和再生产机制。中等职业教育是面向低端劳动力市场来培养人才,是面向社会阶层结构底层群体。

(二) 教育分流异化和职业学校"污名化"

普通高中教育和中等职业学校教育,类型和特色不同,不存在高低好坏之分。但是当前义务教育后的普教与职教分流逐步异化为一种体制化屏蔽机制,基于职业分工和个性化的自主选择的义务教育后普教和职教的分流,在现实中扮演的却是淘汰性分流机制的角色,不自觉地变成了"一流"和"二流"教育的分水岭,家长和学生升入职业学校的热情显然不高。

就目前高中阶段教育分流结构而言,中等职业教育显然是对那些初中毕业未能进入普通高中的学生设计的。职业教育在教育分层体制中处于不利的竞争位置,因为其生源质量低、就业口径窄、职业流动大、社会认可度低、工作性质差、职业地位低等诸多弱势,俨然成为社会下层的标签。职校生源问题已经成为制约职业教育发展的关键问题。

长期以来,国家的职业教育升学政策对大多数中等职业学生来说是"断头教育",既与普通教育不相关,又不能升入高等职业教育,这加剧了职业教育毕业生在劳动力市场的弱势。《国家中长期教育改革和发展规划纲要(2010—2020年)》强调用直接升学制度来增加职业教育的吸引力,但是我国的职业教育升学政策与普通高校招生是割裂的,中等职业学校学生即使通过高等职业教育入学考试,也只是对"职业技术学生"身份的固化,即便是将来有高收入,也仍然是蓝领、灰领,比不上社会上层。大量社会底层子弟读职校折射社会底层向上流动的弱化,被"分流"到职业学校在很大程度上是社会低阶层弱势积累的结果,又通过其知识和教学体系固化了学生的应用型、地域性和实用性的职业属性,通过外部的社会结构和学生的认知塑造,共同形成了职业学校学生的就业取向与职业认知。职业教育的目标取向与结构体系固化了职业教育毕业生在职业群中的低等阶层属性。

随着高等教育扩招,带来文凭贬值,大大增加了教育投资风险。农村家长倾其收入供子女上大学,而毕业后却找不到好工作,甚至找不到工作,造成教育投资收益下滑。在当前就业难背景下,职业教育选择中也开始含有主动的因素,当然,这里的"主动"是出于另外一种无奈——学历贬值。部分农村家长迫于生存需要亦开始鼓励子女读职业高中,学习一门技术谋生。

职校毕业生"供不应求""就业率高"是职校招生宣传优势。但是如此高的就业率并未增强中职的吸引力,反而陷入生源荒。这种"就业易"仅仅是指就业机会的容易获得,绝非指指"好"业。也就是说,中职毕业生很容易找到工作,但这种工作环境差,工作不稳定,缺乏职业发展前景。

职校毕业生的就业岗位缺乏"专属性"地位。"就业易"的岗位大多是从事一般性操作的普通技术工人(营业员)岗位,而这些岗位大多没有知识和技术的门槛,属于次要劳动力市场,而进入次要劳动力市场的人往往无法进入主要劳动力市场,也就缺少向上社会流动的机会。2013年8月《新京报》刊发我国新时代蓝领调查,认为"腰包已丰满,地位仍骨感",国内一线技术工人的薪酬普遍高于一般白领,但是社会地位仍然很低,技术工人的工作性质、工作时长让社会普遍认为技术工人的工作层次低。[①] 对职业教育毕业生来说,"找个一般的工作并非难事,但问题在于这个一般性的工作往往薪水不高、工作不稳定,缺乏职业发展前景",也就是职业教育的好就业、难流动现象。

(三)职业教育成为农村学生及其家长的无奈选择

1. 农村学生选择职业教育主要是出于多重竞争中的失败

高校扩招促使精英教育转向大众教育,带来文凭贬值,大大增加了教育投资风险。农村家长倾其毕生收入供子女上大学,而毕业后却找不到好工作,甚至找不到工作,这加剧了农村人心目中的"读书无用论",造成教育投资的收益难。在这种情况下,虽然在多数农村家长看来,接受职业教育仍然是无奈的、没有面子的选择,但是出于实际利益的考虑,有一部分家长愿意

---

① 赵谨,缪晨霞.腰包已丰满,地位仍骨感[N].新京报,2013-8-19.

其子女去接受职业教育、学一门手艺从而容易找工作。这看起来像是主动选择职业教育,但是根据我们的调查显示,超过半数以上的农村家长认为职业教育质量低(52.4%),且有26.1%的家长认为上职业高中也不能更好就业,即如此,在升入普通高中无望,接受高等教育高风险的情况下,部分家长会支持孩子接受职业教育学一门手艺(12.3%的农村家长认为职业教育有就业优势),或者通过职业学校管着孩子。

2. 职业教育升学政策带来职业教育学生身份固化

随着高校扩招,大中专毕业生人数逐渐增多,入职门槛逐渐提高。中等职业学校毕业生的就业形势严峻,升学成为他们避开就业压力的重要选择,职业学校的学生也不例外,希望毕业后可以直接升学者占有相当的比重。根据相关数据调查表明,中职生具有升学意向的高达半数以上。① 但是国家始终未放宽职业教育学生的升学比例。《国家中长期教育改革和发展规划纲要(2010—2020年)》用直接升学制度来增加职业教育的吸引力,尽管如此,我国的正式文件中,职业学校学生的升学比例一直控制在5%以内。我国的职业教育升学政策与普通高校招生存在割裂现象,中等职业学校学生即使通过高等职业教育入学考试,也只是对"职业技术学生"身份的固化,即便是将来有高收入,也仍然被视为蓝领、灰领。

随着产业结构不断升级,我国已经开始关注职业资格准入制度,2001年3月颁发的《持职业资格证书就业的职业目录》对这一制度有所推进,但并没有改变劳动力市场唯学历、文凭是从的传统做法。许多持有双证的职业学校毕业生仍旧拼不过高学历、有家庭背景的毕业生。此外,还有一部分毕业生通过社会关系入职,这更加剧了职业教育中农村学生群体的入职困难。许多农村学生及其家长认为,只要进入职业高中,便进入了一条与社会上层无缘的路,即使职业高中可以升学,但升学毕业后仍旧是蓝领。

3. 农村职业学校毕业生就业状况不理想

日益增加的学历要求使得农村职业高中毕业生在就业市场被"边缘化",义务教育的普及和高等教育大众化带来学历贬值,原来中等职业学校毕业生可以胜任的工作,现在却需要高等职业学校毕业生或者大专生。与高等教育精英化阶段相比,现阶段存在普遍的高学历人才降格使用现象,而这使得农村职业学校毕业生在劳动力市场上持续贬值。此外,随着我国经济结构由劳动密集型向技术密集型转变,用人单位对员工提出了更高的技

---

① 张社字,申家龙,黄才华等.教育平等视野下的职业技术教育制度创新研究[J].河南科技学院学报,2010(6):3.

术要求,不少用人单位盲目提高录用的学历标准,农村职业学校毕业生面临非常不利的竞争状态。农村学生的文化资本非常匮乏,文化资本的载体多源自城市,再加上农村家长文化资本、经济资本欠缺,对孩子的物质性投入和文化资本较少,农村学生获得资格认定证书也比他们的城市群体数量少、难度大。①

(四)职业教育知识体系"次等化"固化农村学生阶层属性

1. 职业知识在知识分类体系中处于较低层次,导致农村学生较低的学术成就地位

职业教育知识与普通教育知识在内容范畴和组织逻辑方面存在明显区别。职业教育呈现的知识体系是一种技能化过程知识,体现于实践工作诸如产品、服务等流程方面。普通教育知识以大量抽象知识为主,通过书本和学术化的语言进行教学,遵循的是学科组织逻辑。职业教育侧重培养的是技术型和技能型的应用型人才,而普通教育旨在培养学术型人才。② 职业教育知识具有很强的应用性和实践性,归根到底是一种实践性知识,实践性知识在内容上是不同知识的整合,其中包括内容知识(Content Knowledge)、过程知识与技巧(Process Knowledge and Skill)、信仰与价值(Beliefs and Values)、缄默知识(Tacit Knowledge)。③ 职业教育知识的这些内容,与学生的已有经验发生关联,最终影响学生的信仰、价值观、思维方式、语言方式和行为方式等,对他们的人生产生重要影响。

职业教育知识通过一定的语言方式传递给学生,美国语言学家惠特尼认为语言通过符号表达思想才有意义,语言借助于制度手段,形成丰富的社团文化。职业教育知识传递构成一种贬低语言文化的氛围。④ 作为一种社会制度,语言能够形成社团文化,塑造着同一社团成员的符号系统与行为方式。职业教育知识主要是把学生培养成为应用型的技术人才,职业教育知识围绕这一培养目标形成了特定的语言方式,影响着职业学校学生的生活。

美国教育社会学家麦克尔·扬从知识社会学视角分析知识分层与职业地位属性关系,学校中的知识选择和组织反映社会阶层关系,知识分类本身

---

① 陈旭峰.实施城乡一体化的分流教育——布迪厄的文化再生产理论对当前农村教育的启示[J].教育学术月刊 2010(7):3.
② 不同的知识类型旨在培养不同类型的人才,按照其所掌握的知识能力的结构,可以将人才分为四类:即学术型、工程型、技术型和技能型。参见:杨艳.论普通教育知识和职业教育知识的区别与联系[J].职教通讯,2005(2):13.
③ 李辉.作为一种"实践"的职业教育知识生产[J].职业技术教育,2013(4):11.
④ 刘润清.西方语言学流派[M].北京:外语教学与研究出版社,2002:61.

就蕴含不同阶层教育选择和受教育机会多寡。不同阶层文化背景的学生接受和领悟知识能力呈现明显区别,知识分类预设教育分流过程和未来效果,学业成功和发展机会更多的是倾向授予掌握高级知识的学生。① 由于职业知识在知识分类体系中处于较低层次,使农村职业学生只能成为实践性的行动者。

2. 职业教育的教学方式保证了职业教育所灌输文化的专断

职业教育主要是以行动为导向的教学体系,这种教学体系是以技术应用能力为本位的,关注技术革新、新方法创造、管理方式变革等内容。概括来讲,高职学生的综合职业能力包括通用能力、行业能力和岗位能力三个部分。②

在布迪厄看来,教育知识传授是一种长期的灌输工作,它使一种文化专断的原则以一种习性的形式内化。③ 职业教育的教学方式与其培养目标,以符号暴力的形式将职业教育"技术导向"的价值和观点传给学生,固化了学生只能作为技术人员的意识。职业教育教学方式保证了符号暴力的作用能够永远存在,它通过专断的方式,维护了学生对自身职业以及社会地位认知的永久性,也维护了职业教育文化及其培养目标的专断性。从这个意义上讲,以技术为导向的职业教育教学体系通过教学权威的树立,赋予了职业教育行动及其所灌输的文化专断的合法性,甚至将其神圣化。

3. 职业教育知识和教学方式共同塑造着学生的缄默知识

职业教育知识一方面通过实践导向的显性知识影响着学生的知识结构,通过行为导向的教学方式固化了学生自身的职业、专业身份地位认知;另一方面,也深刻影响了职业学校学生的缄默知识,对学生的日常生活、行为方式和思维方式产生了重要影响。

根据波兰尼(Michael Polanyi)的个体知识理论,个人是多方面、全过程参与知识传递过程的,缄默知识在个体的认识活动中起着支配的作用。但是缄默知识在人类知识总体中一直处于附属地位,这些知识无法言传或难以通过语言逻辑来系统描述,无法予以评判反思。与显性知识理性化相比,缄默知识在学校教育标准中缺乏清晰评价指标,常常被师生忽略,难以获得成功中自豪感。缄默知识与附属意识紧密联系,在附属意识中的认识就是

---

① 王后雄."高考城市化倾向"的成因及矫正[J].教育发展研究,2009(5):10.
② 壮国桢.高职教育"行动导向"教学体系研究[D].华东师范大学,2007:43.
③ [法]布迪厄,帕斯隆.再生产:一种教育系统理论的要点[M].邢克超,译.北京:商务印书馆,2002:33.

波兰尼所说的缄默知识,它是所有知识的支配原则,具有关注情感的重要作用。①

职业教育知识体系和教学方式中,缄默知识占据主导地位,在知识体系处于次等地位,固化学生阶层属性。职业教育知识与教学方式,通过专断的灌输或者潜移默化的方式,形成了学生的认识框架和实践的价值期待,决定了学生毕业后的职业价值取向和自身的角色定位。

总之,国家大力发展农村职业教育虽然有助于拓宽农村后义务教育阶段的学习渠道,缓解技术工人短缺的状况,但是也面临如何避免其成为农村底层学生的"倾倒场"或者"延迟淘汰"结局的问题?如果不试图改变社会上的资源分配不公、文化上的等级秩序以及与之对应的人们头脑中的认知图式,这些发展有农村特色的义务教育或者大力发展(农村)职业教育的建议在实践中发挥的作用可能与其推动教育与社会公平的初衷相反,恰恰更好地掩饰了这种等级秩序的持续。

第三节 教育分流与农村学生学习状态

社会结构转型过程中,家庭背景对教育分流的先赋因素影响逐渐增加,教育分流阶层化趋势明显,大量农村学生被分流至职业学校,重点大学中农村学子的占比较少,农村孩子很难通过读书改变命运,阶层复制现象大量存在,这一教育公平问题是近年来备受关注的一个社会议题。这一现象背后隐藏着农村学生怎样的学习状态?隐藏着农村教育究竟在承担什么样的教育功能,是实现社会代际流动的阶梯,还是进行阶层再生产、固化阶层边界的工具?

一、缺乏兴趣与厌学——农村学生不"在学"状态

2011年6月2日《工人日报》记者采访安徽省北部某农村中学发现,受到新一轮读书无用论影响,大部分农村学生毫无学习积极性,混日子、逃课、课堂上玩手机网络游戏成为主流。即使班级学习成绩排名靠前的学生,也缺乏刻苦学习意识。在外部打工潮和内部读书无望双重恶性循环刺激下,农村学生不愿意上学的人数越来越多。虽然国家对农村教育投入越来越

---

① 石中英.波兰尼的知识理论及其教育意义[J].华东师范大学学报(教育科学版),2001(1):39—40.

多,农村学校教学设施和学习条件明显改变,但并没有激发学生学习的主动性,反而逃课、旷课和辍学的学生不断增加,造成教育教学资源浪费。据该校校长介绍:"初一的时候还能有四个班的学生,到了初三,连一个班都凑不齐了,学生早早没影了。"①

东北师范大学中国农村教育研究院发布的《中国农村教育发展报告2017》中指出,一些农村学校学生学业成绩达不到国家规定的及格标准,且随着年级的提升逐渐丧失了对学习的兴趣和对知识的渴望。

当前许多农村学校教学质量难以满足农村家长和农村学生优质教育需求,所学无以致用,导致学生厌学情绪日益弥漫,大部分学生认为学校所传授的知识一无所用,反学校文化盛行。在调查中发现,混日子、抽烟、酗酒等反社会化行为在农村学校极为普遍。城乡教育资源不均衡,导致农村教学质量无法与城市相比,大量农村生源流失,进一步恶化了城乡教育差距。虽然国家加大对农村的教育投入,但是优秀师资严重短缺,偏远的农村教师老龄化现象仍然突出,"哥哥姐姐教高中,叔叔阿姨教初中,爷爷奶奶教小学",低年级老师几乎成为"全科教师"——一个老师承包一个班所有课程。"农村课堂上夹杂着浓厚的方言、不标准的英语发音,音乐课堂上儿童频频唱响流行歌曲和爱情歌曲;而教室尘封已久的电脑设备无不显露农村学校深深的无奈。"②

当前城市化带来的学生外流,从根本上影响了整个学校的教学生态,学生结构的转变,使得乡村学生陷入劣势积累的漩涡。"留在乡镇读书的学生,要么是家庭不允许,要么是成绩特别差。"乡村教育呈现衰败趋势,适龄学生流失、教师无心恋教、学校不断萎缩,不少农村地区校舍等硬件设施逐渐改善,但是与城区教育资源和教育质量提升相比,差距仍然持续扩大。《中国青年报》2015年9月曾发表社科院博士后李涛对四川贫困县基础教育的田野调查研究,其发现在村落社会中农村教育体系仅仅作为"人才抽水机"而存在,是整条教育生态链中价值位阶上的"最末端"。

教育与文化处于同构互生状态,乡村文化的衰落,乡村学校教育陷入衰败境遇,当前农村社会结构呈现断裂状态,大量的农村青壮劳动力离土离乡,乡村社会陷入空心化,基本呈现解体状态。据笔者调查许多农村,40岁以下农村男劳力基本全部外出劳动,留在农村的是"993861"部队(老孺、妇女和儿童)。断裂的农村社会产生庞大的留守儿童和流动儿童,由于缺乏父

---

① 农村中学"学风日下",教师忧辍学造恶性循环[N].工人日报,2011-6-2.
② 雷万鹏.中国农村教育焦点问题实证研究[M].武汉:华中科技大学出版社,2007:20.

母有效监管,在城乡社会结构约束和家庭性情熏染下,不断生产出一套"反学校文化"来抗拒学校的客体文化对之施加的符号暴力与文化霸权,但是在学校教育过程中,这些农村"小青年"们也主动放弃了上向的社会流动资格,间接帮助学校教育完成底层社会的再生产功能。农村学校教育中的文化冲突与社会排斥,导致学校教育承担底层社会再生产功能。

从"读书无用论"到"读书无望论",折射农村学生学习心态产生转变。如果将农村学生缺乏学习积极性归因于农村经济落后、家庭经济困难、学校办学条件不好、教师素质差、教育质量不高、家长观念落后等表层原因,实际上忽视了更深层次的原因。当前教育规模扩充背景下,导致农村学生辍学的根本原因在于市场化和再分配机制导致农村教育的代际流动减弱。

农村家长和学生对学校教育所形成的认识可以看作社会的结构性因素内化为个体倾向系统的结果,不断固化的社会结构和接触优质教育资源的有限机会,降低了农村家长对于子女教育获得和子女通过教育实现社会流动的期待。

当前愈演愈烈的"新读书无用论",反映农村教育社会分层功能的弱化。"读书无用论"思潮泛滥,与教育是否为农村孩子提供向上流动的渠道紧密相关。当教育充分发挥其社会流动助推器功能时,"读书无用论"就会失去其存在的市场,反之当教育充当凝固和复制阶层不平等工具时,"读书无用论"就会甚嚣尘上。

"读书无用论"反映社会底层一种消极的读书观,并不能代表农民对子女的真实想法。古人云"敬惜字纸",中国农民对读书和文化的敬重古已有之,"万般皆下品,唯有读书高",在大多数国民心中,教育历来被视为个人和家庭希冀,是农村社会向上流动的阶梯。事实上,所谓"读书无用论"与"读书"无关,在当前社会经济文化高度发达,信息传媒日新月异的时代背景下,科学文化和教育的价值无论在城市和乡村都已得到人们的普遍承认和重视。

当前许多教育研究者将"读书无用论"归结为农村思想观念、农村家长和学生自身问题,在某种程度上掩盖了农村教育阶层再生产与社会流动固化等弊端。"读书无用论"是一个非常危险的信号,反映教育作为社会流动的协调和运作功能的失调。扩招和市场化背景下,城乡二元分割的社会制度不断制造社会不公平,国家分配制度改革,个人的努力和奋斗在社会流动中的作用越来越丧失其保障力。"读书无用论"其实质是农家子弟读书"前景贫困",是农民对"知识改变命运"的怀疑,隐射农民家庭培养大学生艰难,依靠能力谋其职业无法实现的无奈心理。

在社会阶层呈现固化趋势的背景下,教育是否改变命运不仅取决于农村学生的个体努力,更重要的是需要依靠家庭背景和社会资本,农村教育阶层复制问题日益凸显,农村底层人群普遍焦虑的社会上升通道减少。

对于农村青少年来说,与其说读书无用,不如说是阶层固化阻碍上升性社会流动,导致了农村学生"读书无望"。"读书无望"逐渐成为弥漫农村的一种社会心态,"读书无望"比家庭贫困更可怕,影响更为深远,很多农村学生辍学并非"念不起",主要是因为念书"没意思""没奔头"。当农村学生感到读书前景无望或觉得无法改变命运时,辍学对他们来说便成为一种"明智"的选择。"读书无望论"造成了农村学生对知识追求的淡漠,失去对学习的兴趣,缺乏学习积极性。

相对于城市学生,农村学生面对诸多弱势条件,例如家庭相对贫困、教师整体素质不高、学校教学方法和手段落后、学校教育条件匮乏等。由于这些原因,农村学生在教育分流中始终处于相对弱势地位。不平等的入学机会,薄弱的教学条件,家庭资本的匮乏,难以帮助农村学生取得学业成功。这些社会结构的影响通常被转换为学生个体的智力低、学习不努力、缺少潜力等个人因素,这一过程把结构性因素转化为看似合理的个人因素,让学生把失败归因于自身问题而非社区等教育条件的重要影响。更多农村孩子可能以教育失败的名义过早地离开学校教育而复制父辈的底层社会地位。

免费义务教育政策实施虽然极大缓解了农村儿童上学的经济困难,但农村学生整体社会阶层流动性减弱造成的读书无望的观念,是家长默许儿童放弃学习的根本原因。

二、农村学生自愿性辍学——隐藏于教育过程中的自我淘汰

目前我国农村义务教育发展属于外延式发展,已解决了办学条件和显性辍学问题,但无法解决大量存在的农村初中生因厌学而导致的隐性辍学问题。免费农村义务教育普遍实施和农村经济的快速发展,农村学生"上不起学"的现象逐渐减少,于此背景下,农村学生的辍学状况理应有大幅度的改观。但是农村学生辍学的现象在许多地方仍不同程度地存在,尤其是农村初中辍学率呈现反弹趋势。2010年2月9日《人民日报》"读者来信"栏目刊登河南商丘市睢阳区毛堌堆二中黄齐超老师的来信。这位乡村初中教师痛心疾首地呼吁必须制止新一轮读书无用论思潮在农村蔓延,春节前后许多农村初中生辍学打工,农村打工潮吸引大批未完成学业的初中生,踏上远

去的列车,融入打工大军。虽然国家实施完全免费义务教育,并且贫困生享受政府补助,但是辍学依然未有遏制。①

在免费义务教育背景下,农村学校初中生的辍学现象并没有因为国家财政的大量投入而完全杜绝。甚至部分农村地区学校辍学率呈现反弹趋势。农村学生辍学情况呈现怎样变化?到底是什么因素促成农村中学生辍学?②

当前影响农村学生辍学的主要因素发生变化,从外部客观强迫性辍学转向学生主观主动性弃学。农村教育质量低下,农村学生因为学习困难、厌学而主动辍学的趋势凸显,"自愿性辍学"比例上升。

(一)农村学生辍学现状分析——基于山东、安徽和宁夏调查

随着我国高中阶段教育规模不断扩大,以及完全免费义务教育的实施,我国不同区域农村学生学习呈现什么新变化?农村学生辍学呈现何种变化?西部贫困地区实施免费义务教育政策及"两基"攻坚之后,其巩固效果如何,农村辍学学生的分布存在什么特征?

本次调查选择山东、安徽、宁夏9县(市)36个乡镇的中小学为研究对象,考查我国东、中、西部省(自治区)区域内的农村学生辍学呈现的不同特征。本研究采用问卷调查和访谈相结合的方法,访谈三省(自治区)9县教育局和乡镇教育行政管理人员关于辍学情况的介绍,查看被调研学校的档案材料,召开小型座谈会等。根据9县乡(镇)人口、学校规模、教育发展等实际情况,每县选择了具有较明显代表性的三个乡镇,并随机抽取800名初中学生进行问卷调查,收回问卷764份,有效回收率95%。

本研究主要目的是分析免费背景下农村学生辍学的区域特点。本次调查的省(自治区)在人均GDP、农民平均受教育年限以及农民收入来源等方面都存在着很大的差异。

1. 农村学生辍学的区域特征

统计结果表明不同省(自治区)之间农村义务教育质量和发展水平差异显著,农村学生辍学呈现明显的地域差异。

免费政策实施之后,宁夏农村学生辍学分布特征从小学阶段转移到初中阶段,义务教育初中阶段辍学率呈现反弹趋势。2015—2016年初中辍学

---

① 黄齐超.教师叹息:"读书无用论"在农村蔓延,初中生辍学去打工[N].人民日报,2010-2-9.
② 青海省化隆推崇拉面经济 大批学生辍学打工[N].中国经营报,2013-7-27.

表 4.9　2015—2016 年不同省(自治区)样本调查学校辍学率比较(%)

学校类别	平均辍学率	山东	安徽	宁夏
小学	2015	0.5981	0.6017	0.9517
	2016	0.5036	0.6175	0.9816
初中	2015	1.3718	1.9704	2.7415
	2016	1.1614	2.0146	2.9358
高中	2015	2.5631	2.6893	2.8016
	2016	2.0438	2.9165	2.7125

(数据来源:农村学校提供数据)

率上升 0.1943 个百分点。近年来农村义务教育布局调整,大量撤点并校,在农村寄宿学校尚未完善,公共交通不便和校车缺位的情况下,家校距离成为影响农村初中学生辍学的重要因素。

安徽省农村学生辍学高峰集中在初中升入高中的不免费阶段,由于县域重点高中数量偏少,中考竞争激烈,大量农村学生无法升入高中,而被迫在家务农或外出务工。同时中职学校数量较少,教学质量薄弱,无法吸引更多农村生源。初中后教育资源严重不足,影响中部地区农村义务教育质量和生源稳定。

山东省农村学生初高中阶段辍学率不断下降,东部沿海发达地区经济发展强劲,中等教育规模不断扩大,高中教育呈现普及化趋势,中等职业学校体系完善,吸引稳定的生源,约95%初中毕业生升入高中或中职学校。

2. 农村学生辍学成因的区域比较

免费义务教育实施之后,初中生的教育成本急剧减少,因贫困而被迫辍学逐渐减少,农村青少年非经济辍学的现象逐渐增加,因厌学导致自愿性辍学比例迅速上升,甚至在某些经济条件较好的地区出现"因富辍学",部分地区乡镇企业和地方经济发展反而带来初中生辍学率增加。

三个省(自治区)中,农村初中辍学生群体中1.8%是因为家庭经济困难,家庭经济因素对于农村学生辍学的影响降低。学习缺乏兴趣、成绩差而自愿辍学占比较高,因厌学而导致的自愿性辍学是当前农村学生辍学的新趋向。

表 4.10 不同省(自治区)农村学生辍学成因调查(%)

	山东	安徽	宁夏
家庭经济困难	5.9	10.7	18.8
父母外出务工,没人管教	21.6	34.3	37.1
成绩差而自愿辍学	37.1	30.1	29.3
家长认为读书无用劝说孩子退学打工	4.5	11.2	16.4
不能考上高中	19.7	31.5	29.7
农村学校教学质量差	36.5	38.1	30.6
寄宿与交通等原因	2.6	5.7	9.3
其他原因	0.6	1.3	0.8

(数据来源:农村初中学生调查问卷(因为是多项题,故百分比累计超过100%)

"成绩差而自愿辍学""农村学校教学质量差""不能考上高中""父母外出务工,没人管教"是导致三省农村学生辍学主要原因。

安徽、宁夏农村家长外出务工,对子女辍学影响增加。父母到城市打工,孩子缺乏严格管教,易于辍学流失。

农民对优质的教育资源的需求越高,对城乡教育均衡就有更多诉求。山东、安徽、宁夏约有1/3农村学生反映当地农村学校教学质量差,挫伤求学积极性。经济越发展,农民对"上好学"诉求日益强烈,但是受制于各种条件限制,无法到离家较远的县城读书。

在安徽、宁夏,因为没有希望考上高中导致辍学的比例上升,中西部地区初中升入高中,尤其是重点高中竞争激烈,影响了初中生的求学心态。

"读书无用论"在农村仍然有一定市场,安徽、宁夏等部分农村家长受到就业形势影响,对子女读书持消极态度,辍学外出打工机会收益,助长了农村学生辍学的高潮。

近十年来,农村中小学布局调整,"上学远、上学难"问题凸显,交通、食宿成本上升导致西部学生辍学比例上升。

3. 不同乡镇农村学校辍学个案分析

相关研究表明一个区县的人均生产总值越高,学龄人口在义务教育阶段辍学的可能性越低,完成义务教育后继续接受教育的可能性越高。相对于平原和丘陵地区,山区学龄人口在义务教育阶段辍学的可能性显著更高。① 选择山东莱西、安徽无为、宁夏中卫等不同乡镇中学为案例,分析农村学生辍学特征变化及其区域差异。

(1) 莱西隶属山东青岛,是山东半岛制造业基地核心辐射区,工业强劲,经济发达,为全国百强县之一。2016年农民人均纯收入18 787元,农村教育、医疗和社会保障制度健全。L镇位于莱西西部,距离主城区约20公里,2016年L镇农民人均纯收入18 950元。

L乡镇初级中学位于镇政府驻地,是市级标准化学校,调查人员访谈2014年、2015年、2016年、2017年毕业班的班主任、任课教师及其在校学生。查阅学校报表中近年来初一新生入学人数,访谈近年初中毕业班实际在校人数,考查农村初中学生真实流向。②

表4.11 山东某乡镇初中辍学情况

	2014年	2015年	2016年	2017年
毕业班在校人数(人)	420	408	391	386
辍学人数(人)	10	7	5	1
届辍学率(%)	2.4	1.7	1.3	0.8
高中录取人数(人)	197	213	209	210
高中升学率(%)	46.9	52.2	53.5	54.4

在青岛莱西某乡镇初级中学,学生离开学校真正意义上的辍学很少见。当地外资企业众多,禁止使用童工,强调务工人员必须具备高中毕业证或中职毕业证书,农户经济来源和赚钱机会很多,生活富裕,根本不需要孩子辍学打工赚钱,贴补家用。班主任马老师谈道:"辍学的很少了,但学生不爱学,很难学到什么东西,不像从前学生有积极性了。现在学习好的学生中,语文、数学和外语等主科就有许多不及格的。许多学生不是逃离校园的辍学,而是在学校里混日子。"(山东莱西某初级中学马老师访谈,2016 - 5 - 11)

东部沿海地区农村学生客观辍学逐渐减少,但是主观辍学大量增加,学生虽未离开校园,仍然待在学校里上学,但纯属于"混日子",没有学习动力和自制力,失去了求学的意义,处于不"在学"的状态。

---

① 牛建林.农村家庭外出务工潮对义务教育阶段辍学的影响[J].中国人口科学,2012(4).
② 调查学校提供辍学人数和辍学率较为谨慎,本数据来源教师访谈.

山东青岛莱西某乡镇初级中学班主任介绍,班上大约三分之一的学生,上课根本不听老师授课,自己摆弄着玩,或者睡觉,或者悄悄和同学说笑,有的甚至在课堂上下围棋(青岛莱西某初级中学班主任访谈,2016-5-11)。农村学生上学的积极性越来越差,许多学生根本没有刻苦学习意识,"老师在上面讲,学生在下面该干啥干啥,根本不把课堂当回事,更不把老师当回事"。

当地经济发达,农民教育价值观呈现多元化,一位家长说:"我们不硬逼孩子考高中,考不上就让他读中职,学技术也好。"当地农户不仅仅看到教育给孩子带来的经济效益和社会地位,而且考虑孩子的自身承受能力,关注孩子兴趣和爱好。这反映发达地区农民教育观念从"功利"教育观向"育人"教育观转变。

沿海经济发达地区,人口流动日益频繁,农民对"上好学"的愿望日益强烈,对当下农村学校教学质量低劣,有更多抱怨和不满,该乡镇教育办公室姜老师介绍:"农村教师工资虽然大幅度提高,但是教学质量的确在下降,青年教师发展没有希望,干好干差都一样,职称评定需要熬年限。评上高级职称的老教师,大多不愿意上主科,抓教学也没有动力。许多老教师以健康等为理由,待在家里不上课,全镇300多名教师,竟有50名左右教师在岗不上课。"访谈中一位村干部说:"与城市学校不同,农村学校教学管理较为松懈,村民对农村学校教学质量颇有意见,学校主要抓校园安全,只要不出事,就考核通过。许多老师在乡镇教学,但是家住在县城,来回两头跑,与学生、家长交流更少了。"(莱西某村干部访谈,2016-5-12)

(2) 无为县地处安徽皖中,物产丰富,素有"鱼米之乡"的美誉。无为县是安徽乃至闻名全国的劳务输出大县,全县140万总人口中,外出务工人员约占40万左右。2016年无为县农民人均纯收入11 837元。2016年全县初中毕业生20 138人,其中高中招生9 053人,职校招生6 046人[①],仍然有5 039名初中毕业生流失,大约1/4的初中毕业生走向社会。

N镇位于无为县西部12公里,交通便捷,距离芜湖四十分钟车程,距离南京、合肥仅1—2小时车程,农业以粮、油、棉和席草为主,乡镇企业较为发达,2016年N镇农民人均纯收10 596元。该镇设有市级示范高中一所,三所初中。调查选择N镇某学区的一所初级中学为对象,该初级中学设置在行政村内,是一所农村寄宿制学校。

---

① 数据来源:2016年安徽无为县国民经济和社会发展统计公报.

表 4.12　安徽某乡镇初中辍学情况

	2014 年	2015 年	2016 年	2017 年
初三在校人数（人）	359	360	334	313
辍学人数（人）	10	12	8	9
届辍学率(%)	2.7	3.3	2.3	2.9
示范高中录取（人）	101	80	96	87
示范高中录取率(%)	28	22	29	28

安徽无为县重点高中入学机会竞争尤为激烈，全县仅有无为中学、无为一中、襄安中学三所省级示范高中，2016 年省级示范高中招生名额为 3 300 人，其中包括计划外招生 540 人，自主招生 110 人，各种艺术、体育特长招生 36 人。① 全县计划内省级示范高中录取比例仅为 13%。

初中升入高中难度加大直接影响在校生学习心态，一位初二学生谈道："像我们这样的乡下初中，学习成绩好也很难考上省示范高中，再说考上计划外的，要交很多钱，读乡镇高中毕业后只能考上三流大学，没有多大前途。"农村家长倾其全家财力让孩子升入示范重点高中，而轻视一般普通高中和职业学校。为此 2016 年安徽无为县教育局公布致中考考生和家长的一封公开信，鼓励农家子弟选择中职学校，国家免除学费，享受每年 1 500 元补助。

近年来，高中城市化是安徽农村高中布局调整重要举措，农家子弟从初中升入高中面临诸多困难，如农村高中城市化带来交通和寄宿成本上涨，优质高中教育资源匮乏带来昂贵的学费、择校费，高中毕业后就业形势不明朗等。在 N 乡镇初级中学，录取高中学生 42% 为计划外招生，收取计划外培养费一般在 1 万—2 万元之间。

在当前就业极为艰难的背景下，农村家长相信只有上重点高中才更有可能考上重点大学，所以考不上重点高中的学生流失较多。对于农村更多的年轻人而言，最普通的求学经历是九年义务教育，初中毕业意味着学校教育的提前终结。在调查中发现，大多数农村家长都希望子女获得更高教育和文化水平，无论成绩好坏都会让子女读完初中。但是大部分农村学生都是自愿辍学，根本不听从家长的劝告。许多农村青年初中毕业前后就直接进入城乡劳务市场，从事初级、低端制造业或者服务业。

---

① 数据来源：2013 年安徽无为县普通高中招生计划 http://www.wuwei.com.cn/thread-188890-1-1.html.

(3) 中卫位于宁夏西部,处于宁夏、甘肃、内蒙古三省(自治区)交界点,距离银川 150 公里,物产富饶,素有"天下黄河富宁夏,首富中卫",农业生产条件较好,枸杞、硒砂瓜等为特色农业资源,人口以汉族为主体,近年来旅游业较为发达,能源加工产业颇有起色。

W 镇位于中卫沙坡头区东南部,共辖 22 个行政村,经济来源较为单一,以发展特色农业为主,2016 年农民人均纯收入 8786 元。该镇设有 3 所初级中学,调查所在镇政府驻地中学,是一所规模较大、教学质量较好的学校。

表 4.13　宁夏某乡镇初级中学辍学情况

	2014 年	2015 年	2016 年	2017 年
初三在校人数(人)	135	130	125	120
辍学人数(人)	12	10	11	12
届辍学率(%)	8.9	7.7	8.8	10
高中录取人数(人)	31	29	30	28
高中录取率(%)	23	22	24	23

虽然国家实施免费义务教育,免除学费和书本费,对寄宿生和贫困生实施生活补助,地方政府推行"蛋奶计划",提供免费午餐,但是西部农村学校辍学率仍有反弹趋势。现行教育体制脆弱以及生计风险的背景影响西部农户家庭对教育的期望。农村学校布局调整带来的交通、食宿费用及其辅导资料费用支出,打工收益构成的机会成本都成为影响农户教育决策的重要因素。宁夏中卫 W 镇县乡公路两旁张贴着"让孩子完成义务教育是家长应尽的责任""坚决扫除青少年文盲"等宣传口号,但是农村学生辍学并未减少。

W 镇杨滩村有 500 多人口,村上没有初中,需要到很远的镇上读初中,该地村干部说:"村里辍学孩子很多,小学都有辍学的,有的下学直接去打工,有的在工地,有的端盘子,还有的开装载机。农村孩子和父母都不大重视读书,父母都在外地打工,根本不管孩子。"有的村民反映,其实贫穷不是辍学的原因,主要是读书无望,大中专生就业难,村里仍有许多未就业的大专生。当地很多人观念停留在过去,他们认为大中专生毕业就得包分配,"只有吃铁饭碗,才有意义"。西部农户家庭知识资源和文化资本匮乏,贫困文化滋生和蔓延一方面使农村家长轻视知识,淡薄教育;另一方面农户对教育采取一种极为功利化的价值取向,一旦孩子升学无望,就干脆让其辍学打工,赚钱养家。一位农村家长说:"虽说上学多学点东西总比不上好,但是孩子不争气不愿读,我们也没有办法。"该镇中学教导主任说:"总是打电话催促辍学孩子来学校读书,但是人家就是不想念。"中卫有两所重点高中,中考竞争尤为激烈,高中阶段高额的择校费让普通家庭难以承受。虽然农村学生上职高增多,但是有的家长反映,孩子上了职高感觉受骗一样,说定分配工作,结果啥也没有。更有的学生上了半学期,就退学外出打工。

由于经济基础、高中招生规模、择校费用等诸多限制,西部农村初中生升入普通高中机会仍然有限,虽然近年来高等教育规模急剧扩大,但是农村学生高中教育机会获得竞争较为激烈。

(二) 农村中小学辍学的成因分析:现有研究述评

对于义务教育阶段农村辍学问题,学界长期以来一直比较关注。许多研究者从不同的视角和学科立场解释辍学的影响因素及其生成机制,笔者总结以下几种基本视角。

1. 我国农村青少年辍学问题归因研究

(1) 经济因素。

农村家庭因经济贫困,无力承担各种教育费用而导致农村青少年辍学,即认为贫困是辍学的主要因素[1]。有研究者从经济学成本—收益分析,即将受教育者的直接成本、机会成本和预期收益权衡分析,指出辍学是农村青少年及家庭理性算计的结果[2]。

完全免费义务教育实施和农民经济收入的递增,经济因素已经不是影响农家子女辍学的主要因素。因贫辍学现象逐渐减少,而非经济因素逐渐成为影响农户子女辍学的关键[3]。

(2) 教育因素。

农村学校课程缺乏适应性,家校距离较远,片面强调应试教育,漠视学生兴趣和爱好等原因,影响农村学生辍学[4]。农村学校教学质量参差不齐,教师队伍存在严重老龄化现象,缺乏适应课程与教学改革的意识。尚未建立教师退出机制,师资问题成为影响农村学生辍学的根本原因[5]。

(3) 制度因素。

"城乡分治"制度是农村学生辍学的本体性原因。城乡二元结构背景下,农村学生特殊身份特征,以及农村家庭社会资本匮乏,造成农村学生

---

[1] 李全生.农村"怕子成龙"现象分析[J].青年研究,2003(6).
[2] 柳企丰.西部农村初中高辍学的经济分析与对策[J].四川财政,2002(6).
[3] 苏群,丁毅.初中阶段农户子女辍学行为影响因素分析——以闽北农村地区为例[J].中国农村经济,2007(6).
[4] 袁桂林等.农村初中辍学现状及其控制辍学对策思考[J].中国教育学刊,2004(2).
[5] 罗贤平.农村初中生"厌学"现象的教师归因及对策思考[J].宁波教育学院学报,2008(4).

辍学。招生、就业等城市化取向,加大城乡差异,限制农村学生通过读书改变命运的机会。在对农村留守儿童辍学问题的分析中,侧重关注户籍制限制农村流动儿童受教育权(王志中,胡萍,2010)。撤点并校政策造成农村学生的交通成本和寄宿成本上升,辍学率随之出现了反弹(于海波,2009)。

(4) 心理因素。

学校教育的应试倾向使得学生的学习定位出现偏差,从而使绝大多数的非优等生对学习前景感到失望,学习积极性受到严重打击,学习兴趣、学习动机和学习信心等受到挫伤,产生厌学情绪,进而萌生主动退学动机。欧贤才、王凯(2007)认为辍学满足了青少年渴望独立和长大成熟的心理需要,而且选择退学有助于维持青少年的群体归属感。

(5) 文化因素。

城乡同构的制度化教育体系造成农村学生学习困难,文化资本匮乏从而导致辍学(陈国华,2010)。贫困文化导致低水平的教育成就动机,农村学生辍学恰是文化资本匮乏的表征,贫困地区学生受制文化因素影响,缺乏较高的学习成功体验,贫困文化思想观念造成了青少年对知识追求的淡漠,其成为农村儿童辍学的主要原因。

现有辍学研究中存在"弱者归因"与理论建构不足的弊端,对辍学问题的研究存在"化约主义"倾向,将辍学行为归因为经济基础、教育制度等结构因素对个人的制约,或者片面强调行动者的心理文化以及理性人角色。辍学行为体现行动者与社会结构互动与重构过程,"化约主义"将复杂的辍学行为简化为社会结构和行动者视角。布迪厄批判这种社会结构主义解释犯了学院式错误,把行动理解成为"没有行动者"的机械反应,从而忽视行动者的主观性与客观实践互动,无法将行动者与社会结构联系起来。研究者们用自己的思维逻辑取代了研究对象的实践逻辑,从而赋予一种所谓的解释,其实是一种虚构的影射。既有对农村青少年辍学的研究,停留在现象描述层面,掩盖农村学生自我淘汰现象的逻辑机制。

2. 农村学生辍学的心智图式自我建构与社会结构相互转化

与实证主义研究不关注行动者内在情感和心理感受相反,本部分从主体性视角考查辍学者心理变化,关注辍学者对情景的理解和解释。农村学生是怎样理解求学和受教育的?在"在学""逃学"到"辍学"的过程,个体的心路历程如何?农村学生如何在具体社会情境制约中做出选择?

社会学家米尔斯在《社会学的想象力》一书中强调,个体的"私人问题",实际反映背后公共"社会问题",受制于家庭、工作和社区环境等诸多问题约束。"在各种特定环境中所经历的事情往往是由结构性的变化引起的。所以要理解许多个人环境的变化,我们需要超越这些变化来看待它们。"①基于具体辍学案例和经验分析,透过宏观社会结构,解读和透视农村学生辍学的思想、情感和行动。

结构与行动一直是社会学关注的核心问题。农村学生辍学行为不仅受个体因素影响,更重要的是受制于既定社会结构背景因素约束,农村学生辍学实质上体现行动者与社会结构相互转化与生成。

(1) 社会结构形塑辍学学生心智图式。

农村辍学者的社会结构包括家庭、学校、村里氛围、同伴群体等因素,辍学者和社会结构之间互相建构,体现一种两重性。吉登斯社会结构化理论强调,社会结构是由行动者的实践反复不断被再生产出来,同时生成的社会结构构成一种既定因素,约束行动者的选择行为。

在城乡教育资源配置、教育机会日益悬殊的背景下,农民的教育信心下降,对读书无用和无望的情绪不断滋生,一些农村家长抱怨"家读穷了,眼读瞎(近视)了",毕业后却是四处漂泊打工,难成白领。从某种意义上说,城乡二元的社会结构作为历时性和共时性的痛苦记忆,内化于人的活动,它不应仅仅被看作是处处挤压行动者的外部约束,同时也是行动的前提条件。并由此导致农民对教育的期望趋于保守和实用化,尤其是在高昂的教育投入和就业难背景下,农民教育价值观首先是避害,然后是趋利。

在访谈中,一位家长说:"等俺娃个子长高了,外出打工赚些钱,俺们家里种田积攒些钱,给他盖上房,娶上媳妇,过日子,做父母的心愿就完成了。你看隔壁张婶家的孩子,早就退学了,现在青岛做建筑工,一个月四千多,房子也盖好了,年底不就娶媳妇了吗?"乡村社会结构的文化伦理特性,既是行动者的活动中介,又是它的结果。

农村青年农民靠打工富裕起来,回到家乡盖房娶妻,出手阔绰,在当地很具有示范效应。而另一些农民子弟,家庭供其读完高中或者大学,反而陷入债务危机。辍学之后外出打工或经商,对于那些急于摆脱贫困或只顾眼前利益的家长,具有很大的诱惑力。在免费义务教育背景下,虽然教育支出成本不大,外出打工收益构成的机会成本便可能成为家庭教育决策的重要参考因素。

农村学校办学条件不好,教师素质差,教育质量不高,成为诱发学生辍

---

① [美]C.赖特·米尔斯,陈强.社会学的想象力[M].张永强,译.北京:生活·读书·新知三联书店出版社,2001:9.

学的重要因素。一位乡镇初中老师说:"这些学生不爱吃苦,学习不肯用功,有时真想劝这些孩子离开学校,否则会影响班级学习气氛,但是这些学生总是按时背着书包来学校上课,总要混到初三毕业。"一位老师抱怨,他们不和老师对着干,就算给老师面子,就盼望这些学生早点离开,老师对此类学生的态度变成"只要不闹事,不上课也行"。

随着城乡流动日益频繁,大量劳动力外出务工,村落文化日趋空壳化和沙漠化,新"读书无用论"在村里蔓延滋生,村里辍学行为的盛行和辍学之后外出打工赚钱、"可以领回媳妇"的诱惑又形成一种吸引力。村里务工经济行为和文化氛围助推辍学者过早离开校园。

农村学生辍学群体同伴"蝴蝶效应",构成学校特殊的亚文化,一旦一个学生辍学,其他学生就会发生思想波动,正如有的学生反映,"其实我早就想这样做了,我也不想读了"。

"现在农村初中生很容易受到同辈影响而发生辍学。通过QQ聊天,与在外面打工的朋友联络,想出去见见世面的好奇心理,以及大城市的花花世界诱惑使这些学生过早离开校园。每年春节之后是初中生辍学高峰时间。"逃课和辍学学生喜欢上网、吸烟和拉帮结派等叛逆行为,成绩好的学生很少与差生交往,辍学学生抱怨,"为什么成绩好的学生看不起我们"。

(2)农村学生辍学的自我建构。

农村学生辍学的最初动机是由学业失败诱发的自我暗示和心理预期不断降低,一位辍学者说:"其实我也总想学好,将来能考上大学。但无论我怎么努力,学习成绩就是上不去,慢慢地,我感到自己不是读书的料,不如早点回家去外地打工。"农村学生辍学背后隐藏一种惯常逻辑,农村教学质量普遍不高,大量学生学业失败极易导致普遍的厌学情绪,在同辈群体亚文化熏陶和现代网络等通信手段传播下厌学情绪迅速蔓延,这种文化心理助长了农村学生辍学和外出务工经济行为的发生。

张某属于"试辍学"类型的学生,在某乡镇初级中学读书,逃课几天,在父母督促下被迫返回学校,他抱怨说:"我真不喜欢上学,觉得上学没意思。在学校里面,上课不许乱动,不许说话,迟到了老师会批评的,我受不了,所以不喜欢上学。"但是父母要求其必须待在学校直到毕业。

"试辍学"中大部分学生缺乏学习兴趣和学习信心,虽身处学校但不在学习的状态,属于隐性辍学群体,逼近客观辍学的临界点,一旦受到挫折,就会离开学校的羁绊,到社会游荡;学生的学业失败又挫丧了父母对孩子的教育信心,学校和老师对差生的排斥,成为辍学者外在推力。

王某是已经辍学在社会闯荡的小青年,村里人评论他不务正业,基本上都把他看作"小混混",回忆他的求学经历,他说:"我看起来比较成熟,在班上个子高,坐在后排,喜欢耍酷,整天跟一大堆男孩在一起扎堆。讲义气,爱帮同学打架,从小学六年级就和女同学谈恋爱,上学没意思,我这成绩肯定考不上高中,不如早点不上算了。我以前其实并不笨,就是不爱学习,玩性大,喜欢叛逆,可能是被贴上了坏孩子差生的标签,朝着和老师对着的方向干。爸妈在外地打工,每年春节回来一次,对于我学习从来都不关心。就奶奶管着,但根本管不住我。"

农村学校"自愿性辍学者"动机和行为充满复杂性以及动态性。辍学的社会结构作为外部约束条件,挤压行动者的外部活动空间,行动者反复组织起来的厌学实践强化和生成既定社会结构。

李某是一位初三"自愿性辍学者",他说:"我厌烦上学,老师讲课根本听不进去,成绩很差,没指望考上高中,家里对我不抱多大希望,等我长长个,就跟随村里人外出打工。爸妈让我上个技校,但是我真不愿意读书了,现在上学还有什么好处,做什么都赚钱。在学校里上课如同听天书,根本弄不明白,等于白瞎了时间,早下学晚下学都是一样的。"

农村学校和教师对差生逃学或辍学的默许态度加剧了辍学行为的发生。李某说:"老师都不待见我们,巴不得我早不上了,像我们这样的学生拖班里后腿,老师怕我们影响好学生学习,留下来对老师没有好处,有的同学初二就退学了。"教师对这些学生的态度基本上是"睁一只眼,闭一只眼",甚至表现为"只要不闹事,不上课也行。"虽然父母反对孩子辍学,但是李某经常旷课、逃课,最后坚持不上学,结果父母也无可奈何,父母认为村里很多年轻人辍学打工,也赚了很多钱,比较富裕,李某说:"现在上大学也找不到好工作,村里大专生都在外面打工,挣得也不多,白花钱读书了。早下学打工,早赚钱,过几年在外面领个媳妇回家,不也很舒服吗?为什么一条道要走到黑呢。"

李某辍学之后,在城乡之间游荡近一年,在城市打游戏机,迷恋上网络游戏,每天泡在游戏上的时间长达10小时,玩穿火线等各种暴力游戏,基本上属于那种不在网吧,就是在去网吧的路上。逃离家长管教、教师的批评,和一帮兄弟在一起终日无所事事。

从张某、王某、李某等辍学者的心路历程可以看出,农村辍学者的社会生态和辍学者的相互建构,体现农村教育社会生态和困境内化为辍学者一种特殊惯习,既定的社会结构形塑辍学者教育期望和生存理性,社会结构和行动者二者的构成过程并不是独立生成的,而是体现为一种两重性。农村辍学学生的习性影响农村教育和农村社会的教育信心,带来农村学校学风

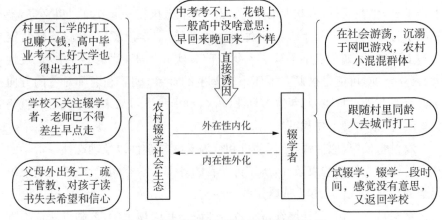

图 4.1 辍学与社会结构相互建构示意图

和教风颓败,加深农村教育与城市教育的差距,造成更广泛的阶层和区域的不平等。

(3) 农村学生辍学反映农村学校教育过程中受教育者自我排斥。

当前大量农村学生选择"自愿性辍学",反映教育过程中从社会客观排斥转向受教育者自我排斥和自我淘汰,从外部结构性客观因素排斥农村底层学生,转化为隐藏于教育过程中的自我淘汰。相对于被迫性辍学,农村学生主动辍学这种温和的淘汰更隐蔽,而这正是教育系统区别于其他行政机构的最本质特点。

辍学是农村家长的"误识"。当许多研究者将其归结为"农民教育观念落后""农村学生学习能力欠缺"等个体意愿时,那种外显于社会和公众面前的教育机会不均等转向以更隐蔽的形式表达。这种自我排斥,实际上是掩饰了社会权力关系的不平等性,教育阶层复制功能以隐蔽形式得以实现,社会结构再生产以合理形式维系。

更为关键的是,"问题并不只是这些农村学生为何选择自我淘汰,更重要的是这样的自我排斥和淘汰的合理性如何得以确立,并被辍学学生和家庭自身认可"①。农村学生这种"自我排斥和淘汰"的机制是如何产生的,农村家长为什么认可这种自我排斥的合理性? 布迪厄运用"误识"概念解释这一现象,农村学生自我放弃是误识的结果。"社会行动者对那些施加于他们身上的暴力,恰恰并不领会那是一种暴力,反而认可了这种暴力,我将这种

---

① 杜亮.试论辍学与社会公平的关系——农村义务教育阶段辍学现象的社会学分析[J].中国人民大学教育学刊,2011(3):148.

现象称之为误识。"①现代学校为现存的社会秩序提供了社会正义论,建构社会秩序正义论的心智图式之结构基础,是社会行动者对所谓社会合理化运作机制的误识,学校教育实现社会再生产机制恰是通过弱势阶层误识完成,并被不同阶层认可接纳。当农村学生将辍学行为归结为学业考试失败、学习能力欠缺、学习态度消极等自我排斥形式,并认可其合理性时,误识即已形成,并掩盖了优势阶层的教育代际传递和再生产机制。

资本概念是布迪厄的核心概念,他认为资本以三种类型存在,即经济资本(物化形态的财富)、文化资本(文凭、阶层趣味和习性等)和社会资本(社会结构中关系资源、人脉等无形网络),实际上,经济资本、文化资本、社会资本相互转化,产生权力和利益等价交换。而"场域"中拥有各种资本的行动者,将不同数量和类型的资本外在结构内化为自身的一套性情倾向的系统。

我国当前社会存在明显的城乡差距,农村社区特质性、制度封闭性以及社会文化氛围的乡土性与城市文明存在巨大差异,在教育竞争场域之中,农户家庭处于被支配地位,它们是持有少量社会资本、经济资本和文化资本的群体,农村家长和学生在现代学校教育系统中处于劣势地位,包括城乡教育资源的不均衡、教育机会不公平、农村教育质量相对低劣、农家大学生就业日益艰难等。

城乡差距背景下,农村教育处于边缘化境遇。农村家长、学生和教师处于劣势文化圈场域之中必然产生一种期望值较低的效应。这种自我实现预言较低教育效应就有可能转化农村教育相关者的相对持久的内在性情,并且在农村社会底层代际传递之中不断强化,并加强了弱势阶层的自我挫败感。

布迪厄运用"惯习"概念解释农村教育场域中农民性情生成。农村家长的经验与判断是基于在长期农村生活情景下产生的一套习性。农村家长的自我挫败感不断开放生成系统体系,在滞后的农村教育和劣势文化圈内,不断被强化,或者随着个体的自我挫败感不断调整结构。惯习取决于场域中的位置,文化资本再生产是建立在个体"惯习"基础上的,误识是由惯习激发,在农户特有性情牵引下,农村家长这种想当然"误识"使之放任子女辍学。农村青少年辍学既是优势阶层"共谋"的排斥过程,也是弱势群体"误识"的结果。

英国社会学家保罗·威利斯(Paul Willis)在《学做工——工人阶级子弟为何继承父业》一书中所揭示的"小青年",身处英国20世纪70年代的一

---

① [法]布迪厄,华康德. 实践与反思:反思社会学导论[M]. 北京:中央编译出版社,1998:222.

个名叫"汉默"的底层工业城镇。他们是与好学生相对立的违纪生,在"抵抗权威""建立非正式群体""找乐子""无聊与刺激"以及"性别和种族歧视"中逐渐形成了所谓"反学校文化"。英国学者保罗·威利斯深入工人居住区,通过长时间田野参与式观察,发现来自社会底层工人阶级背景的"小青年",崇尚所谓"男子汉气概",鄙视学校文化,对抗教师权威,蔑视学校权威。这些工人阶层出身的"小青年"不断反学校文化,从而导致学业失败,无法通过升学考试实现向上流动,无法改变底层命运,只能从事和父亲一样的体力劳动。

保罗·威利斯的抵制理论详细揭示了社会底层复制与教育之间的内在机制联系。正与布迪厄"符号暴力"所揭示的支配逻辑的吊诡相符:被支配者作为支配逻辑的共谋,参与了整个支配结构的再生产。① 农村青少年辍学行为体现被动与能动表里一体化,是一种社会不平等结构再生产的共谋。

三、高考弃考背后的农村学生群体分化

我国高考弃考问题凸显,除了选择出国留学而弃考的城市考生外,更多的农村考生选择弃考打工。近年来我国高考人数呈现下降趋势,当然是受制于适龄人口下降趋势的影响,但是应届高中生自愿放弃高考是一个值得思考的问题。2009 年约 84 万应届高中生没有报名高考,其中农村考生占据大多数。②

据教育部统计,五年来,每年约 10% 的应届高中生弃考,弃考者除了城市富裕阶层子弟出国留学之外,大部分为农家子弟。2013 年新华网在对高考"弃考"是否为好现象的调查中,81.5% 的人认为高考"弃考"不是好现象,很多人是被迫放弃的,仅有 16.4% 的人认为条条大路通罗马,是好现象。此外,对于高考弃考最重要的原因,56.8% 的受调查者选择了"就业难,读了大学也没用",28.7% 的人选择了"经济条件差,花钱多",不足 10% 的人分别选择了出路多元化和不好考。

教育是促进社会分层和社会流动的一个关键性因素,农村家庭的教育过程与自身的社会阶层背景紧密相关,农村学生依靠读书来改变命运,实现社会阶层流动通道的阻力变大,教育成本越来越高,由此部分农村青少年放弃了上学机会,与其说弃考在某种程度上是受制于就业环境的影响或家庭

---

① 毕然.社会机会越不均等,弃考越不靠谱[N].南都周刊,2009-12-31.
② 王怡波.大学生就业难使高考降温:多数省份高考人数减少[N].中国青年报,2009-5-29.

经济限制被迫选择的结果,倒不如说主动放弃教育机会反映出农家子弟之知识改变命运梦想的破灭。农村社会中许多贫困家庭对知识的渴求退却以及在求知道路上的艰辛、无助与无奈,使他们中的很多人最终选择了"退场"。

农村"新读书无用论"滋生、农家子弟辍学打工甚至放弃高考的行为都是在社会结构转型背景下农民生存理性教育选择的结果,是受一种"农民的道义经济学"支配。但是农村孩子辍学、弃考,类似布迪厄"符号暴力"所揭示的被支配者作为支配逻辑的共谋,参与了整个支配结构的再生产。农家子弟逃避教育在一定程度上是一种不平等结构再生产的共谋。

失范概念最早由法国社会学家迪尔凯姆提出,美国社会学家默顿进一步发展该理论,默顿认为社会失范是指由社会规范目标和实现制度化手段之间的不一致导致的反常行为,是一种结构性的崩溃。那些内化了物质成功目标但无法获得制度化手段的人群受到社会结构性紧张的驱使,趋向非传统手段,他们无法通过制度化手段实现文化认可的目标,解决这一困境的一种办法是采用任何手段达成目的,包括堕落和犯罪。[①] 在默顿看来,社会失范是结构性紧张的表现,是社会和文化结构在个体行为中呈现偏离现象,是社会规范目标和实现途径的制度手段之间相互冲突的社会状态。

默顿理论深刻揭示了社会失范产生的社会结构根源,转型中的社会结构缺陷导致社会各种失范行为不断产生,当下我国社会阶层固化日趋严重,阶层边界逐渐定型化,社会底层人群向上流动的机会和渠道不断减少,"新读书无用论"、高考弃考、大学生蚁族群体涌现,反映出社会共享的价值观和奋斗途径受到冲击,底层利益主体的价值观念处于分化、碎片化状态。

社会需要合理的结构和途径让社会成员实现价值目标,但是源于社会结构的各种障碍性因素,包括经济资本、文化资本和社会资本等诸多因素,目标和途径之间存在诸多纠葛和冲突,农家子弟弃考和弃学是社会失范的一种表现,它会造成合理的社会流动受阻,阶层差异代际转移,读书无用思想重现和社会不安因素积聚等社会危害问题。

由于社会资本和成功资源的稀缺性,面对由社会文化价值所规定的文化目标和由社会结构所规定的制度手段,不同社会成员往往表现出不同的个体适应类型:遵从类,即个体接受物质成功的文化目标以及达成目标的制度化手段;创新类,即个体接受社会文化目标,但不存在实现文化目标的制

---

① [美]迈克尔·休斯,卡罗琳·克雷勒. 社会学导论[M]. 周扬,等,译. 上海:上海社会科学院出版社,2011:138.

度化手段,采取革新非正当方式实现目标;仪式主义类,即不寻求成功目标却强迫性地遵循制度化的手段;隐退主义类,即个体同时拒绝文化目标和制度手段,但并没有代之以新的规范;反叛类,即反对文化目标,也反对制度化手段,同时代之以新的规范。

表 4.14　默顿的个人适应模式①

模式	文化目标	制度手段
遵从类	＋	＋
创新类	＋	－
仪式主义类	－	＋
退隐主义类	－	－
反叛类	±	±

(注:＋表示接受;－表示拒绝;±表示以新的手段和目标来代替)

任何越轨行为的产生,都是社会化失调、社会结构分化和社会紧张等多种因素交互作用的结果。以默顿社会失范理论框架结构建构农村学生高考弃考之动机。在知识经济时代,知识和教育可以改变人生,创造财富,几乎众人皆知,但是教育投资具有滞后性、内潜性和风险性。正因如此,文化价值目标与社会结构之间产生紧张、冲突和错位。

(1)"遵从类"农村考生遵循社会主流价值观,通过努力奋进,致力于接受大学教育,提升阶层地位,实现命运转折,这代表了农村学生发展主流。

李某,男,17 岁,山东临朐县第一中学高二学生。李某家住农村,父亲外出务工,母亲种田为生,其姐姐在省内一所国家重点大学就读。父母对李某期盼非常高,李某勤奋好学,总是在年级名列前茅。李某家庭经济状况在村里较差,供养两个孩子读书勉为其难,但是家庭相信知识改变命运,咬紧牙关,砸铁卖锅也要让孩子接受更高层次教育,提升自身乃至家庭的社会地位。

(2)"创新类"农村学生认可知识和文化信仰的教育价值观,但是这类学生通过向城市迁移接受优质教育资源,或者出国留学实现自己梦想,这是农村社会分化之后,富裕阶层子弟的教育动机和期望,代表极少数上层阶层子弟。

---

① [美]理查德·谢弗.社会学与生活[M].赵旭东,等,译.北京:世界图书出版社公司,2011:94.

王某,女,18岁,西北师范大学附属中学国际班学生,目前已赴美国读大学。该生家在白银市郊区,父母经营矿山,家境富裕,中考分数虽然较低,但是依然通过缴纳择校费形式,就读甘肃省著名的重点高中,代表农村新富阶层教育选择和教育期望。

(3)"仪式主义类"农村考生受制于自身能力、成绩和家庭经济限制,降低目标和志向。

戚某,男,15岁,宁夏中卫市某城乡接合部打工子弟学校学生。班主任评价戚某是一个懂事的孩子。戚某父母是在中卫市城郊开了一家餐馆,餐馆生意较好。为了节省成本,戚某放学回家经常帮助父母打理生意,有时晚上遇到客人就餐,戚某收拾至深夜才睡觉。第二天凌晨4点左右,戚某需要去蔬菜批发市场购货。上课时,戚某经常睡觉,老师找他谈话,他总说:"老师你别管我,我在课堂不给你闹事,混到毕业就算了。"初中毕业之后,在父母坚持下,戚某进入宁夏一所中等职业技术学校学习。

(4)"退隐主义类"否定知识和文化价值,对文化目标和实现途径一概拒绝,放弃通过教育改变命运的机会。

秦某,就读山东东平县某乡镇普通高中,父母外出务工,爷爷奶奶维持家庭日常生活,该生认为读书没有价值,虽然成绩在班级处于中等水平,但是高二时,秦某弃学,独身赴上海闯荡。

(5)"反抗类"是指聚集城乡的农村青少年辍学不良群体,选择酗酒、吸烟和拉帮结派等叛逆行为,反抗主流社会认可的文化目标和实现途径,易于采取不正当途径获取资源,构成一种灰色力量。

张某,山东莱西市沙沟镇某初级中学辍学学生,与社会上不务正业的人员混在一起,经常打架,争强斗狠。辍学之后,在建筑工地充当"沙霸",收取过路费、保护费。社会转型中大量非法职业产生在某种程度上刺激社会失范主体力量的增长,农村校外失学青年受到社会非法势力引诱,成为小混混,构成城乡社会之间一种灰社会势力。

在现代社会,教育获得是体现社会地位和分层的重要渠道。当前农村学生群体的教育分化,折射出我国城乡、区域和阶层教育发展不公平问题仍然突出。处于城乡教育差距背景下,农民的教育意愿产生变化,更多贫困家庭被迫选择生存取向的教育,农村子弟对教育流动的怀疑和忧虑情绪滋长,社会结构固化带来的风险不断累积。

第五章 农村学校教育课程、教材、考试等方面的隐性社会分层功能

通过对农村义务教育课程、教材、考试等诸文本材料细致分析,考查农村家庭文化背景的差异甚至对不同语言和生活方式的熟悉程度的差异,是如何被转化成学校考试成绩的差别,更好地理解当下农村教育的社会阶层复制功能。

改革开放以来,我国城市和乡村、沿海和内地发展的不平衡状况日益加剧,在教育方面,表现为教育资源的不均衡越来越突出,成为显性的并引起人们关注的焦点。实际上最大的不平衡是隐性的,表现在城乡学生的视野、认知水平、情感体验等方面,教材作为文化再生产的载体,如何提高教材的针对性和适应性,兼顾城乡地域差异一直是教科书编辑者的难言之隐。随着新课改在全国范围内大规模的推广和实施,"教材城市化倾向"逐渐成为讨论的热门话题,讨论这一话题,大多数是为了孩子,特别是为了农村地区孩子的利益能够在这次课程改革之中得到保障,因为教材城市化不仅使农村孩子所学内容脱离他们的实际生活,而且也给他们的学习带来一定的难度,从而不利于其取得学业的成功。

第一节 农村学校教育课程中的文化再生产
——以中小学教材分析为例

在城乡差距明显格局下,农村无论作为文化或者经济单位无疑都是被城市俯视和征服的对象,农村学生作为落后的"他者"形象被排斥在以城市取向为主的现代教育体系底端。城乡二元教育结构以及人们对城市文明的推崇,造成学校教育的"城市化取向",农村学校教育注重传递城市文明而缺少"乡土意识",农村学校教育在课程内容、课程目标、课程资源以及教育结果评价等方面都以城市为导向。城乡同构的课程教学知识体系和城乡分割

的资源配置,加大了农村学生教育机会获得难度。

教材是教育活动中的核心要素。学校教材体系编制和建构过程,是一种内在要求将中性的知识"价值化"的过程,蕴含"此种知识比彼种知识更有价值"的前提假设。关于教材中知识的选择标准,美国学者 W. 阿普尔提出"谁的知识最有价值",凸显教材知识分配和选择的意识形态性质。在公平的价值谱系中,最为隐秘和难以实现的是文化公平。教材中传播的知识文化绝非客观中性和价值无涉,中小学教材作为一种法定文化,是表达社会权威的知识、价值和观念系统,其隐性和显性的规范、价值观均渗透社会主流意识形态和强势文化。"教材城市化"的主要表现为农村学校教材以城市文化为背景、城市生活的知识所占比重越来越大。在义务教育阶段,教材价值导向、内容表达、话语方式等方面,具有明显城市化倾向。

研究对象的选择。选择人民教育出版社(2015 年)、北京师范大学出版社(2014 年)、长春出版社(2016 年)三个版本的义务教育教材为研究对象,三套教材均经过全国中小学教材审定委员会审查通过。分析内容包括文本插图、课文内容、人物特征和语言表达。

一、中小学语文教材插图特征比较

1. 人教版语文教材插图特征分析

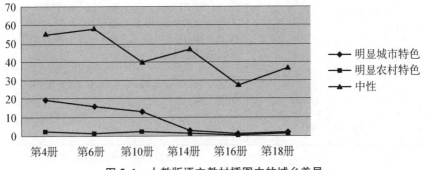

图 5.1　人教版语文教材插图中的城乡差异

表 5.1 显示,人教版本语文教材第 4 册插图共 76 幅,其中较为明显反映城市特色插图 19 幅,占总数的 25%,包括视频电话、掌上电脑、坐飞机的乘客、城市家庭生活等渲染城市文明的插图;反映农村特色插图仅 2 幅,占总数的 2.63%,主要描绘乡村生活场景。

表 5.1 人教版语文教材第 4 册插图中的城乡差异(共 76 幅)

城乡特色		数量	百分比	具体内容
城市特色		19	25%	北京故宫 1 幅;立交桥 1 幅;角楼 1 幅;户外画画的孩子 1 幅;户外问勘探队员岩石的知识 1 幅;汽车 2 幅;六一儿童节、玩具 1 幅;城市家庭生活 3 幅;视频电话 2 幅;掌上电脑 1 幅;坐飞机的乘客 1 幅;马戏团表演 4 幅
农村特色		2	2.63%	抬着葡萄的人们 1 幅;打井水 1 幅
中性	动物	8	72.37%	鹿 1 幅;老虎 2 幅;山羊、狗、小鸭 1 幅;马 1 幅;鸡和鸭 2 幅;恐龙 1 幅
	植物	7		桃花 1 幅;菜花 1 幅;玫瑰花 1 幅;牡丹花、紫荆花 1 幅;葡萄、哈密瓜、苹果、西瓜等 1 幅;猪笼草 1 幅;豆蔓儿 1 幅
	景物	16		春景 2 幅;草、火 1 幅;竹笋、大雁、柳树 1 幅;泉水、山、草地 1 幅;泉水 1 幅;日月潭 1 幅;草原、骑马、放牧 1 幅;女孩倒水 1 幅;瀑布 1 幅;帆船、草屋 1 幅;打雷下雨 1 幅;彩虹 1 幅;雪花 1 幅;石头、树木 1 幅;浪花和海滩 1 幅
	学校生活	2		放学 1 幅;表扬学生的老师 1 幅
	人物及动作	13		向雷锋学习的学生 1 幅;一起避雨的一家人 1 幅;卡罗尔、爸爸、猫 1 幅;过泼水节的周恩来 1 幅;阿切尔 1 幅;女孩 1 幅;画家和牧童 1 幅;向奶奶承认错误的孩子 1 幅;列宁 1 幅;数星星的孩子 1 幅;床上的病人 1 幅;正起床的人 1 幅;达芬奇画鸡蛋 1 幅
	物品	7		邮票 3 幅;雨衣 1 幅;植物标本 1 幅;玩具 1 幅;雕塑 1 幅
	其他	2		拔苗助长、守株待兔各 1 幅

表 5.2 显示,人教版语文教材第 6 册插图,共有 75 幅,其中明显反映城市特色的插图例如航模、城市家庭生活、悉尼歌剧院、高楼大厦等共有 16 幅,占总数的 21.33%;明显反映农村特色的插图 0 幅,明显中性插图数量 59 幅,占总数的 78.67%,其中植物、动物、人物数量较多。亡羊补牢、南辕北辙、买椟还珠等插图,更易于被具有广泛阅读量的城市孩子所理解。

表 5.2　人教版语文教材第 6 册插图中的城乡差异(共 75 幅)

城乡特色		数量	百分比	具体内容
城市特色		16	21.33%	亭阁 1 幅;滑滑板的学生、高楼大厦 3 幅;庆祝国庆节 3 幅;城市家庭生活 2 幅;航模 1 幅;宇宙飞船 1 幅;月球及宇航员 1 幅;机器人 1 幅;长城、铁塔、悉尼歌剧院、金字塔等 1 幅;汽车 1 幅;宇宙行星 1 幅
中性	动物	5	78.67%	翠鸟、骆驼、乌鸦、狮子、鸽子各 1 幅
	植物	13		柳树 2 幅;树林 3 幅;橡树、杨桃、向日葵、荷花各 1 幅;花 1 幅;苹果 1 幅;杨梅 2 幅
	景物	4		山水 1 幅;柳树、草地、燕子 1 幅;山水、桃花 1 幅;珍珠泉 1 幅
	学校生活	2		学生举手回答问题 1 幅;沉默的学生 1 幅
	人物	15		李白 1 幅;学生讨论 3 幅;孔子、老子、庄子等 1 幅;夕阳下奔跑的少年 1 幅;玩耍的学生 2 幅;怀抱婴儿的母亲 1 幅;医生和病人 1 幅;女孩和爷爷 1 幅;病床上的病人 1 幅;拐杖和男孩 2 幅;除害的周处 1 幅
	物品	8		书包、铅笔、相框各 1 幅;给父母的礼物 2 幅;五星红旗 1 幅;木雕 1 幅;贝壳 1 幅
	其他	12		亡羊补牢、南辕北辙、惊弓之鸟、买椟还珠、画龙点睛各 1 幅;神话 6 幅;战场手术台 1 幅

表 5.3 显示,人教版语文教材第 14 册插图 51 幅,其中明显反映城市特色的插图 3 幅,包括钢琴、太空梭、美"挑战者号",占总数的 5.9%;明显反映农村特色的插图 0 幅;中性插图 47 幅,壶口瀑布、普希金、贝多芬等插图,有利于具有旅游爱好和广泛阅读量的城市家庭孩子所理解。

表 5.3　人教版语文教材第 14 册插图中的城乡差异(共 51 幅)

城乡特色		数量	百分比	具体内容
城市特色		3	5.88%	钢琴 1 幅;太空梭 1 幅;美"挑战者号"1 幅;
中性	动物	9	94.12%	虎、珍珠鸟、斑羚、狼各 1 幅;马 2 幅;鸭 3 幅
	植物	4		竹子 4 幅
	景物	9		壶口瀑布 1 幅;黄河 4 幅;社戏 1 幅;"三味书屋"1 幅;河床 1 幅;珠穆朗玛峰 1 幅
	学校生活	2		讲课的老师 1 幅;听课的学生 1 幅

(续表)

城乡特色		数量	百分比	具体内容
	人物	11		闻一多、普希金、贝多芬各 1 幅;爸爸和女孩 1 幅;花木兰 1 幅;邓稼先 1 幅;福楼拜家讨论的人 1 幅;跳舞的女子 1 幅;擅长口技者演口技 1 幅;鲁滨逊 1 幅;孔子和两小孩 1 幅
	物品	13		脸谱 10 幅;字帖 3 幅

表 5.4 显示,人教版语文教材第 18 册插图 41 幅,其中明显反映城市特色的插图 2 幅,占总数的 4.87%,明显反映农村特色插图为 1 幅,占总数的 2.43%。

表 5.4 人教版语文教材第 18 册插图中的城乡差异(共 41 幅)

城乡特色		数量	百分比	具体内容
城市特色		2	4.87%	城市家庭生活 1 幅;电脑 1 幅
农村特色		1	2.43%	割麦子 1 幅
中性	植物	4	92.68%	花 1 幅;竹子 2 幅;柳树 1 幅
	景物	5		鲁迅故乡 1 幅;乡试、会试贡院 1 幅;吉隆中三顾堂 1 幅;船、鸭、草丛、男孩 1 幅;温庭筠望江南 1 幅
	人物及动作	16		丁肇中、莫泊桑各 1 幅;雨中的女孩 1 幅;演讲的男孩 1 幅;男孩和老爷 1 幅;男孩和叔叔 1 幅;读书的男孩和爷爷 1 幅;4 个跳舞的女孩 1 幅;培根 1 幅;喝酒的好汉 1 幅;杨修 1 幅;范进 1 幅;读诗的香菱 1 幅;陈胜、吴广等 1 幅;骑着马的士兵 2 幅;李清照 1 幅
	物品	9		字帖 1 幅;手稿 2 幅;书 1 幅;战国钱币 3 幅;纸船 1 幅;驿站 1 幅
	其他	4		三打祝家庄、大观园图、三国演义各 1 幅;三顾茅庐 1 幅

2. 北师大版语文教材插图特征分析

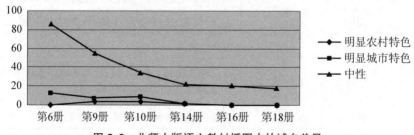

图 5.2 北师大版语文教材插图中的城乡差异

表 5.5 显示,北师大版本语文教材第 6 册共有插图 100 幅,其中明显反映城市特色的为 13 幅,占总数的 13%;明显反映农村特色的为 1 幅,占总数的 1%;中性插图 86 幅,占总数的 86%。

表 5.5 北师大版语文教材第 6 册插图中的城乡差异(共 100 幅)

城乡特色		数量	百分比	具体内容
城市特色		13	13%	城市一家人一起看风景 1 幅;往信箱里放鲜花的女孩 1 幅;读信的士兵 2 幅;写信 2 幅;讨论陨石的孩子 1 幅;电脑 1 幅;报纸 1 幅;飞机 1 幅;投信 1 幅;整理邮件 1 幅;送信 1 幅
农村特色		1	1%	大山里去上学的孩子 1 幅
中性	动物	7	86%	蝴蝶、蜻蜓 1 幅;狐狸、虾、松鼠、刺猬、鸽子各 1 幅;含着信的鸽子 1 幅
	植物	8		葡萄、杨梅、莲花、树林、枫叶各 1 幅;花 3 幅
	景物	8		草地、河水 2 幅;海洋 1 幅;船、江、风 1 幅;河流、山川和小鸟 1 幅;村庄 1 幅;海鸥、帆船 1 幅;小兴安岭 1 幅
	学校生活	19		学生讨论 19 幅
	人物及动作	34		读书的女孩 3 幅;给男孩抽血的医生及躺在病床上的妹妹 1 幅;远行前跪拜母亲的游子 1 幅;在奶奶怀里的女孩 1 幅;放风筝的孩子 3 幅;雨中给老师伞的学生 1 幅;海的女儿、王子 1 幅;孙悟空 1 幅;扛着教科书的士兵 1 幅;看缸里虾的男孩 1 幅;赛马的田忌 1 幅;捞铁牛的和尚 1 幅;用冰取火的探险队员 1 幅;杜甫、爱迪生、彭德怀、李时珍、大禹各 1 幅;卞和 1 幅;站在高山远望的于谦 1 幅;摘葡萄、找椰子、拔萝卜各 1 幅;坐在轮椅上的孩子和伙伴 1 幅;戴着帽子读书的孩子 1 幅;爱因斯坦和女孩交谈 1 幅;研究蚂蚁的小朋友 1 幅;喜马拉雅山上探险的人 1 幅;将军和士兵 1 幅;溪水里玩耍的孩子 1 幅
	物品	10		风筝、书籍、甲骨文、书、竹简、报纸、陨石、中国地图、"中国石"、陶瓷各 1 幅

表 5.6 显示,北师大版语文教材第 9 册共有插图 65 幅,其中具有明显城市特色的插图 5 幅,包括现代化建筑、城市家庭,占总数的 7.69%,明显反映农村特色的插图 3 幅,占总数的 4.62%;中性插图 57 幅,占总数的 87.69%。

表 5.6 北师大版语文教材第 9 册插图中的城乡差异(共 65 幅)

城乡特色		数量	百分比	具体内容
城市特色		5	7.69%	城市现代化建筑 2 幅;城市家庭 3 幅
农村特色		3	4.62%	农村生活景物 3 幅
中性	动物	5	87.69%	马 3 幅;山羊 1 幅;蛾 1 幅
	植物	3		花 2 幅;菊花 1 幅
	景物	15		战场 1 幅;雅鲁藏布江大峡谷 2 幅;钱塘江大潮 1 幅;海南岛上的红树林 1 幅;戈壁、绿洲 1 幅;小桥、绿树、鸟 1 幅;海浪 1 幅;荷花、草地、野雁、小女孩 1 幅;深林 1 幅;夕阳 1 幅;西湖 1 幅;冬景 2 幅;千岛湖 1 幅
	学校生活	2		学生、老师上课各 1 幅
	人物	17		骑马射箭的将士 1 幅;骑马的人 1 幅;站在船上遥望江南 1 幅;分苹果的士兵 1 幅;惠特尼及枪 1 幅;给女儿送棉衣的爸爸 1 幅;成吉思汗和鹰 2 幅;认错的孩子 2 幅;红军 1 幅;微笑的人 3 幅;背包旅行的人 1 幅;阻拦人丢瓶子到河里的爷爷 1 幅;保护环境的孩子 1 幅
	物品	12		邮票 1 幅;脸谱 5 幅;水 1 幅;自行车 1 幅;礼物盒及礼物 3 幅;地球 1 幅
	其他	3		古代寓言插图 3 幅

表 5.7 显示,北师大版语文教材第 16 册共有插图 20 幅,明显反映城市和农村特色插图各为 0 幅。

表 5.7 北师大版语文教材第 16 册插图中的城乡差异(共 20 幅)

城乡特色		数量	百分比	具体内容
中性	植物	3	100%	中性植物例如树木、荷叶等 3 幅
	景物	3		黄山天都峰仙桃石 1 幅;三峡 1 幅;风雪图 1 幅
	人物	7		季羡林 1 幅;讲课中的钱学森 1 幅;正在给人剃头的剃头匠 1 幅;吉鸿昌 1 幅;陶渊明 1 幅;正在画画的郑板桥 1 幅;穿衣照镜的邹忌 1 幅
	物品	7		其他中性物品 7 幅

表 5.8 显示,北师大版语文教材第 18 册共有插图 18 幅,其中明显反映城市特色的插图 1 幅,占总数的 5.56%;明显反映农村特色的插图为 0 幅。"托尔斯泰墓碑""游承天寺的苏轼和张怀民"等插图更容易被文化资本雄厚的城市家庭掌握。

表5.8　北师大版语文教材第18册插图中的城乡差异(共18幅)

城乡特色		数量	百分比	具体内容
城市特色		1	5.56%	宫阙1幅
中性	景物	3	94.44%	武陵源1幅;山水图1幅;三顾茅庐图1幅
	人物	6		孔乙己1幅;送友人1幅;武松打虎1幅;中举后高兴的范进1幅;游承天寺的苏轼和张怀民1幅;送杜少府的王勃1幅
	物品	8		托尔斯泰墓碑1幅;印章7幅

3. 长春版语文教材插图特征分析

表5.9显示,长春版语文教材第8册共有插图98幅,其中明显具有城市特色的插图12幅,占总数的12.24%;明显反映农村特色的插图2幅,占总数的2.04%;中性插图84幅,占总数的85.71%。

表5.9　长春版语文教材第8册插图中的城乡差异(共98幅)

城乡特色		数量	百分比	具体内容
城市特色		12	12.24%	写毛笔字的男孩1幅;耳语测试的学生1幅;导游1幅;长城1幅;上网的学生1幅;威尼斯、小艇1幅;教堂、小艇1幅;马路、木马、马步各1幅;兵马俑、马车等3幅;塔1幅
农村特色		2	2.04%	种西瓜1幅;斧子1幅
中性	动物	3	85.71%	公鸡1幅;马2幅
	景物	11		军营篝火1幅;城墙1幅;塞外1幅;黄河、高山1幅;桂林山水1幅;草原1幅;大漠1幅;黄鹤楼1幅;瀑布1幅;庐山1幅;风雪1幅;夕阳1幅
	学校生活	47		学生讨论40幅;师生讨论7幅
	人物及其动作	14		讨论各自愿望的男孩、女孩1幅;自责的男孩和发呆的母亲1幅;坐在椅子上思念爷爷的奶奶1幅;病床上的病人1幅;抽血的男孩和输血的女孩1幅;周恩来、叶扬眉1幅;李广1幅;将领2幅;敌人1幅;人降马1幅;伽利略、亚里士多德各1幅;鲁滨逊·克鲁索1幅
	物品	1		罐子、砖头、凳子1幅
	其他	8		刻舟求剑、自相矛盾、狐假虎威、完璧归赵、螳螂捕蝉黄雀在后、愚公移山、掩耳盗铃、鹬蚌相争渔翁得利成语图共8幅

表 5.10 显示,长春版语文教材第 12 册插图共有 71 幅,其中城市特色插图 5 幅,占总数的 7.04%;农村特色插图 1 幅,占总数的 1.41%;中性色彩插图 65 幅,占总数的 91.55%。

表 5.10 长春版语文教材第 12 册插图中的城乡差异(共 71 幅)

城乡特色		数量	百分比	具体内容
城市特色		5	7.04%	高楼大厦 1 幅;思考各种语言的人 1 幅;汽车 1 幅;思考开养马场的男孩 1 幅;表扬学生书法的老师 1 幅
农村特色		1	1.41%	种花生 1 幅
中性	动物	10	91.55%	天鹅 1 幅;蜘蛛 1 幅;产卵、小毛虫、作茧、化蝶各 1 幅;蛇肚子里的象 2 幅;狼 2 幅
	植物	2		花 1 幅;花、树 1 幅
	景物	17		井冈山、毛竹 2 幅;南泥湾 1 幅;韶山 2 幅;塞外 2 幅;草原 1 幅;渤海 1 幅;山 1 幅;泰山风景 6 幅;黄河 1 幅
	学校生活	15		学生讨论 12 幅;师生讨论 3 幅
	人物及动作	21		毛泽东、红军 2 幅;毛泽东、毛岸英 1 幅;批卷中的康有为 1 幅;和蝶蛾舞动的男孩 1 幅;图书馆借书的人 1 幅;教导孩子的父亲 1 幅;绝望地站在屋子里的男孩 1 幅;边跳边吹口哨的男孩 1 幅;曹操、梁启超、李清照、邓稼先各 1 幅;骑马的项羽 1 幅;雷锋 2 幅;林黛玉、王宝钏、刘姥姥等 1 幅;薛谭求学 1 幅;纪昌学射 1 幅;讨论太阳的小孩 1 幅;冻死的军需处长 1 幅

表 5.11 显示,长春版语文教材第 16 册共有插图 39 幅,其中明显反映城市特色的插图 4 幅,占总数的 10.26%,明显反映农村特色的插图 2 幅,占总数的 5.13%;中性插图 33 幅,占总数的 84.62%。

表 5.11 长春版语文教材第 16 册插图中的城乡差异(共 39 幅)

城乡特色	数量	百分比	具体内容
城市特色	4	10.26%	写家书的傅雷 1 幅;讨论书中知识的父子 1 幅;袁隆平拉小提琴 1 幅;居里夫人做实验 1 幅
农村特色	2	5.13%	水稻 1 幅;打鱼的海明威 1 幅

(续表)

城乡特色		数量	百分比	具体内容
中性	景物	6	84.62%	帆船、潮水1幅;帆船、亭阁1幅;太阳、月亮、云、山1幅;世外桃源1幅;塞外战场1幅;山水1幅
	人物及动作	27		王湾、杜甫、白居易、刘禹锡、杜牧、李商隐、陆游、文天祥、柳永、徐志摩、苏霍姆林斯基、鲁迅、孔乙己、吴敬梓、玛丽·居里、爱因斯坦、老子、司马迁、陶渊明各1幅;中举后疯了的范进1幅;杨澜、袁隆平1幅;雪原上耳语的俩人2幅;老子与人探讨问题1幅;毛遂向平原君自荐1幅;陶渊明饮酒1幅;李白赏景饮酒1幅

表 5.12 显示,长春版语文教材第 18 册共有插图 20 幅,其中明显反映城市特色的插图 1 幅,占总数的 5%;明显反映农村特色的插图为 0 幅;中性特色插图 19 幅,占总数的 95%。

表 5.12　长春版语文教材第 18 册插图中的城乡差异(共 20 幅)

城乡特色		数量	百分比	具体内容
城市特色		1	5%	巴亚(意大利古城)1幅
中性	动物	2	95%	雏鹭1幅;鹅1幅
	植物	1		灌木1幅
	景物	3		亭子、山、泉水1幅;太阳、江山1幅;泉水、鸟1幅
	人物	12		屈原、李白、朱自清、庄子、司马迁、欧阳修、毛泽东、罗曼·罗兰、贝多芬各1幅;将士射箭1幅;文惠君和庖丁1幅;项羽乌江自刎1幅
	物品	1		桃篮1幅

4. 研究结论

(1) 三种不同版本教材中性插图特色数量所占比例最高。说明教材编写者有意或无意淡化城乡差异,反映城乡平等化趋势。但是,即便中性插图,其渲染的内容有意或无意透露出城市文化导向,比如人教版语文教材第 4 册"日月潭""雕塑"等插图,北师大版语文教材第 6 册"甲骨文""中国石""大禹"等,长春版语文教材第 8 册"亚里士多德""鲁滨逊""桂林山水"等,更容易城市学生理解。中性插图中"虎""梅花鹿"等,城市孩子可能在动物园参观接触到此类动物,相比农村孩子更为熟悉。考虑城市家庭子女早期的文化积累,中性插图也可能更有利于城市孩子理解。

(2)从人教版、北师大版和长春版中小学语文教材插图数量变化情况分析,凸显城市生活和工作场景的插图数量最多,反映农村生活和乡土传统插图较少。例如人教版的第6册和第14册、长春版第18册、北师大版的第16册和第18册,都没有明显反映农村生活的插图。长春版的第8册、北师大版第6册、人教版第4册,反映城市的插图比反映农村的插图多10多幅。人教版的第6册没有反映农村的插图,反映城市的插图却多达16幅。

(3)人教版、北师大版和长春版教材插图内容城市特色明显,包括城市家庭生活场景、视频电话、公园、迪尼斯游乐园、大型购物中心等。展示农村特色插图主要是农作物种植与收割,传统农业工具如镰刀、斧头、油灯等。

二、教材内容城乡差异数量分析

1. 人教版义务教育阶段语文课文内容特征分析

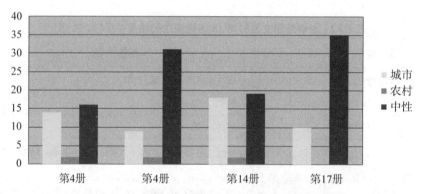

图5.3 人教版语文教材城乡倾向课文出现的频次

表5.13 人教版语文教材第4册课文内容中的城乡差异(共32篇)

城乡特色	数量	百分比	具体内容
城市特色	14	43.75%	雷锋叔叔,你在哪里;我不是弱小的;日月潭;北京亮起来了;邮票齿孔的故事;画风;充气雨衣;最大的"书";要是你在野外迷了路;我为你骄傲;玩具柜台前的孩子;玲玲的画;恐龙的灭绝;阿德的梦
农村特色	2	6.25%	葡萄沟;画家和牧童
中性	16	50%	找春天;古诗两首;笋芽儿;小鹿的玫瑰花;泉水;卡罗尔和她的小猫;难忘的泼水节;动手做做看;古诗两首;雷雨;三个儿子;蜜蜂引路;寓言两则;丑小鸭;数星星的孩子;爱迪生救妈妈

人教版语文教材第4册共有32篇课文,其中较为明显反映城市特色的课文14篇,占总数的43.75%,如"北京亮起来了""最大的'书'""阿德的梦"等体现出浓厚的城市文化氛围;明显反映农村题材的课文共有2篇,分别为"葡萄沟""画家和牧童",占总数的6.25%。

表5.14 人教版语文教材第6册课文内容中的城乡差异(共32篇)

城乡特色	数量	百分比	具体内容
城市特色	8	28.1%	画杨桃;检阅;妈妈的账单;月球之谜;我家跨上了"信息高速公路";果园机器人;卖木雕的少年;中国国际救援队,真棒;山城的雾
农村特色	2	6.3%	一个小村庄的故事;绝招
中性	22	65.6%	燕子;古诗两首;荷花;翠鸟;燕子专列;路旁的橡树;寓言两则;惊弓之鸟;想别人没想到的;和时间赛跑;争吵;可贵的沉默;她是我的朋友;七颗钻石;太阳;一面五星红旗;太阳是大家的;古诗两首;西门豹;女娲补天;夸父逐日;语文园地;珍珠泉

人教版语文教材第6册共有32篇课文,其中反映城市特色的课文8篇,占总数的28.1%,例如"我家跨上了'信息高速公路'""检阅""妈妈的账单"等展现城市生活题材比较明显;农村特色的课文仅为2篇,占总数的6.3%,中性色彩的课文内容31篇,占总数的65.6%。

表5.15 人教版语文教材第14册课文内容中的城乡差异(共39篇)

城乡特色	数量	百分比	具体内容
城市特色	18	46.15%	爸爸的花儿落了;丑小鸭;成长的烦恼;音乐巨人贝多芬;福楼拜家的星期天;我也追"星";竹影;观舞记;口技;戏曲大舞台;登上地球之巅;真正的"英雄";漫画探险;珍珠鸟;斑羚飞渡;华南虎;名著导读;临摹、欣赏颜体书法
农村特色	2	5.13%	社戏;安塞腰鼓
中性	19	48.72%	从百草园到三味书屋;诗两首;伤仲永;黄河颂;最后一课;艰难的国运与雄健的国民;土地的誓言;木兰诗;邓稼先;闻一多先生的说和做;孙权劝学;伟大的悲剧;荒岛余生;短文两篇;马;狼;黄河,母亲河;马的世界;课外古诗词背诵

人教版语文教材第 14 册共有 39 篇课文,其中反映城市特色的课文 18 篇,占总数的 46.15%;反映农村特色的课文 2 篇,占总数的 5.13%;中性特色的课文 19 篇,占总数的 48.72%。

表 5.16 人教版语文教材第 17 册课文内容中的城乡差异(共 33 篇)

城乡特色	数量	百分比	具体内容
城市特色	7	21.21%	敬业与乐业;傅雷家书两则;致女儿的信;演讲:微笑着面对生活;应有格物致知精神;话说千古风流人物;名著导读
农村特色	0	0	
中性	26	78.79%	沁园春·雪;雨说;星星变奏曲;外国诗两首;纪念伏尔泰逝世一百周年的演说;雨的诉说;故乡;孤独之旅;我的叔叔于勒;心声;青春随想;事物的正确答案不止一个;短文两篇;中国人失掉自信力了吗?;好读书,读好书;智取生辰纲;杨修之死;范进中举;香菱学诗;金钱,共同面对的话题;陈涉世家;唐雎不辱使命;隆中对;出师表;词五首;课外古诗词背诵

人教版语文教材第 17 册共有 33 篇课文,其中明显反映城市特色的课文共有 7 篇,占总数的 21.21%;中性特色的课文 26 篇,占总数的 78.79%,明显反映农村特色的课文没有。

2. 北师大版义务教育阶段语文教材内容特征分析

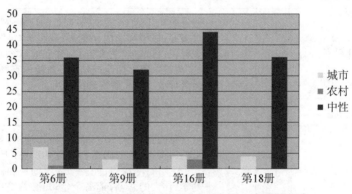

图 5.4 北师大版语文教材城乡倾向课文出现的频次

第五章 农村学校教育课程、教材、考试等方面的隐性社会分层功能

表 5.17 北师大版语文教材第 6 册课文内容中的城乡差异(共 34 篇)

城乡特色	数量	百分比	具体内容
城市特色	7	20.59%	梦已被染绿;理想的翅膀;小小的书橱;天外来客——陨石;给孩子的信;送往小木屋的信;信
农村特色	1	2.94%	山沟里的孩子
中性	26	76.47%	礼物;评分生命;妈妈的葡萄;春天的雨点;珍贵的教科书;花儿也会放风筝;小虾;松鼠;田忌赛马;捞铁牛;用冰取火;和氏献璧;中国石;最美的花束;这个规矩不能有;苏珊的帽子;大自然的语言;李时珍;装满昆虫的口袋;大禹治水;炮手;小河的歌;美丽的小兴安岭;草叶上的歌;失踪的森林王国;语文天地

表 5.17 显示,北师大版语文教材第 6 册共有 34 篇课文,其中明显反映城市特色的课文有,"梦已被染绿""理想的翅膀"等,共 7 篇,占总数的 20.59%;明显反映农村特色的课文 1 篇,如"山沟里的孩子";中性特色的课文 26 篇,但是其隐含的价值取向仍然是城市文化。

表 5.18 北师大版语文教材第 9 册课文内容中的城乡差异(共 35 篇)

城乡特色	数量	百分比	具体内容
城市特色	3	8.57%	城市剧场 1 篇;城市生活 2 篇
中性	32	91.43%	巩乃斯的马;浙江潮;红树林;原来;寓言二则;迟到;成吉思汗和鹰;我们的错误;生死攸关的烛光;微笑;只有一个地球;鸟儿的侦察报告;绿色千岛湖;语文天地等

表 5.18 显示,北师大版语文教材第 9 册课文共有 35 篇,其中反映城市特色的课文有 3 篇,占总数 8.57%;中性特色的课文 32 篇,占总数的 91.43%。

表 5.19 北师大版语文教材第 16 册课文内容中的城乡差异(共 40 篇)

城乡特色	数量	百分比	具体内容
城市特色	4	10%	有关克隆技术、科学家、巴黎的桥、苏州园林的各 1 篇
中性	36	90%	比较探究;狱中书简;绞刑下的报告;与朱元思书;爱莲说;芙蕖;邹忌讽齐王谏;曹刿论战;汉语小百科;书法小知识小故事;三峡等

表 5.19 显示,北师大版语文教材第 16 册共有课文 40 篇,较为明显反映城市特色的课文共 4 篇,如人民科学家的精神风采,克隆技术的伦理问题等,占总数的 10%;中性特色的课文共 36 篇,占总数 90%。

表 5.20 北师大版语文教材第 18 册课文内容中的城乡差异(共 22 篇)

城乡特色	数量	百分比	具体内容
城市特色	4	18.63%	言语交际效果的"欠佳"和"最佳";汉语小百科;课外阅读;书法小知识小故事
农村特色	3	13.63%	社戏;一个人需要多少土地;谁来当农民
中性	15	67.74%	范进中举;孔乙己;武松打虎;隆中对;比较探究;鉴赏评论;语文趣谈;白杨礼赞;三棵树;表达交流;综合实践;咏月诗三首;苏轼咏月诗文;黑羊;桃花源记;等等

表 5.20 显示,北师大版第 18 册语文课本共有 22 篇课文,其中较为明显反映城市特色的课文 4 篇,占总数的 18.63%,明显反映农村特色的课文共 3 篇,如社戏、谁来当农民,占总数的 13.63%;中性特色的课文 44 篇,占总数的 67.74%。

3. 长春版义务教育阶段语文教材内容特征分析

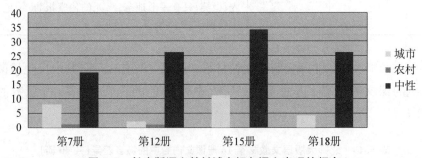

图 5.5 长春版语文教材城乡倾向课文出现的频次

表 5.21 显示,长春版语文教材第 7 册共有 28 篇课文,明显反映城市特色的课文 8 篇,如风趣的导游、长城等,占总数的 28.57%,明显反映农村特色课文内容 1 篇,占总数的 3.57%。中性特色的课文内容 19 篇,占总数的 67.86%。

表 5.21　长春版语文教材第 7 册课文内容中的城乡差异(共 28 篇)

城乡特色	数量	百分比	具体内容
城市特色	8	28.57%	风趣的导游;不用谢,爸爸;一个降落伞包;长城;威尼斯的小艇;登鹳雀楼;望庐山瀑布;哈尔威船长
农村特色	1	3.57%	播种希望的日子
中性	19	67.86%	等我也长了胡子;苦糖;难忘的八个字;长大后我就成了你;甘罗一串快乐的音符;病房里的故事;平分生命;出塞;凉州词;桂林山水;田园诗情;马;马诗;群英降马;捞铁牛;两个铁球同时着地;永远的一课;荒岛日记

表 5.22 显示,长春版语文教材第 12 册共有 29 篇课文,其中明显反映城市特色的课文 2 篇,占总数的 6.9%,明显反映农村特色的课文 1 篇,占总数的 3.45%,中性特色课文 26 篇,占总数的 89.66%。

表 5.22　长春版语文教材第 12 册课文内容中的城乡差异(共 29 篇)

城乡特色	数量	百分比	具体内容
城市特色	2	6.90%	词语的变迁;大孔雀蛾的晚会
农村特色	1	3.45%	落花生
中性	26	89.66%	井冈山翠竹;延安,我把你追寻;七律·到韶山;妙语批试卷;天鹅;蜘蛛;风筝;因小失大;龟虽寿;十六字令三首;少年中国说;望岳;使至塞上;黄河颂;军需处长;雷锋的故事;邓稼先;蛇肚子里的象;不留余地的狼;用奇谋孔明借箭;刘姥姥二进荣国府;《论语》四则;《列子》三篇;追随梦想;每个人都是天才;我的老师

表 5.23 显示,长春版语文教材第 15 册共有 45 篇课文,其中明显反映城市特色的课文 11 篇,占总数的 24.44%,中性特色课文 34 篇,占总数的 75.56%。

表 5.23　长春版语文教材第 15 册课文内容中的城乡差异(共 45 篇)

城乡特色	数量	百分比	具体内容
城市特色	11	24.44%	给女儿的信;家书;谈作文;肖像描写练习;心理描写练习;人物专访;咨询;南腔北调正方言——推广普通话活动;做生活的主人——我的一年消费总结;一个价值一千亿的名字——访"杂交水稻之父"袁隆平;给爸爸的信

(续表)

城乡特色	数量	百分比	具体内容
中性	34	75.56%	格律诗八首;宋词二首;现代诗歌二首;孔乙己;范进中举;做人与处世;短文两篇;老人与海;沉寂的雪原;《老子》二章;《论语》九则;邹忌讽齐王纳谏;毛遂自荐;桃花源记;传序书箴四篇;小议;体会季节的变奏;宋词与元曲;汉字形体的演变;属对;等等

表 5.24 显示,长春版语文教材第 18 册共有 30 篇课文,其中明显反映城市特色的课文 4 篇,占总数的 13.3%,中性特色的课文 26 篇,占总数的 86.7%。

表 5.24 长春版语文教材第 18 册课文内容中的城乡差异(共 30 篇)

城乡特色	数量	百分比	具体内容
城市特色	4	13.3%	过节和观灯;《贝多芬传》序;霓虹灯;演剧
中性	26	86.7%	国殇;行路难;背影;侍坐;养生主;项羽之死;醉翁亭记;词两首;现代诗歌二首;西风颂;杂文两篇;听泉;论友谊;断魂枪;探监;为了"一切人的自由发展";学会思考;成一家之言;请倾听我的心声;写自己的故事;我心目中的"英雄";生活着是美丽的;综合实践活动;拓展;等等

4. 研究结论

从以上 12 个表格中可以看出教材课文内容的特点:

(1) 人教版、北师大版和长春版等教材中中性色彩内容占了绝大部分比例。大部分教材内容很难完全区分城市或农村特色,诸如动植物、人物、景色等,但是古诗文词在中性内容中占有较大比例。例如《老子》二章;《论语》九则;邹忌讽齐王纳谏;用奇谋孔明借箭;刘姥姥二进荣国府等等,城乡学生占有图书和家庭提供子女阅读量存在明显差距,城市学生可能在早期教育中已经积累了一定知识,学习相对容易。

(2) 从教材内容城乡数量比较分析来说,人教版、北师大版和长春版等 12 册教科书,呈现城市特色的课文内容数量明显多于农村特色题材,其中长春版第 15 册和 18 册,北师大版第 9 册和第 16 册、人教版的第 17 册,缺少农村内容。

(3) 从人教版、北师大版和长春版等教材的文本内容方面来说,反映农村题材的文本内容基本上描述农村田野景色、农业生产和农业生活,例如北师大版第 18 册的《社戏》、人教版第 14 册的《安塞腰鼓》,长春版第 7 册的

《播种希望的日子》等;呈现城市题材的教材内容,极为广泛,富有想象力,包括城市生活、城市景物、现代化发展等等,如人教版第 14 册的《登上地球之巅》、第 4 册的《北京亮起来了》等,北师大版第 6 册的《梦已被染绿》、第 16 册的《苏州园林》等,长春版第 7 册的《风趣的导游》、第 11 册的《一个价值一千亿的名字》等。

另一方面教材中内容编排设计较为体现城市生活互动场景,例如长春版第 15 册《给爸爸的信》,反映城市学生与父母较为复杂和细腻的情感交流;然而整天忙于生计的农村父母与子女之间更多是严格督促和管束。

总体分析,教材中的城市内容较之农村内容多,教材中农村形象内容大部分局限在种植、田野场景等,而反映城市背景的内容中现代文明的特色更浓一些,如游乐场、电脑城、商场等充盈优越的城市物质生活和高雅舒适的文化生活。

教科书插图和教学内容的城市化倾向,让农村学生生活在"离农"取向的现代性想象中,逐渐远离自己的乡土文化和乡土社会,成为乡村文化的疏远者和背叛者。

三、不同版本义务教育阶段语文教材中的人物特征分析

表 5.25　人教版语文教材中的人物特征

姓名	职业	数量	性格
周恩来;列宁	革命领袖及政治家	2	具有领导组织才能、热爱祖国、工作认真、全心全意为人民服务、生活简朴、吃苦耐劳、平易近人
阿切尔;张衡;爱迪生;邓稼先;奥本海默	科学家(包括天文学家)	5	孜孜不倦、刻苦钻研、专注、创新、勇于探索、不气馁、有毅力
闻一多;福楼拜;鲁滨逊;伏尔泰	文学家	4	勇敢、激情、认真、博学、坚强
戴嵩;贝多芬	艺术家(画家、音乐家)	2	刻苦、专注、技艺高超
韩麦尔	教师	1	关心爱护学生、认真负责
鲁班;魏王;西门豹;孙权;孔子;杨修;陈胜;秦王	历史人物	8	聪明、勤于思考、英勇、足智多谋

表 5.26　北师大版语文教材中的人物特征

姓名	职业	数量	性格品质
彭德怀	革命领袖及政治活动家	1	具有领导组织才能、热爱祖国、工作认真、全心全意为人民服务、生活简朴、吃苦耐劳、平易近人
爱迪生;爱因斯坦;惠特尼;钱学森	科学家	4	孜孜不倦、刻苦钻研、专注、创新、勇于探索、不气馁、有毅力
梁思成	建筑学家	1	聪慧、工作认真、沉着冷静、爱国
乌罕娜	教师	1	关心爱护学生、认真负责
李时珍	医学家	1	认真、刻苦钻研、不怕困难
田忌;孙膑;卞和;大禹;成吉思汗;蔺相如;韩勃;李廷;廉颇;邹忌;齐王;曹刿;秦王;诸葛亮;刘备;周处	历史人物	16	聪明、勤于思考、英勇、足智多谋
哈尔威	船长	1	勇敢、镇定、有奉献精神
范进;孔乙己	其他	2	

表 5.27　长春版语文教材中的人物特征

姓名	职业	数量	性格特征
周恩来;毛泽东;朱德;康有为	革命领袖及政治活动家	4	具有领导组织才能、热爱祖国、工作认真、全心全意为人民服务、生活简朴、吃苦耐劳、平易近人
雷锋	榜样人物	1	乐于帮助他人、无私奉献的精神、艰苦朴素、谦虚
伽利略;亚里士多德;邓稼先;袁隆平;玛丽居里	科学家	5	孜孜不倦、刻苦钻研、专注、创新、勇于探索、不气馁、有毅力
鲁滨逊·克鲁索;海明威	文学家	2	勇敢、激情、认真、博学、坚强
蔡芸芝	教师	1	关心爱护学生、认真负责
甘罗;秦王;孔明;鲁肃;周瑜;薛谭;秦青;纪昌;飞卫;孔子;曹刿	历史人物	11	聪明、勤于思考、英勇、足智多谋
哈尔威	船长	1	勇敢、镇定、有奉献精神
孔乙己;范进	其他	2	

从以上表格分析,三个不同版本语文教材中的人物特点比较相近,革命领袖及政治家和科学家占很大部分,除此之外古文中涉及的历史人物很多,总体来说这些人大部分是正面人物,是能够给学生提供正能量的人。从性格上来说,主要体现了勤劳、谦虚、聪明、不气馁等品质,是我国大力弘扬的精神;从职业上来看都是城市中的职业,没有农民。这些人物的职业无形中促使形成一种职业观:城市的职业都是好的,长大后要在城市工作。特别是农村的学生,会对城市职业产生盲目的崇拜感。

四、教材中城乡语言差异

在我国的学校教育中,使用的是普通话与书面语,考试对语言和文字的要求也是非常规范的,排斥了乡土的、口语的和不规范的东西。教科书语言表达方式书面化、正规化,对农村孩子来讲完全是一种外在的、陌生的符号系统,语言的差异给农村学生带来学习障碍,他们需要完全抛弃在家庭中形成的最初的符号系统,来接受另一种标准的评价与认定。"由文语所构建的世界正是教育体制、教育机会与教育者所要加于学生们的世界。这个世界由规范的知识、正统的思想与正当的情感所构成,它来自国家,来自城市,来自看不见也摸不着的文化传承;而由口语所构建的世界则是在教育进入之前已经存在的世界,它的主要成分是区域与阶层方言,它代表着一种朴素的、乡野的、未经过文化体系系统改造过的思想、情感、智慧与生活方式。"①

事实上,即使农村学生非常熟悉的内容,课文的表达方式和学习任务也是农村孩子非常陌生的,如动植物的学名、结构,用散文、诗歌、古诗词来描绘的村景,也就是说,从某种程度上讲,学校课程的学习也是一个将乡村学生熟悉的事物陌生化的过程。以社会语言学理论而闻名的巴兹尔·伯恩斯坦认为社会底层孩子在学校学习成绩差可以用语言来解释。伯恩斯坦剖析"语言符码、社会化与阶层再生产"关系,文本化的符号更有利于社会上层。伯恩斯坦详细列举其特征:

1. 讲话内容准确、文法规律与合乎句法。
2. 以复杂文法句子厘清逻辑,尤其是使用连接词和相关句子。
3. 常用说明逻辑关系和时空间的连续性的介系词。
4. 常用非人称代名词如(它)。
5. 能分辨选择不同的形容词和副词。

---

① 李书磊. 村落中的"国家"——文化变迁中的乡村学校[M]. 杭州:浙江人民出版社,1999:80.

6. 从说话的语句结构和关系中透露个人身份地位。

7. 这种语言形式限定表意性象征符号,影响情感支持,而重视内容的逻辑意义。

8. 语用指向一种复杂概念的阶层性,以组合经验。①

需要注意的是,语言的差异不仅带来这些表面的影响,还使本来不具有城市化倾向的课文由于语言的转换而带有城市化倾向,增加了农村孩子学习的难度。教科书语言的文体化,迫使农村孩子放弃自己原有的语言习性。通过对长春版、北师大版及人教版教材的分析,我们可以看出中小学教材的城市化倾向。无论是插图、课文内容,还是具体的人物以及所运用的书面语言,都显示了一种明显的城市化倾向。这种城市化倾向表现在内容方面,教科书中农村的形象多是与自然、农业有关的,而城市展示的则是高楼大厦、汽车、飞机等现代的一面,对比之下,城市的形象对农村学生有很大的诱惑力,而书中农村的形象对城市学生却没有太大的吸引力。教材城市化倾向增加了农村学生学习困难,不利于农村孩子取得学业成功,这种教材的隐形社会分层,实际上对农村孩子通过升学考试获得上升性社会流动产生极为不利的影响。

第二节 农村学校考试和评价标准的城市化倾向
——以山东省高考语文试卷为例

当前中小学以筛选功能为导向的升学选拔制度,貌似公正均等,实际上更隐蔽地倾向于城市中上阶层子女学业成功,由于城乡家庭文化资本、经济资本和社会资本的明显差异,城市家庭子女更易通过考试制度的筛选,获得高质量教育机会。农村学生在考试和学业评价标准方面都处于极为不利的地位。"城市化取向"学业评价标准也影响到高考命题,高考试卷中存在一定程度的城市取向。新高考与传统高考模式从招考原则、考试内容等程序存在巨大的不同。新高考改革推进落实,公众批评与质疑亦逐渐增多,改革面临深层次的矛盾、利益冲突与困境,处于进退维谷的艰难抉择与犹豫徘徊中。改革的选择性与多样性,固然是此次新高考改革的标志与亮点,但其背后又隐藏着科学性危机。当前新一轮的基础教育课程改革和高考招生制度改革,忽视农村学生文化逻辑,在某种意义上导致农村学生的"考试竞争力"下降。

以高考试卷语文为例,当前语文考试试卷存在严重书面化和文化倾向,

---

① 谭光鼎,王丽云.教育社会学:人物与思想[M].上海:华东师范大学出版社,2009:274.

许多内容和形式对于农村孩子而言,完全是一套外在和陌生化的文语系统,与农村孩子语言和表达方式存在诸多差异。

以山东高考语文卷为例进行分析,探析高考中城市化倾向的具体表现。

表 5.28　2005—2012 年高考语文山东卷的结构及分值比

年份	字、词、句、音、标点等的正确运用		现代文的阅读与理解		文言文的阅读与理解		古诗文鉴赏及背诵		作文	
2005	30	20%	30	20%	20	13.3%	10	6.7%	60	40%
2006	27	18%	30	20%	20	13.3%	13	8.7%	60	40%
2007	27	18%	27	18%	22	14.7%	14	9.3%	60	40%
2008	27	18%	27	18%	22	14.7%	14	9.3%	60	40%
2009	27	18%	27	18%	22	14.7%	14	9.3%	60	40%
2010	27	18%	27	18%	22	14.7%	14	9.3%	60	40%
2011	27	18%	27	18%	22	14.7%	14	9.3%	60	40%
2012	27	18%	27	18%	22	14.7%	14	9.3%	60	40%

从表中可以看出高考语文山东卷题型一直没变,各题型的比重变化也不大,从 2007 年开始基本稳定。其中作文的比重一直是最大的,一直都占 40%;其次是现代文阅读的考查,占到 18% 到 20%;字词句等的考查和现代文阅读的比重基本持平,占 18% 到 20%,可见山东省语文教育很重视基础知识的学习和理解力的培养;文言文占的比重仅次于现代文,占 13.3% 到 14.7%;古诗文鉴赏的分值稍微少些,占 6.7% 到 9.3%,2005 年的时候只占 6.7%,2006 年 8.7%,可见对古诗文的重视在加大。字、词、句、音、标点的正确运用主要考查学生的语言规范能力,强调普通话和书面语的规范能力,语言运用的差异给农村学生带来学习障碍,对于词汇量有限的农村学生来说,形近词及成语的考查难度都挺大,需要丰富的阅读量,靠语感与理解力进行选择,农村学生很欠缺。

伯恩斯坦揭示语言符码、社会化与阶级再造之间的关系,中产阶层在家庭习性的熏陶下,内化为一套更为精致的语言符码,中产阶级将精致型符码内化于教育制度之中,其传递内容和形式体现支配阶层文化类型。工人阶级子女形成一种封闭型的符码,然而学校教育中占支配地位的是精致型语言赋码,课程、教材和教学语言也体现中产阶层语言类型,中产阶级家庭子女更易于取得学业成功。

例如2011年语文高考试题中改写句子一题,要求考生具有较强语言规范能力和广泛的阅读量。假如你是广播电台少儿栏目的主持人,请根据少儿听众的特点,重新表述下面一段文字的划线部分,不得改变原意,不超过80个字。

蔚蓝的天空,万里无云。碧绿的草地上,<u>一条小溪潺潺流过,水中的卵石清晰可见。溪边坐着一位长髯老者,面容清瘦,双目炯炯有神。</u>

这种题型语感很重要,而语感的培养需要以一定的阅读量为基础。对于本来就缺乏阅读量、理解力又相对薄弱的农村学生来说,难度太大,相比之下城市考生阅读量大,具有扎实的、规范的语言功底,更容易获取高分。

表5.29 2005—2012年高考语文山东卷现代文阅读分析

年份	文章名称及类型		考查内容
2005	《你利用花,花也利用你》	自然科学类	对关键词句的理解,信息的筛选能力
	《溯源》	散文	对词语隐含意的把握,自然段的概括能力,对句子及文章意思的理解
2006	《千栏居》	自然科学类	对文章内容的概括、理解,信息提取能力
	《文赤壁》	散文	对具体词语的辨析,对句子及文章的理解
2007	《"龙城"还是"卢城"》	散文	词语辨析,句子的象征意义,文章中心的把握
	《灯火的温情》	散文	对文章表达技巧的鉴赏能力,词语在文中的特指意义,对句子的理解,文章中心思想的体会
	《梦碎雅典》	新闻报道	具体新闻稿知识的考查,对句子的理解,对文章内容的升华
2008	《图腾与社会制度的产生》	社科类	对文章内容及核心的把握
	《歌德之勺》	散文	句子在文中的特定含义,对文章结构的理解,文章表达技巧的鉴赏能力,对文章写作技巧的理解与把握
	《我所认识的梁漱溟》	传记类	对文章的概括能力,对文章内容、句子的理解,对文章的升华,对文章写作技巧的理解与把握

(续表)

年份	文章名称及类型		考查内容
2009	《"断桥"考》	散文	对词语的理解力,对文章内容的理解
	《记住回家的路》	散文	文章表达技巧的鉴赏能力,对文章核心的理解,对句子的理解
	《杨澜对余光中的访谈录》	访谈	访谈录的概括能力,对被访者思想的理解、访问者话语的理解、整体访谈录的理解
2010	《人生的四种境界》	散文	对词语、语句及文章内容的理解,信息提取能力
	《骆驼祥子》节选	小说	对句子的理解,对文章结构的理解,文章表达技巧的鉴赏能力,文章内容概括能力,对文章核心的把握
	《她只能活七个小时》	新闻报道	文章表达技巧的鉴赏能力,对新闻稿特点的把握,对中心思想的理解
2011	《衡中西以相融》	散文	对句子、文章内容的理解
	《审丑》	小说	文章主人公形象的把握,对文章标题的理解,语句的理解
	《没有天堂》	报告	对修辞手法的理解,文章内容的把握,标题的理解
2012	《围棋与国家》	社科类	文章脉络的把握,对文章内容及关键词的理解
	《被时间决定的讲述》	散文	对文章表达手法的理解,对句子特定语境的理解,对文章语言特色的理解,对文章情感的理解
	《古怪的重水》	科普	对文章表达技巧的理解,文章内容概括能力,对语言特点的理解,对标题的理解

  由上表分析可以看出,现代文阅读的考查以散文为主,兼顾新闻报道、报告等比较新颖的体裁。
  高考散文之所以如此受青睐,和它表达的感情真挚、文学色彩浓郁、富有时代气息分不开。散文最重要的特点就是"形散而神不散",散文的取材

广泛多样,联想丰富奇巧。虽然篇幅短小,但立意深刻、集中。散文的写作,一般都很讲究表现手法的恰当运用,如借景抒情、寓情于景、托物言志、欲扬先抑、烘托对比、虚实相生、象征手法、修辞技法等等,这些手法的巧妙运用,常使作品的思想感情表达得更加鲜明突出。高考试题通过对这些技巧的鉴赏,可以直接透视学生的阅读品位。高考散文阅读命题有一个重要原则,就是对散文中负载信息量大、内容含蓄、意义深刻、表现力强的语言进行鉴赏。鉴赏散文的语言,只有联系文章的主旨,根据上下文的具体语境,细加品味、揣摩,才能正确理解其中的含义,这也是阅读散文的基础。散文题目的考查难度系数很大,需要学生有很强的理解力。对于有一定阅读量的城市学生,难度相对较小,农村学生不占优势。

表5.30 2005—2012年高考语文山东卷文言文阅读分析

年份	文章出处	考查内容
2005	《周维城传》	词义,实词、虚词的用法,文章内容的理解,句子翻译
2006	《史记·橘林列传》	词义,实词、虚词的用法,文章内容的理解,句子翻译
2007	《晋书·王戎传》	词义,实词、虚词的用法,文章内容的理解,句子翻译
2008	《聊斋志异·张诚》	词义,实词、虚词的用法,文章内容的理解,句子解释
2009	《韩非子·外储说左上》	词义,实词、虚词的用法,文章内容的理解,句子翻译
2010	《尧峰文钞》卷三十四	词义,实词、虚词的用法,文章内容的理解,句子翻译
2011	《管子》	词语解释,介词用法,文章内容的理解,句子翻译
2012	《后汉书·阴兴传》	词义,实词、虚词的用法,文章内容的理解,句子翻译

根据上述分析,文言文的考查内容,大多是选自古代经典文献,如《史记》《晋书》《韩非子》等。相比农村,城市的家长从小开始扩展孩子的阅读量,注重孩子文化经典的学习,大部分著作内容有所涉猎。从考查内容来说,文言文每年考查的内容基本都一样,主要是词、句的翻译,实词、虚词的考查及文章内容的理解。试卷中选取的这些文言文都是课外的,而且常用的文言文实词、虚词是有限的,在有大量文言文阅读的基础上,这些词的考查会变得很容易。所以无论从文章出处还是考查内容来说,具有广泛阅读量的城市学生都占有优势。

第五章 农村学校教育课程、教材、考试等方面的隐性社会分层功能

表 5.31 2005—2011 年高考语文山东卷部分作文分析

年份	题目	题型、体裁
2005	阅读下面的文字,根据要求作文。 　　皇帝造屋,百工齐集。木匠、石匠暗暗竞赛。一天,木工师傅求胜心切,重责小徒弟。徒弟为了泄愤,把师傅的木尺偷偷锉短了一分。结果,根据木尺做成的木柱都短一分。而那些稀有木材是远方进贡来的,无法在当地补充,皇帝必然为此震怒。木工师傅知道自己死亡临头而大哭,这时,石匠想出了一个办法,他把承托长柱的石墩的平整墩面改为微微隆起,补足了木柱短缺的部分。这样,不但宫室如期落成,木工全家得救,也改善了石墩设计,为中国建筑多增一份姿采。这则故事寓有中国人处世的哲理:别人的短处可以彰显我们的长处,我们的长处可以"承托"别人的短处,这样彼此都有好处。推而广之,这是一种竞争中"双赢"的智慧,而这在现代社会中尤为重要。 请以"双赢的智慧"为话题,自定立意,自选文体,自拟题目,写一篇不少于 800 字的文章。所写内容必须在话题范围之内。	材料作文; 体裁不限
2007	请以"时间不会使记忆风化"为话题,写一篇不少于 800 字的文章。 要求:①自拟题目。②自定立意。③自选文体,且文体特征鲜明。	话题作文; 体裁不限
2008	请以"春来草自青"为话题,写一篇不少于 800 字的文章。 要求:①自拟题目。②自定立意。③除诗歌外,文体不限。④文体特征鲜明。	话题作文; 体裁不限(诗歌除外)
2009	阅读下面的文字,根据要求作文。 　　见证是一种经历,也是人生、社会记忆的凝聚。在生命历程中,我们见证了人生的悲喜,社会的变迁;在历史长河中,许多人或事物又成为历史的见证。 请以"见证"为题,写一篇不少于 800 字的文章。 要求:①自选角度。②自定立意。③除诗歌处,文体不限。④文体特征鲜明。	命题作文; 体裁不限(诗歌除外)
2010	阅读下面的文字,根据要求作文。 　　人生的一切变化,一切魅力,一切美都是由光明和阴影构成的。 　　　　　　　　　　——列夫·托尔斯泰 请根据阅读后的感悟和联想,写一篇不少于 800 字的文章。	材料作文; 体裁不限(诗歌除外)
2011	请以"这世界需要你"为题,写一篇不少于 800 字的文章。 要求:①自定立意。②除诗歌外文体不限。③文体特征鲜明。	命题作文; 体裁不限(诗歌除外)

山东省高考作文试题形式主要是话题作文、命题作文和材料作文,且材料作文居多,对体裁一般没限制(诗歌除外)。话题作文对考生理解力要求很高,理解不到位很容易"跑题",许多农村学生从小的阅读量仅限课本,比城市学生更容易理解偏。

材料作文占多半,相对于话题作文,材料作文理解起来容易些,但是材料作文中的材料类型多样,与社会热点的关系越来越密切。以2010年的作文为例,选取的材料是列夫·托尔斯泰著作中的一句话:"人生的一切变化,一切魅力,一切美都是由光明和阴影构成的。"城市学生的阅读量显然大于农村学生,更易于把握时代主题。首先,城市家长对国家大事、社会热点的关注度很高,学生耳濡目染也会受到影响;其次,城市学生在父母的影响下从小就形成关心国家大事的习惯。他们对这些话题的理解要比农村学生更深刻,大脑中的储存材料也更丰富,写的作文更精彩。

在体裁方面,虽然没有限制,但是正是这种"自由"给农村学生造成更大的压力。体裁的开放会给学生很多发挥的空间,更能考查学生各种体裁灵活运用的能力。戏剧体、小说等体裁是农村学生所不熟悉的,他们在写作文时多选择记叙文、议论文等体裁,缺乏新意,城市学生恰恰利用体裁的优势吸引老师的眼球,获取高分。

从高考内容、形式等角度来看,近几年高考越来越强调能力和素养,综合性、应用型和能力型的题目越来越多,而这些题目的回答需要较高的视野和素养,这就对学校的教育环境、教育条件和教师素质提出了较高要求,一贯采用"军事化"管理的农村高中,很难培养学生所需要的素养和见识,这就增加了农村学生高考考试成功的难度。从近几年高考试题的设计角度来看,试题情景中多涉及社会热点、焦点问题或者是科技的最新发展等问题,2017年全国高考语文试卷作文试题是考查考生关于共享单车作为共享经济一种新形态的认识,而农村学生对这些信息的掌握比较有限,很难与城市学生处于同样的信息接受水平。语文高考试卷内容以城市题材和现代化生活为基调,考试标准对语言、文字要求严格规范,与农村孩子生活情境差距较大,几乎排斥乡土文化和口语化表达方式。试卷要求考生的信息量大和视野开阔,创新性和综合性越来越强,导致农村孩子处于极为不利的地位。这在一定程度上折射城乡教育不均衡衍生的教学质量问题。长期以来,教育话语权、决策权集中在城市文化,教育政策、教育内部要素和主流教育话语带有明显的城市取向。具体表现在农村学校教育传递的知识内容、评价标准是与农村文化相背离的,农村文化的教育资源很难得到农村学校教育的关注。对农村学生来说,教育分流过程中的内容、取向、选拔机制等完全是与其文化背景不相关的内容。在城市化主导的教育体系中,城乡文化区隔与冲突,必然导致农村孩子学业成功困难重重。城乡同构学校教育课程知识和评价体系,有利于城市中上层家庭子女学业成功,城乡教育质量和机会之差距,客观上阻碍了农家子弟教育成就获得。

制度化的学校教育体系通过课程、教学甚至语言表达方式的差异,将社会阶层结构差异传递并固定在子代身上,从而直接或间接影响并转化成他们的学业表现。如果社会底层子女侥幸地通过优异的禀赋和勤奋的学习,获得学业成功,成功弥补早期家庭文化资本的匮乏,但是这些来自社会底层的学生一般不会在要求广泛的文化视野和丰富的想象力的考试中取得成功,因为他们不具备社会上层子女的教育背景。嵌入农村的制度化学校教育在遵循一种城市强势文化标准的同时也否定了其他文化标准的合理性,将大多数农村文化处于不利境遇的弱势人群置于社会边缘地位。即便社会底层子弟学业取得成功,但是后天获得的文化习性过于学究化和迂腐,烙上了早期文化资本匮乏的印记。因此,社会底层子女即使通过付出艰辛的努力和代价,努力适应城市化的课程和考试,取得学业成功,但是却无法抹去文化资本匮乏的表现,缺乏广泛的兴趣,创造性和想象力不足,社会适应和灵活性较差。

城乡同构的教育体制为学生提供统一教材、统一评价标准,但这是在以城市文化为标准的基础上建立的,在文化资本、学校场域和习性等方面再生产农村弱势家庭子女学习困难。应该看到,隐藏在教材、课程和考试标准中的城乡文化区隔实质上是一种符号暴力,这些符号暴力容易被农村弱势家庭子女"误识",在"误识"惯习的诱引下,农家子弟自我放弃,选择终止学业,完成被支配阶层的自我复制和再生产。

总之,课程、教材、高考试题的城市化倾向对农村学生教育机会获得产生不利影响。农村学校教育在遵循城市价值取向的同时也将乡土文化及其主体置于相对边缘地位,被强势城市价值取向主宰的农村学校教育,实际上增加了农村学生通过教育实现阶层流动的困难,加剧了他们与城市学生平等竞争的困难程度。

第三节 新高考改革中的公平认同和农家子弟机会获得研究

高考公平是最重要的教育公平。新高考变革过程不仅凝聚了教育高质量发展的共同愿景,而且牵动亿万家庭的心,公平关切反映了公众对高考公平的呼声与焦虑,亦是教育利益调整过程中社会公众对高考改革的合理诉求。高考改革的公平关切,既表现为对高考改革结果的关切,也表现为对高考改革过程的关切。在当前阶层分化明显的社会转型期,公平关切已经成为一种普遍性的社会心理,增加了家长和社会公众对教育改革的焦虑情绪。在公众普遍的公平焦虑之下,高考改革陷入科学性和公平性的悖论之中。

高考改革的形式公平,固守公众的公平认同,然而高考改革的科学化探索,触及了社会公众的敏感神经,诱发了公众的公平焦虑。公平关切是社会公众面对教育资源和教育机会分配不均等所表现出来的焦虑情绪,集中表现为对教育改革中机会减损的强烈关注和质疑。

一、公平认同感增加抑或减少——新高考改革的公平认同变化

新高考改革实施以来,社会公众的高考公平认同感增加抑或减少?当前关于新高考改革的公平认同变化缺乏实证研究,更缺乏历时性研究。

课题采用 2013 年、2015 年、2017 年、2019 年中国社会状况综合调查数据,该调查采用概率抽样入户访问方式,调查区域覆盖了 31 个省(自治区、直辖市)。调查访问的样本分别为 10 206 个、10 243 个、10 143 个、10 283 个。从历时性数据和共时性数据,关注新高考改革的公众教育公平认同变化,呈现不同社会公众对高考公平性认同差异,揭示社会公众对于高考改革公平认同总体状况和不同年份的历时变化。

因变量是社会公众对高考改革公平性的认同度,源于问卷中"您觉得当前社会生活中以下方面的公平程度如何"中的"高考制度"一项,将"不好说"剔除,剩余选项包括"非常不公平""不太公平""比较公平"与"非常公平",分别赋值 1、2、3、4。

核心自变量包括:①年龄。②受教育程度。赋值情况如下:"未上学"赋值为 0,"小学"赋值为 1,"初中"赋值为 2,"高中""中专""职高技校"合并赋值为 3,"大学专科"赋值为 4,"大学本科及以上"赋值为 5。③家庭年收入。为克服数据的过度偏态分布的不足,我们将年收入金额进行自然对数化处理。④社会分层主观认同。将阶层认同由低到高赋值为 1—4。⑥年份。为探讨不同时间的历时性因素影响,将调查对应年份 2013、2015、2017、2019 分别赋值 1、2、3、4。

控制变量包括性别(女性为 0,男性为 1)、工作状况(目前无工作赋值为 0,其他为 1)和户籍(非农为 1,农业户口为 0)。本研究中相关的主要变量描述性信息见表 5.32。

表 5.32 样本中变量的频次/均值分布表

	CSS2013	CSS2015	CSS2017	CSS2019	合并样本
高考公平认同					
非常不公平	235	300	603	453	1 591
不太公平	1 178	1 204	1 266	940	4 588
比较公平	5 771	5 716	4 602	4 641	20 730
非常公平	1 170	1 859	2 499	3 293	8 821
受教育程度(0—5)	2.000	2.030	2.107	2.235	2.093
家庭年收入对数	10.456	10.489	10.414	10.653	10.504
主观阶层认同	2.335	2.182	2.021	2.341	2.220
工作状况	0.724	0.689	0.627	0.647	0.672
户籍(1=非农)	0.317	0.322	0.311	0.316	0.316
性别(1=男)	0.447	0.454	0.447	0.429	0.444
年龄(16—71岁)	44.725	45.517	45.654	45.583	45.370

1. 描述性统计

基于新高考制度改革与教育机会减损关系,为了清晰刻画社会公众关于高考公平认同变化,将"非常不公平""不太公平"两项合并为"低公平认同","比较公平""非常公平"两项合并为"高公平认同"。

表 5.33 社会公众对高考改革公平认同程度分布表

年份	2013		2015		2017		2019	
公平	低认同	高认同	低认同	高认同	低认同	高认同	低认同	高认同
频次	1 413	6 941	1 504	7 575	1 869	7 101	1 393	7 934
占比(%)	16.91	83.09	16.57	83.43	20.84	79.16	14.94	85.06

2013 年社会公众对高考改革公平认同程度,低认同占比 16.91%;2017 年低认同占比 20.84%,上升 3.93%。社会公众对高考改革低认同占比逐渐提升。2013 年社会公众对高考改革公平认同程度,高认同占比 83.09%,2017 年高认同占比 79.16,下降 3.93%。社会公众对高考改革公平高认同占比逐渐降低。

新高考改革以来,社会公众对高考改革公平认同呈现变化,低公平认同占比提升,高公平认同占比降低。这反映了社会公众对新高考改革的公平认同总体呈现下降趋势。

2. 多变量分析

采用有序 logistic 回归处理数据,以 2013 年份、2015 年份、2017 年份、2019 年份的数据分别建立模型 1、模型 2、模型 3、模型 4。模型 5 为合并样本模型。

表 5.34　高考公平认同的有序 logistic 回归表

	模型 1	模型 2	模型 3	模型 4	模型 5
受教育程度					
小学	−0.141	−0.068	−0.314***	−0.386***	−0.220***
	(0.091)	(0.081)	(0.081)	(0.087)	(0.041)
初中	−0.228*	−0.288***	−0.620***	−0.727***	−0.474***
	(0.092)	(0.082)	(0.082)	(0.086)	(0.042)
高中及中专	−0.259*	−0.497***	−0.787***	−0.748***	−0.582***
	(0.106)	(0.094)	(0.093)	(0.095)	(0.047)
大专	−0.635***	−0.626***	−0.820***	−0.603***	−0.636***
	(0.134)	(0.117)	(0.115)	(0.114)	(0.059)
本科及以上	−0.612***	−0.454***	−0.263*	−0.300**	−0.311***
	(0.137)	(0.126)	(0.116)	(0.116)	(0.061)
家庭年收入	−0.035	−0.031	−0.024	−0.040**	−0.034***
	(0.023)	(0.018)	(0.014)	(0.015)	(0.008)
主观阶层	0.131***	0.029	0.055*	0.055*	0.059***
	(0.028)	(0.025)	(0.024)	(0.023)	(0.012)
工作状况	0.095	0.032	0.006	−0.023	0.011
	(0.057)	(0.050)	(0.044)	(0.044)	(0.024)
户籍	−0.212***	−0.186***	−0.205***	−0.084	−0.169***
	(0.062)	(0.056)	(0.051)	(0.050)	(0.027)
性别	0.014***	0.015***	0.011***	0.002	0.009***
	(0.002)	(0.002)	(0.002)	(0.002)	(0.001)
年份					
2015					0.187***

(续表)

	模型 1	模型 2	模型 3	模型 4	模型 5
					(0.030)
2017					−0.302***
					(0.031)
2019					−0.718***
					(0.031)
节点 1	−3.332***	−3.334***	−2.819***	−3.723***	−3.019***
	(0.275)	(0.229)	(0.188)	(0.207)	(0.109)
节点 2	−1.339***	−1.558***	−1.507***	−2.488***	−1.508***
	(0.268)	(0.223)	(0.185)	(0.203)	(0.106)
节点 3	2.163***	1.488***	0.828***	−0.102	1.256***
	(0.269)	(0.223)	(0.184)	(0.201)	(0.106)
样本量	7 773	8 561	8 579	8 816	33 729
Pseudo R2	0.016	0.018	0.016	0.009	0.019
loglikelihood	−6 917.889	−8 417.784	−9 784.822	−9 557.032	−35 243.10

基于模型 1(CSS2013)、模型 2(CSS2015)、模型 3(CSS2017)、模型 4(CSS2019)的有序 logistic 回归，公众的受教育程度、家庭年收入、主观阶层、工作状况、户籍等变量与公平认同相关。数据表明，受教育程度越高、家庭经济收入越高、自我主观阶层越高，高考公平性认同程度越低；相比农业户口，非农业户口人群对高考公平性认同程度低。从模型 4 分析，年份变量在 0.001 水平具有显著负相关，从 2013 年到 2019 年社会公众对新高考改革的公平认同呈现逐渐下降趋势。

综上所述，新高考改革实施以来，公众的公平认同总体呈现下降趋势。高考改革的多样化，不同的公众群体对高考改革的公平认同呈现明显差异。农家子弟及其社会弱势人群子女对高考公平渴望强烈，新高考改革必须在科学化选才的同时，关注农家子弟及其社会底层子女对高考改革公平性的强烈追求。

二、高考改革的多样化追求增加了农家子弟教育机会获得难度

形式公平是高考改革的基石，维系公众的公平认同。形式公平是高考

标准、程序、规则、机会以及参与权利等公平,是高考改革首要维度的公平。恢复高考40多年来,逐步确立了高考改革的形式公平,这充分体现在"分数面前人人平等"原则和标准上,所有的考生都有权利参加高考,考生能否上大学,上什么样的大学,完全由分数决定,"分数面前人人平等"成为高考公平最直观的表达,"分分必究"就是这种公众心理在高考成绩使用上的具体投射,这也是高考成为高利害性考试的关键。形式公平维护高考的标准、程序和权利公平。国家加强"双一流"建设,高校发展非均衡性以及优质高等教育资源的稀缺性基本决定着高考竞争的激烈性,这种高度竞争的态势又意味着考生、家长及社会对高考公平的更高要求与更高期待。而以客观刚性的考试分数为评判标准成为确保高考公平最便捷、最高效的选择。教育部考试中心和《中国青年报》在调查中发现,约50%的被访者认为现行的高考制度是公平的,其中学历越高者,越认可高考制度的公平性。① 高考形式上的统一标准以及操作程序上的规范透明,实际上是服务于高考改革的形式公平,主要表现在统考统招,公开程序,消除暗箱操作,实施"阳光高考工程"等。高考改革的形式公平实际上是社会公平,维系社会大众的公平认同。社会公众对高考形式公平需求越来越清晰,形式公平也已成为高考改革的核心价值,逐渐被建构为全民共同的社会心理。高考之所以被视为最为公正的人才选拔制度,具有广泛的民意基础以及很高的信任指数,其关键在于坚守高考改革的形式公平。高考作为中国社会最为公正的人才选拔制度,拥有广泛的民意基础以及很高的信任指数,甚至已被建构为共同的社会心理。高考公平已成为公众的强烈诉求。形式公平是高考改革的首要维度,固守公众的公平认同。高考改革的实质公平追求,由于缺乏有效的公平保障机制,在某种程度上触及了形式公平底线,各种损害教育公平的负面信息通过媒体舆论传播为社会公众所熟知,加剧了社会公众对高考改革的焦虑。新高考强调多元评价综合录取机制,赋分科学性和综合素质评价模糊性,在一定程度上诱发了公众对高考改革公平性的认同危机。

针对传统统考统招模式的缺陷,高考改革一直探索采取多种渠道和多样化方式评价招录学生。为了选拔综合素质优秀的考生,弥补统一高考制度缺陷,2000年原国家教委颁布《普通高校招生保送生的规定》,强调省级优秀毕业生、奥林匹克选科竞赛获奖者、全国青少年科技创新大赛获奖者等可获得保送资格;2009年教育部出台高中生特长加分政策,规定体育特长生、奥林匹克学科竞赛、思想品德突出事迹者、科技竞赛等加分项目。2010

---

① 戴家干.从高考恢复30年调查看改革:制度创新是关键[N].中国教育报,2007-11-4.

年北京大学等重点高校试行中学校长实名推荐制,2012年教育部颁布《关于进一步深化高校招生选拔录取改革试点工作的指导意见》,要求招收"学科特长和创新潜质"的学生。

高考改革中的分地域招生、自主命题、自主招生和加分政策等都不同程度地增加了农村学生和社会底层子女获取优质高等教育资源的困难。据清华大学发布的《中国高等教育公平状况报告(2011)》数据显示,家庭背景对考生获得保送资格、自主招生名额、高考加分优惠等方面具有显著影响,国家与社会管理者子女获得加分机会是农家子女的7.5倍。[1] 高考改革的多样化,实际上不利于社会资本匮乏的农村家庭和低收入阶层获取优质高等教育机会。高考分地域招生是高校招生名额在各省进行分布,各省考生在其户籍所在地参加高考,填报志愿并按高考分数择优录取。但是,高校招生名额在各省的分布极不均衡,高校所在地的招生人数较多。

我国高校优质教育资源聚集在经济发达的大城市和沿海发达省份,经济愈是发达,教育机会愈多。当前高考招生名额按照地区分配,高校所在地招生名额最多,这种招生制度使高校较多的大城市学生有更多机会进入名校,实际上不利于农家子女获得优质高等教育机会。2014年复旦大学在上海计划招生85人,占总计划的25.71%,在山东计划招生仅为总计划的2.98%;武汉大学在湖北计划招生1 695人,占总计划的22.9%;中山大学在广东省计划招生4 000人,占总计划的49.7%,南京大学在江苏省计划招生658人,占总计划的20.6%。近年来,国家教育部要求部属院校属地招生计划控制在30%以内,在某种程度上抑制区域招生不公平。

高考采取单独命题,试卷多样化,形式繁多,缺乏统一标准。上海是全国最早推行单独命题的地区,采取单独命题,打破全国统一评价,更利于地方保护。上海于2000年率先实施高考自主命题,打破了全国统一命题的传统。分省命题相继在多省份实施。这一改革举措体现了多样化和选择性的课程改革思路,但并没有充分解决按地域招生带来的城乡不公平,甚至会加大地域之间的不平等。自主命题只是从本省挑选命题人员,相较于全国命题,命题人员与学校教师有较大的互动概率。近两年有省市反映最突出的是城市中学高考题押中率增高,自主命题的城乡高考信息占有量不对称直接影响到考试公平性,对中国这样一个尤重人情关系、社会资源相对紧张的发展中大国而言,民众的公平忧患意识与渴望也较别国更为强烈。[2]

---

[1] 北大清华2017年在各省录取情况[N].中国教育在线,2017-8-3.
[2] 杨朝清."综合素质"入高招,要确保教育公平[N].光明日报,2016-8-10.

教育部出台的高考加分制度,规定特长生、三好学生、少数民族等在高考中获得加分的权利。这有助于鼓励个性发展,破除分数至上的评价批准。但是这一政策逐步异化为学生家庭资本的较量,具有资本优势的家庭很早就为孩子打通门路,使孩子在学校评优过程中取胜,新闻媒体报道优势阶层暗箱操作,为子女变更民族身份、伪造体育特长生和获奖身份等获得高考加分,农村及社会底层家庭背景的学生很难获得评优加分。高考加分政策原本是对愈演愈烈应试教育的修正和补充,但是逐步变成优势阶层对寒门子弟的机会剥夺利器。

自主招生采用多元化的评价标准,以高校自主选拔录取为导向,一定程度上能推动基础教育改革、提高学生整体素质。但是由于城乡社会底层子女早期家庭文化资本的匮乏,很少有农村学生和社会底层子女会通过自主招生被录取。重点高校自主招生标准强调考生综合素质,要求考生知识涉猎面更为丰富,强调想象、语言表达、发散思维等多种能力,侧重考查特长优势和天赋。农村孩子和社会底层子女很难表现出较高的综合素质,这不可避免地影响学业成绩。2009年11月,《中国青年报》关于自主招生在线调查显示,48.8%的人认为自主招生"对教育资源缺乏地区的学生更不公平",66.7%的人认为"钱权交易不可避免"。① 近年来媒体报道自主招生舞弊现象,映射其家庭社会资本较量,社会底层子女获得同等录取信息都困难,更何况在自主招生中占有优势。

在以上多样化的招考制度之外,一些高校会根据不同省份考生在不同年份考试成绩的具体变化,适当调整招生分配名额,以便增加高校招生的灵活性,而这种灵活性会相应地增加违规操作,这些指标名额多会预留给某些社会优势阶层子女。农村学生和社会底层子女很少会拥有这些额外名额。当前基于地方的自主命题,主要从本地高中教师、大学教师中挑选命题人员,命题人员与学校教师有更高的互动频率可能性。据新闻媒体报道近年来城市重点高中高考题猜中率相对增高。自主命题城乡信息占有量不对称直接影响考试公平性。尤其是在一个优质教育资源相对紧张,人情关系较为复杂的发展中国家,人们对公平的渴望更为强烈。② 重点高校自主招生有利于发现才能突出的特殊人才,打破一考定终身的传统选拔制度,考试多元化一定程度上促进中小学素质教育改革,重视学生个性发展,但是很少有

---

① 郑若玲、刘婧婧.弱势群体对高考公平性之评价——基于农村高中生调查[J].现代大学教育,2015(1):11.
② 王后雄."高考城市化倾向"的成因及矫正[J].教育发展研究,2009(5):11.

第五章 农村学校教育课程、教材、考试等方面的隐性社会分层功能

农村考生通过自主考试被录取的,自主招生采用多元化的评价标准,体现城市文化导向,重视文化素养和学生综合素质,凸显创造力,不拘泥于书本,显然不利于农村孩子取得学业成功。

高考加分政策是为弥补高考招生制度某些缺陷而制定,这有助于改变过于僵硬的唯分数论。特长生能在高考中获得加分的权利。这一政策受到公平性质疑,有论者认为这是学生家庭资本的较量,具有资本优势的家庭很早就为孩子打通门路,使孩子在学校评优过程中取胜,农村及没有家庭背景的学生很难获得评优加分。首先,学科竞赛、文艺、体育等方面的特长考生,大多数都是教育资源丰富和学习条件优越的城市学生,例如钢琴,很多农村学生都没有摸过钢琴,根本不可能考级;再如文学,农村家庭支付孩子的学费已不易,很难再有经济余力去支付孩子额外的文学书籍费用。大多数特长都需要在学校教育之外聘请教师进行课外辅导,其学费是相当贵的,这是农村家庭难以承受的。其次,加分过程中可能会存在的舞弊现象加大了农村学生入学难度,这主要是学生家庭社会资本的较量,农村学生接受同等录取信息都困难,也很难在自主招生中占有优势了。在这种情况下,尽管部分农村学生可能有较大发展潜力,但在自主招生考试中很难表现出较高的综合素质,自主招生考试在某种程度上为城市学生提供了进入名校的机会。

新高考招生考试制度对农村孩子更为不利。新的考试标准更强调考生综合素质,要求考生知识涉猎面更为丰富,强调想象、语言表达、发散思维等多种能力,侧重考试特长优势和天赋。农村学生受制于农村家庭背景和文化资本匮乏的影响,在城乡教育资源失衡条件下,其受教育环境不如城市学生,必然在成绩上落后于城市学生。在以前侧重考查学生记忆力的情形下,刻苦读书和死记硬背可能提高学生高考成绩,然而当高考注重考查学生想象、思维和创新性等素质的时候,刻苦学习因素在提高高考成绩方面发挥的作用在下降,考生之受教育条件和环境作用不断提升。许多农村学生考试成绩差,不是因为努力程度不够,而是因为其视野狭窄,知识面局限于书本,学习方式呆板等原因。农村教育资源远不如城市,高考竞争实际上是城乡学生处于不同的起跑线上。考试注重考查综合素质和创造力本无可厚非,但在高考城市语境下,未考虑到农村考生贫乏的师资、简陋的教学设施和条件。高考实际上是农村与城市的一种竞争,是贫乏的农村资源和雄厚的城市资源的竞争,农村学生更多的是依靠自身勤奋苦读,甚至是复读多年才有可能获得高等教育机会。

高考保送制度存在弊端,一些学校和强势人物通过特权来攫取这些保送名额,从这个意义上讲,保送制度以牺牲社会公平为代价照顾了少数特权

阶层,更加损害了农村考生的利益。① 作为对公众公平性焦虑的回应,2014年开始,各省份高考加分项目不断紧缩,校长实名推荐制也因损害公平而被取消。2020年自主招生政策由于备受公众舆论的质疑,而被"强基计划"所取代。

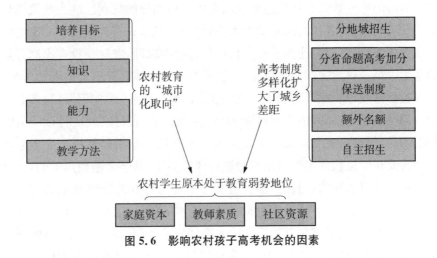

图5.6 影响农村孩子高考机会的因素

总之,多样化的高考招生考试制度可能导致教育机会获得变化,对于农村学生来说,分数是他们可以在教育竞争中获胜的唯一途径。我国长期存在教育区域差异,农村学生从一开始就与城市学生处于不同的起跑线上。② 在过去高考形式单一的情况下,农村学生通过刻苦攻读可以取得高分,进入重点大学,而当高考形式日益多样化,越来越关注学生各方面能力的时候,刻苦的因素在高考成绩中所起的作用就有所下降,学生的家庭资本和所在区域的教育条件起的作用越来越大。应该看到,高考改革多样化追求,包括保送生、自主招生、加分政策、多元录取等多项政策的叠加,加剧了社会公众对教育公平获得感的焦虑。在高考改革多样化进程中,衍生诸多不公平现象,或因制度设计本身不严密,或因缺乏客观评分标准,受到社会公众强烈质疑,由于高考运作过程不透明不公开,权力监督形式化,出现不同程度权力寻租现象,高考加分政策甚至在某些地区异化为谋取私利的工具,诱发公众对高考改革多样化的担忧。高考改革的实质是公平追求,由于缺乏有效的公平保障机制,反而在某种程度上触及了形式公平底线,而各种损害教育公平的负面信息通过新闻媒体舆论传播为社会公众所熟知,无疑

---

① 李晓荣.高等教育改革对农村生源大学生的不利影响及对策[J].教育与职业.2012(8):14—15.
② 刘海峰.中国高考向何处去?[J].北京大学教育评论,2010(4):5.

进一步加剧了社会公众对高考改革的焦虑。

三、等级赋分制、综合素质评价与农家子弟教育获得

等级赋分制是新高考改革争议焦点之一。新高考改革旨在通过增加考试科目和考试次数,增强高考的多样性和学生的选择性。但是另一方面,改革多样性又带来了考试的等值性和可比性问题。等级赋分制设计之初衷,是为了解决新高考不同选考科目分值可比性问题,同时以等级形式避免考生分分必争的"唯分论"弊端。但是等级赋分制技术性强,其赋分的科学性和公平性引发了社会公众的强烈质疑。

等级赋分制存在天然的缺陷,原始分与等级赋分相差较大,分数转换中的复杂的数理统计给社会公众在成绩理解上设置了较高的专业壁垒,增加了公众的公平感自证和认同难度,极易于给考生和家长造成一种不确定性和不安全感,进而产生一种被不公平对待甚至暗箱操作的假象。

赋分方案存在制度设计缺陷,所依据的等级标准受制于科目特点、试题难度、考生数量、考生水平等因素影响,赋分标准的不确定性较强,不同科目区间幅度变化差异明显,影响高考选考和考试次数改革的实际效果,难以获得公众认同。事实上,等级赋分并没有完全解决不同选考科目等值和可比性问题,考生选考也并不是完全基于自身兴趣爱好和职业生涯规划,在趋利避害心理驱使下,考生功利性选科较为普遍,由于物理学科难度大,选考考生的数量大规模下降,引起社会公众广泛关注,对数理等基础学科人才培养造成不利的影响。新高考强调考生选择的多样性,这无疑是亮点,但是不同选考科目分值可比性问题难以根本解决,必然造成功利性选科博弈。

公众对等级赋分制的理解,需要较强的专业性基础,公众所质疑的不仅是等级赋分这种专业行为,更担心这种专业性破坏形式公平。对赋分科学性和公平性质疑,增加了考生的不确定感,诱发了公众对高考改革公平的认同危机。

综合素质评价具有一定模糊性,虽然提供了个性化考查考生的可能性,但是亦增加了考核的不确定性。新高考强调降低高考文化成绩比重,提升综合素质评价等方面的权重,诱发社会公众对高考公平性的质疑和担忧。在社会诚信体系和监督体系尚不完全健全的现实环境下,一旦公众的担忧在未来的某种高考改革风险的具体事件中被印证,必然带来舆论普遍反弹,甚至触及社会风险。2018年北京新高考方案公布引起舆论广泛关注。其中面试、综合素质评价以及平时学业水平测试占比40%,统一高考成绩占比60%,受访家长对综合素质测评、面试等考试形式公平性,内心感受尤为

纠结。①

高考分数是客观指标,而综合素质评价主观色彩浓厚,受访家长普遍认为,高考分数在一定程度上反映学生真实水平,多次考试作为参考标准也较为客观。但是综合素质评价占比较高,评价标准和评价规则存在模糊地带,评价内容不透明且标准弹性过强,缺乏统一要求,诱发家长焦虑。中国青年报社会调查中心数据统计表明,65.2%的受访者认为,综合素质评价缺乏量化的口径和评分标准,增加了考核不确定性;57.6%的受访者认为,综合素质评价主观随意性强,缺乏公信力。②

为了获取高考竞争中的加分优势,"思想品德""社会实践""身心健康"和"艺术素养"等综合素质测评指标,极易于被扭曲为升学考试加分的"敲门砖"。由于缺乏清晰透明的监督体系,一些家长从升学加分利益的动机考量,片面追求各类艺术、竞赛的考级考证,甚至将测评指标沦陷为功利化的追逐工具,为权力寻租留下空间。如果综合素质评价被教师和家长异化为一种应试思维,那么就失去了考查学生个性化多样发展之价值。新高考改革方案的不确定因素,增加了公众的公平关切。新高考的综合评价录取已经开始试点推广,多元评价机制正在成为新高考的改革趋势。随着各省份新高考改革方案的出台,家长的焦虑情绪也不断增加。录取中不确定因素增加,高考改革的公平底线到底能否守住?公众焦虑与不安随之增加。

2014年,上海、浙江率先启动新高考综合改革。浙江新高考采取"三位一体"综合录取模式,录取标准依据统一高考成绩、高中学业考试成绩和综合素质评价成绩按照比例合成综合成绩,择优录取,高考成绩占综合成绩比例50%。新高考实施后,高考招录方式发生很大的变化,实施效果产生明显的变化。2017年北京大学、清华大学在浙江录取名额350人,通过统一高考录取的学生仅为27人,占比约为7.71%,更多考生是通过"三位一体"招生、自主招生和保送生等特殊类型招生录取。③ 没有百分之百依靠高考成绩作为标准,自然参照了综合素质评价、高校面试以及学业水平等测试形式,但是社会公众关注,这些测试形式是否达到教育公平避免阶层固化呢?

新高考实施以来,北京大学、清华大学等国内一流高校招生方式发生明显改变,完全通过裸分录取已经越来越难,而在2014年以前,北大、清华70%—80%的录取名额是在裸分中招生。随着新高考改革不断推进实施,

---

① 北京新高考方案:试点综合评价录取模式,高考成绩占比不低于60%[N].观察者网,2018-8-25.
② 杨朝清."综合素质"入高招,要确保教育公平[N].光明日报,2016-8-10.
③ 北大清华2017年在各省录取情况[N].中国教育在线,2017-8-3.

在多重制度逻辑变迁过程中,多元评价录取机制、等级赋分制以及综合素质评价等因素相互叠加,机会获得不确定性因素增加,教育改革利益减损引起社会公众关注、质疑和焦虑,这也导致当前高考改革陷入较为尴尬的制度环境。

在新高考改革多元评价体系下,"三位一体"、综合素质评价等录取形式不断拓展招生比例,新高考复杂的多重竞争逻辑将进一步拉开贫困和经济欠发达地区教育机会获得差距。我国区域、城乡发展不均衡,考生群体内部也呈现多样性分化。其中,农村考生无论从学校教育水平、家庭经济条件还是所处大环境的文化氛围等,都与城市学生差距甚大,贫困地区和经济欠发达地区学生的综合素质、视野见识难以适应新高考招生录取方式的变革。

近年来县镇中学考入清华北大人数减少,这与招生录取方式改变以及生源流失密切相关。对于经济文化不发达地区的县镇中学来讲,考生竞争力不断减少,尤其是在新高考改革下的多元评价背景下,考生的综合素质、信息来源以及选拔方式影响优质教育机会获得。71.5%的被调查者认为当前高考改革越来越强调综合性和创造性,要求考生具有广阔的视野和丰富的文化素养,需要家庭文化修养熏陶和日常长期生活知识积累,这使教育条件较差的农村地区学校处于劣势地位。①

新高考改革的隐形公平风险逐渐增加。新高考改革强调核心素养和个性化考查,勤奋刻苦因素在高考成绩中所起的作用逐渐降低,而受教育者的成长环境和文化资本所起的作用不断提升。家庭文化资本与学校教育素养考查具有内在一致性,折射文化资本巧妙地隐蔽运作。这种隐蔽性再生产集中表现在家庭资本充足的父母可以将内隐的文化资本转化为外显的官方考查内容,学校课程内容、考查标准等倾向于中产阶层文化性情和价值观。学校教育体系更易于中产阶层儿童价值观和行为模式取得成功。家庭资本充足的父母更可能将模糊的综合素质评价转化为可供观察的清楚指标,子女更容易表现出预期的教育期待。文化资本丰富的家庭通过博雅的知识熏陶,丰富的见识,民主的互动交流拓展子女创新素养,而文化资本匮乏家庭的子女较难把握考试内容和评分标准,只能寄希望于考试内容的"客观""科学"以及自己勤奋刻苦获得优异成绩。

四、"专项计划"与教育过程的公平

新高考强调实施重点高校"专项计划",旨在提升农村和贫困地区学生

---

① 郑若玲、刘婧婧.弱势群体对高考公平性之评价——基于农村高中生调查[J].现代大学教育,2015(1):11.

的优质高等教育入学机会,改善教育改革对农村弱势群体子女造成的机会减损。"专项计划"考虑到城乡家庭背景、阶层出身以及禀赋差异造成的弱势学生群体的教育利益补偿。"专项计划"通过降分录取、定向招生等方式帮助农村大学生进入重点大学,是一种补偿性的救济措施。如果把农村考生进入重点大学作为教育公平的一个终点的话,那么它所能影响的仅是结果公平,而非起点以及过程的公平。

2018年9月6日,《中国青年报》刊登《农村孩子考上北大,然后呢》的调查报道,指出了从底层家庭考入名校的学生面临的种种不适应,不会WORD、EXCEL,计算机课时常挂课,学业困难和人际交往焦虑,阻挡农村学生社会适应,专项生的综合素质显然落后于城市学生,跳出龙门的贫困地区学子意识到素养、视野和见识等综合素质是"勤奋也解决不了的事","即使到了北大,我们也和那几亿的农民工人互为镜像"。①

"专项计划"是面向农村和贫困地区定向招生,促进农村和贫困地区学生获得更多的优质教育机会。但是仅获得入学机会仍然无法消除教育过程公平忧虑,农村贫困地区专项计划学生升入重点高校的学业适应及其社会性发展问题亟须关注。"专项计划"更应关注农村和贫困地区学生非认知发展,促进不同家庭背景、个性特征学生互动融合,让农村和贫困地区学生尽早融入重点高校学习环境中,关注专项生成长全过程的发展平等。

五、新高考改革与教育公平的风险成本

新高考改革推行过程中的成本问题不容忽视。新高考改革成本问题包括改革的物质条件支撑基础不均衡带来的风险成本和社会公众认同的信任成本。新高考改革实施过程中,物质资源支撑力约束是其面临的障碍要素之一。我国区域经济文化发展不平衡,基础教育质量亦存在明显的地区差异,这是启动教育改革所必须统筹考量的一个基本现实。对欠发达地区而言,不具备物质条件支撑基础,贸然推动改革,可能适得其反。在新高考浙江方案试行过程中,物理选科人数大幅度减少备受争议,选课走班制因师资配备、教室和专用室严重短缺问题而在实际运作中变形走样。软硬件设施不完善是制约新高考推进的最大问题。沿海发达省份新高考推行的支撑基础尚且勉力为之,对西部偏远地区高中学校更是难以承受之重。时任教育部部长陈宝生强调,各省份新高考推进进程必须因地制宜,实事求是,不冒进,不急躁,条件达到了就批准启动,条件达不到就创造条件,达到了再

---

① 程盟超.农村孩子考上北大,然后呢[N].中国青年报,2018-9-6.

启动。① 如果不顾一切盲目强制实施新高考方案,就会给学生带来极大的风险成本,最终影响到公众的社会认同。

新高考改革的风险成本增加,增加了公众认同焦虑。高考综合改革的深化推进,社会公众面对高考的社会心理正在经历前所未有的拉扯。一方面,公众不断质疑高考作为社会阶层晋升阶梯的"失灵";另一方面,随着高考改革多样化的进展,公众对高考改革机会减损的忧虑不断加深。在当前讨论高考改革的社会舆论语境下,形式公平已获得社会公众心理的广泛认同,被视为第一维度公平,任何与形式公平相抵触的高考改革举措,必然加深社会公众的心理认同难度,诱发公众焦虑情绪增加。

六、倾听基层声音,化解农村家长和学生的公平认同焦虑

当前我国正处于全面深化高考改革的关键期,强调多元评价录取,致力于选拔人才的科学性,但是绝不能漠视公众的公平焦虑。高考改革"牵一发而动全身",涉及农村家长、教师和农村考生等多方面利益相关者,新高考公平性受到多方质疑,并不代表否定新高考制度的合理性与方向性,但是细微处的质疑会影响高考制度的权威性,甚至影响高考改革的总体进程。

化解农村家长和农村学生公平认同问题,应在充分认识高考公平多元性和利益诉求多元化基础之上,将公众关切纳入新高考推进过程中,减轻高考改革中的公平焦虑,建设高考公平的社会评价体系,增强公众公平认同感。新高考改革须倾听基层利益相关者的公平诉求,促进不同利益群体多元参与,实现协同治理。重视高考改革配套制度建设和公平评价体系建设,优化新高考科学决策。重视公平性质疑的诉求,倾听不同声音,化解公众认同关切。

应该看到全社会对形式公平的热情高涨,高考改革中的家长、教师和学生等利益相关者以各自认定的方式界定"公平",捍卫既得利益,但是高考领域的治理尤其需要在个人与公共、局部与整体、眼前与长远的利益上尽可能地保持平衡,如果顾此失彼,就可能带来严重的后果。化解公众公平认同焦虑,亟需关注新高考利益相关者的多元诉求,倾听底层声音,充分问计于民,激发、吸纳民智,尤其要善于从民众的批评与质疑中获得有价值的信息。

政府以及教育行政部门应高度重视高考公平性质疑的各种声音和相关

---

① 陈宝生. 从 2018 年起将有 17 个省份开启高考招生制度改革进程[N]. 新华网,2018-3-16.

诉求,将公众关切纳入改革进程之中,理性分析和研判各种公众质疑和焦虑,从微观视角回应相关群体的基本诉求。

新高考改革必须在重视高考公平复杂性、利益诉求多元性和科学决策系统性基础之上,遵循教育规律,稳妥推进。防止高考改革化约主义理解,充分认识高考功能的复杂性,优化科学决策,合乎多元诉求。有研究者认为高考改革承载太多的社会功能和责任,高考仅仅追求简单化的社会公平,既与社会公平无补,又会延迟高考及教育体制改革。更有研究者认为高考改革难以承受社会公平之重任,强调回归高考本体价值。① 应该看到高考承载育人、选才以及促进社会流动之功能,高考改革陷入科学性与公平性之悖论,难以取舍。高考功能复杂性决定高考公平的复杂性。

从利益相关者视角分析,新高考改革公平性受制于个体主观因素和改革阶段性变化因素影响。新高考公平呈现发展性、多元性和主观性等特征,对于不同利益群体而言,新高考公平评价的主观感受具有明显的个体差异,并伴随不同的公众情绪体验;新高考改革中问题具有动态发展性,新高考公平随着社会阶段变化而产生新变化,新高考在解决既有高考公平性问题同时,也会产生新问题,新高考改革中出现问题须在改革推进过程中不断深化调整。家长、学生和学校对新高考需要一个适应过程,高考改革亦是不断完善过程,社会公众从理解到接受新高考仍然需要一个过程,因此需要引导公众理性理解争议和质疑,以动态眼光分析高考改革中出现问题,既坚持政策的稳定性和连续性,又必须优化科学决策,保持政策微调,增强新高考制度设计公平性。强化实施过程公开公正,杜绝权钱介入和舞弊现象,减轻弱势群体公平焦虑;不断改进方法技术,强化科学性,对高考改革试点省份考试时间、考试次数、选考科目计分方式等科学研判,及时政策调整,化解公众认同忧虑,增强命题设计的公平意识,提高命题科学性,从技术层面减轻新高考改革中对弱势群体的"事实歧视"。加强信息公开和透明,扩大政策宣传力度,提高弱势群体的知情权,凝练社会共识。当前家长们对于新高考改革政策广泛关注,但是认知程度和理解深度普遍不高,焦虑程度较高。加强家长对新高考等级赋分制、学生志愿填报、选课走班制等理解,让学生和家长早知晓,探索综合评价招生公平保障策略,深化新高考改革的社会认可度,从技术层面减轻新高考公平焦虑。重视高考公平的社会评价体系建设,增强公众公平认同感。为了使高考改革均衡顾及各相关方群体的利益,化解公众焦虑,须建立和完善高考公平的社会评价体系。在高考改革的复杂场

---

① 王长乐.高考应走出保证"社会公平"的误区[J].全球教育展望,2012(9):89.

域之中,不同利益主体所占据支配教育资源以及所处的社会结构和位置不同,不同利益相关者获取的教育机会和权利亦不相同。

在科学性和公平性的教育价值选择中,高考改革的价值选择取向不同,不同利益群体所产生心理偏好和公平认同感具有明显差异。专家学者和知识精英更多批判高考命题死板,缺乏创新性,强调多样化选拔,关注人才选拔的科学性。而家长、考生和普通教师等相关利益群体则担忧教育机会减损,高考公平性焦虑感程度较高。罗尔斯批判基于利益群体的直觉主义公平观,认为其容易滑向相对主义泥潭,缺乏建设性,无法凝练共识。① 高考公平社会评价体系,应减少直觉主义判断,建立多元参与协同治理的公平评价体系。高考公平的社会评价体系涉及高考改革利益相关者多方主体,应重视农村学生、家长和基层教师等群体对高考社会公平评价体系的参与,将更多的弱势群体纳入社会公平评价体系之中,增强公众高考公平认同感。

第四节 农村学校教育难为:有利于社会流动? 社会再生产?

农村教育关系未来农村学生的社会流动方向,沟通城乡社会,维系家庭、学校和社会的复杂关系。农村教育与城市教育差距较为明显,在城乡结构约束下,农村教育发展方向和价值定位,受到多方面争论和关注。农村教育定位和改革影响城乡结构的发展态势。

一、城市化导向的"离农"教育有助于农村学生实现社会流动

以"离农"与"为农"作为考查当前农村教育的基本价值向度,农村教育的整体设计是"离农"的。"离农"教育是指教育架构以城市社会生活和文化为中心,培养离开农村、农业和农民进入城市主流文化而不是回归农村社会的人才。

受到城市化趋向的影响,长时间以来,我国农村学校教育的最大目标变成让农家子弟摆脱乡村生活,进入城市社会,而考大学是达成这一目标的最有效方式,这就是传统的"读书改变命运"观念,农村家长、学生和老师都对这一信念深信不疑,农村学校教育被窄化为对考试成绩的追求,一切以考试成绩为主,这样就忽略了考试内容之外的其他有价值的内容,忽略了一些很

---

① 约翰·罗尔斯.正义论[M].北京:中国社会科学出版社,1988:33.

有发展潜力但并不适合考试的学生，也相应地阻碍了部分农村学生的发展。受过这种教育的农家子弟通过努力考试，在高考中获得优异成绩，考上理想中大学，实现鲤鱼跃龙门梦想，实现社会地位的提升，这自然也是许多农村子弟的梦想。

在城乡社会差距极为明显的制度架构内，"离农"教育是农家子弟向上流动的阶梯，是农家子弟改变底层命运，实现阶层流动最主要的动力。"离农"教育有其存在的合理性和正当性。当前社会主流文化是城市文化，城市化是不可逆转的潮流，"离农"教育鼓励农村孩子追求城市化，为农村孩子提供了上升性流动机会，迎合了农村家庭和学生需要，如果否定"离农"教育实际上是否定了农村孩子上升性流动机会，否定了教育的社会流动功能。"离农"教育是由现代教育制度特性决定的。现代教育制度是欧美国家工业文明的产物，其传授的课程内容和培养目标是适应社会化大生产的需要，它与传统耕读文明在本质上是不相适应的。农村教育包括课程、教学和考试等城市化导向，日益疏远乡村社会和文化，农村教育为城市输送人才和资源。农村中有知识、有能力的人通过城市化教育实现社会流动，大量精英人才外流又不断加深了城乡文化差异，农村教育和农村社会陷入更为边缘化的境遇。

"离农"教育制度架构的设计，是与城市化、工业化思路相互联系在一起的，在后发展国家工业化赶超战略的影响下，农村既是国家经济建设和工商业发展的人才选拔基地，又是移植城市模式的母体，这种现代化的思路背后隐藏的逻辑是，在国家与城市工商业发达之后，再用城市的资金，按城市的模式将乡村复制成新的城市。① 后发展中国家的现代化模式常常是以牺牲农村为代价的。②

但是"离农"教育的弊端是显而易见的，它在本质上是与自给自足的小农经济具有不兼容性，必然与传统的小农经营模式产生摩擦与冲突。所谓"书越读越蠢，学过的用不上，要用的又没学""种田不如老子、喂鸡不如嫂子"等论调，表达了这种教育与农村社会的矛盾。③ "离农"教育造成农村知识精英涌向城市，必然造成农村人才资源的匮乏，从根本上滞缓了农村发展的步伐。这种脱离农村的学校教育在筛选少数人进入城市的同时，也淘汰

---

① 李小敏.村落知识资源与文化权力空间[M]//载丁钢.中国教育：研究与评论.北京：教育科学出版社2001：20.
② 张济洲.农村教育不能永远姓"农"——论城乡教育关系的现实定位[J].教育学术月刊，2008(11).
③ 张济洲."离农"?"为农"?——农村教育发展中的悖论[J].当代教育科学，2005(19).

了大量的农村人,这些被贴上教育失败标签的"不幸儿"怀着失望、不安的情绪无奈地留在农村,他们又将走出乡村的梦想寄托于下一代。

应该认识,"离农"教育仅仅是通向城市和向上流动的狭隘渠道。但是在城乡结构壁垒未消除的前提下,如果我们一味要求农村教育以农村文化和知识为载体,而教育架构中的学校课程、教材和考试中的城市化导向明显,实际对农村孩子个体流动和发展极为不利。

二、"为农"教育片面强调立足农村社会,却不利于农村学生社会流动

"为农"教育,顾名思义是为农村社会服务的教育,以适应农村实际生活和文化需求为特征,根据农村生活实际需求为旨归,设计课程与教学体系,实现农村社会与农村教育良性运行。

但是"为农"教育只追求本土化,反对城市化,那么农村孩子无法进入主流社会,结果只能实现低阶层再生产。"为农"教育架构强调农村教育立足于农村实际生活,这种教育模式旨在改革脱离农村、农业和农民的城乡同构教育体制。但是从另一个角度思考,"为农"教育模式立足于培养农村学生参与农村社会建设,学习农业技术知识,为农村社会服务。在城乡差距下,"为农"教育模式在某种程度上弱化农村学生向上流动的概率,减少他们流向城市的机会。如果农村教育鼓励农村学生安守农村,农村孩子就无法进入城市主流文化,更不利于农村社会阶层之间的合理化流动。

但是"为农"教育一直受到知识精英和政府的支持和鼓励。20世纪以来,在西方工业文明的入侵之下,城乡关系逐步发生变化,从统一、失衡乃至走向对抗,国民政府提倡国民新教育具有明显城市化的偏好,实际上加快了农村精英远离农村的步伐。政府主导的新教育加深城乡教育差距,建立在工业文明基础上的新教育在本质上是与乡村疏离,并没有实现现代化强国的梦想,农村社会弊端丛生,国民识字率下降,文盲问题日益突出,新学与旧学的冲突,农村教育反而愈加疏远农村社会。民国乡村教育改革家们更是不遗余力地批判以城市为目标的新教育,希望从改革农村教育入手,达到改进农村生活,建设新农村的目的。

乡村教育危机激发乡村教育运动。乡村破产,教育衰败,引起有识之士的关注。20世纪二三十年代,潘光旦、梁漱溟、陶行知、晏阳初、雷沛鸿等学者开始反思新教育带来的社会问题,潘光旦认为政府主导所谓新式教育是西洋化、贵族化和城市化的,是一种"忘本的教育";从事乡村建设运动的梁漱溟对农村教育有深刻体验,他批判民国以来几十年西洋化的新教育完全脱离中国国情,激发农村年轻人的欲望,导致大量农村精英外流,却无社会生活生存能力,这种西式教育仅将农村年轻人沦为高等乞丐。①

20世纪30年代张宗麟先生谈到乡村教育、乡村教师与村民的隔阂现状,反问道:"中国至少办了三十年的学校,为什么乡村人民对学校还不信任?为什么乡村教师在乡村的威信一天不如一天?为什么乡村学校的毕业生不愿意住在乡村,大都想跑到城市里去?为什么没进过学校的农民对于种田的方法比许多农林学校的毕业生都有把握?"②

20世纪30年代我国乡村建设和教育改革运动主导取向是基于农村社会和生活实际需要,其价值旨归和立足点是"为农"教育。民国乡村教育运动的特征,将农村教育与城市割裂开来,立足农村社会和乡土文化建设,实现农村社会和经济复兴,事实上仅是一厢情愿的幻想。

20世纪80年代后期,农村教育严重脱离农村实际生活的弊端愈益突出,我国政府开始推行普通教育、职业教育和成人教育的"三教统筹"模式、"农科教"统筹模式等多种形式的农村教育综合改革,这些实验和改革纠正了农村教育"离农"弊端,促进农村社会发展,增强农村经济活力,在部分地区取得成功。但是随着城市化发展以及市场机制导致农业收入递减,各种形式的"为农"教育改革最终陷入困境,难以为继,"三教统筹"农村教育改革并没有在农村广泛推广。③

"为农"教育为什么陷入困境?农业社会向工业社会转变是不可逆转的时代潮流,农村教育改革的重心不能仅仅局限于民国教育家的乡土教育,在新型城镇化背景下,农村教育必须为农村城镇化、农民市民化服务,农村教育的培养目标是培养现代化公民,如果农村教育目标定位仅仅局限于"养猪""种田"等传统目标,这与我国农村工业化、城市化的时代潮流相背离。

在城镇化、工业化和农村现代化背景下,"离农"派本质上是城市本位的,强调了"离农"所带来的好处,却没法回应农村社会的现实问题;而"为农"派实际上描述了一幅带有怀旧色彩的农村社会理想蓝图,同样无法论证"为农"方案的现实可能性。

农村学校面对的不再是农村社会体系,而是要成为连接城乡的纽带。社会流动意义上的"离农"将会是一个长期趋势,学校教育的任务并不是阻

---

① 梁漱溟认为,"政府、外国人与为他们服务的教育家站在村子外边说:'我给你们办所小学吧!'这样的教育实践对村庄意味着什么?"梁漱溟. 梁漱溟教育论著选[M]. 北京:人民教育出版社,1994:19.
② 张沪. 张宗麟幼儿教育论集[M]. 长沙:湖南教育出版社,1985:34.
③ 魏志春. 农村教育难以承受的社会发展之重[M].//丁钢. 中国教育:研究与评论(第5辑). 北京:教育科学出版社,2003:119.

断这种趋势,而是帮助个体改善境遇,为他们拓宽选择的空间。

三、城乡教育一体化中"和而不同"和"美美与共"

当前城乡教育发展,必须在城乡教育关系框架内整体讨论农村教育发展路径。城乡教育一体化,并不意味着城乡教育同质化、农村教育城市化,它立足于城乡共同发展,在实现城乡优势互补的基础上,破除"为农"教育与"离农"教育的悖论,必须重塑城乡关系,遵循乡村发展规律,实现城乡教育统筹发展。

化解"为农"教育与"离农"教育悖论的关键在于城乡一体化。城乡一体化实质上是针对现代化进程中城乡关系的定位转型和重组,城乡资源要素、制度等方面的均衡配置和推进。

城乡一体化必然要求城乡教育一体化,城乡教育一体化必须反对脱离城市化和城市教育体系,鼓励规划、改革和发展农村教育;同时城乡教育体系设计,必须反对单纯脱离农村教育,一枝独秀片面强调城市教育突飞猛进。在城乡二元体制框架下,城乡分割乃至对立的教育设计体系必然导致农村教育定位的边缘化,如果农村教育定位片面脱离城市化,孤立地谈论农村教育,必然会导致农村教育陷入日益边缘化处境。

从宏观制度设计方面,推进城乡教育一体化中"和而不同"和"美美与共",城市教育与农村教育应该既有教育的共同本质,又因受教育群体和教育资源的差异而各具特色。城乡教育发展的终极模式,交集部分是公民的核心素养,差异部分是城市和乡村各自的生产生活经验和地域文化。

由城乡教育的优劣思维转向城乡教育的特征思维。在优劣思维框架下,人们往往把城市教育标签化地看作是现代的、优质的,农村教育是落后的、劣质的。城乡教育特征思维是把城市教育与农村教育看作是两种不同特征的教育。基于"美美与共"思维研究农村教育的特点,充分挖掘农村教育的优势,融入现代教育观念,全面提升农村教育质量。

首先,从制度层面整合城乡公共资源,使之享受均等化的政府服务体系。转变政府职能,强化公共服务和社会管理。当前"城乡分治"的格局仍未根本转变,长期以来由于城乡各种要素分割,资源配置失衡,农村教育滞后、发展机会较少,导致农村学生渴望通过教育流向城市,实现地位提升,教育的工具价值极大张扬,教育育人本体价值反而欠缺。越是大城市,其拥有的资源和机会越是富裕,越是县镇、农村,其获得资源方面越处于劣势地位,农村在公共资源获得等方面仍然处于弱势地位。在城镇化的浪潮中,资源更是向城镇聚集,城乡资源共享共荣,并未真正形成,于此背景下,城乡教育一体化并未建立起真正的运作机制。罗尔斯认为一个正义的社会,不仅强调机会均等,而且注重弱势群体利益补偿原则。在城乡差距明显现状下,城市理应反哺农村,加强对农村各种基础设施和资源配置的补偿,促进城乡共同发展。

其次,适应农村社会结构变化,构建多层次、多类别的农村教育体系。农村工业化和城镇化已经成为不可逆转的潮流,农村教育必须适应农村社会转型,当前农村社会正处于传统农业升级转化的关键期,农民非农化发展以及市民化成为时代不可逆转的潮流,大量农村劳动力向城市流动,在城镇从事二、三产业,传统农业改造也在蓬勃开展。农村教育价值取向,必须立足于城乡社会结构转化、升级,以及农村劳动力城镇化流动,农村城市化仍然需要较长的过程,因而农村学校教育仍然需要为农村学生升学向上社会流动服务,为农村校外流动青年流向城市工作服务,为农村留守人口转为现代化新型农民服务。

但是,农村教育主要是指义务教育阶段中小学教育,为成年农民和外出务工子弟提供的成人教育和职业教育严重匮乏,农村教育体系单一化和封闭化,无法适应城镇化多元教育需求。农村不同的教育类型适应和服务的教育对象不同,他们教育定位的侧重点也不同,农村义务教育阶段不能局限于"为农"教育,仅仅使之安守农村,服务农业,应使其和城市孩子一样,素质全面发展,不能因为地域差异而产生质量差异。

由教育实现"离农"的可能性,始终是农村家长支持教育的主要动力。农村义务教育培养的人才,既可以为农村社会发展服务,又可以离开农村为城市发展服务。基础教育坚守城乡共同发展,均衡提升质量品质,促进农村教育体系结构和层次多样化,各类成人学校以及职业教育培训机构理应承担农民技能和技术培养责任,为农民市民化服务,为农民进城发展服务,为农村城镇化服务。"离农"与"为农"之争,其实质是执迷于农村单一教育阶段,而呈现选择悖论。当前农村教育需求多元化,农村教育形态多样化,既立足于农村建设和农业现代化生产,又立足于为农村城镇化和农村劳动力城市转移服务。

第六章 新时代乡村振兴中的教育需求和机会获得

党的十九大以来,农村教育进入高质量发展的新阶段。乡村振兴作为全面实现共同富裕,完成中华民族伟大复兴的重大战略部署被不断推进。2020年11月我国全面胜利完成脱贫攻坚战略目标,2021年中央1号文件强调"实现巩固拓展脱贫攻坚成果同乡村振兴有效衔接",乡村振兴进入巩固脱贫攻坚成果,实现共同富裕的新时代。于此背景下,乡村教育振兴必须在巩固脱贫攻坚基础之上,提升乡村教育质量,满足农民日益增长的优质教育需求。当前我国教育进入新阶段,迈入新征程,农村教育面临新挑战和新机遇,需要探索新的路径和践行新的目标。

第一节 新时代乡村振兴中的教育需求变化

乡村教育振兴与乡村社会振兴同频互振,乡村教育振兴是乡村社会振兴的重要组成部分。在乡村振兴背景下,乡村教育特征、发展阶段以及农民的教育需求发生了巨大变化。

一、新时代乡村教育振兴进入新发展阶段

乡村振兴是实现共同富裕的必然保证,而教育是推动乡村社会振兴的关键动力。乡村教育振兴是乡村振兴战略的内在基础要求和必然表征。乡村振兴助推乡村教育进入决定性发展的新阶段。在新发展阶段中,实现乡村教育振兴与脱贫攻坚有效衔接,一方面必须推动乡村教育高质量发展,振兴乡村教育;另一方面建构教育推动乡村社会共同富裕的动力机制,阻断贫困代际传递,巩固脱贫成果,推动乡村振兴。党的二十大确立了建设高质量教育体系是我国未来教育改革的发展方向。与此相应,乡村教育发展目标亟需升级创新,建设高质量的乡村教育体系,不断满足人民对更加公平更高

质量的乡村教育新要求。

新阶段乡村教育振兴路径选择亟需顺应城镇化、人口流动趋势,提升乡村教育质量,优化城乡教育资源配置,以城乡二元结构中的乡村社会与乡村教育改进的痛点、难点和堵点为立足点,深度剖析乡村教育症结,弥补乡村教育外在短板,夯实乡村教育改革底层逻辑,实现乡村教育改革增量提质。

二、新时代乡村教育需求与机会获得变化

乡村教育振兴在胜利完成脱贫攻坚重大任务之后进入新阶段,新发展阶段乡村教育振兴需要新的突破口。新时代乡村教育改革亟需建设高质量的乡村教育体系,满足乡村民众日益增长的优质教育需求,以多元化、多层次、多功能的教育教学模式满足人民群众日益增长的差异化需求,让更多农家子弟享受更高质量和更公平的教育。

(一)新阶段乡村教育需求变化特点

新时代人民日益增长的美好生活需要和不平衡不充分的发展之间的矛盾在乡村最为突出,主要表现在城乡之间、乡村之间的教育资源的不均衡发展。随着经济社会发展水平提高和新型城镇化步伐加快,乡村教育需求变化也在不断演进。新时代乡村教育振兴进入新发展阶段,乡村群众对教育质量和水平必然会提出新的要求,新阶段乡村教育需求呈现新特点和新样态。

1. 人民群众对乡村教育的需求从"学有所教"发展到"学有优教"

当前我国农村义务教育发展水平不断提高,农村孩子"上不起学"的现象基本消除,高中教育阶段和高等教育阶段普及水平不断提高,实现了"学有所教"。但是,乡村教育质量问题尤为突出,乡村教师队伍整体素质参差不齐,乡村小规模学校与城镇大班额相互叠加。城镇化浪潮进一步加剧了乡村教育困境,优质教育资源向城镇聚集,生源不断流失,难以吸引优秀教师。

在乡村教育新发展阶段,乡村人民群众对教育质量和水平必然提出新要求。人民群众对优质的乡村教育需求日益增加,但是城乡教育发展不平衡,农村教育发展不充分,难以达到"学有优教",难以满足农村家庭及其子女日益增长的优质教育需求。追求高质量的乡村教育体系是新时代乡村教育改革迫切需要解决的问题。

2. 人民群众不断追求多样化、多元化和多层次的乡村教育样态

当前我国乡村教育已经完成脱贫攻坚任务,乡村教育供给从数量拓展向内涵质量提升转型。人民群众日益增长的优质教育需求不断增加,不断

追求多样化、多元化和多层次的乡村教育样态。

当今不同区域的农村已经呈现明显分化，教育需求多样化态势尤为明显。我国东部沿海发达地区农村、中西部农村以及经济落后偏远地区的农村，人民群众教育需求有所不同，不同区域的农村家庭子女教育选择和教育行动逻辑存在显著差异。

新时代乡村教育改革亟需建构多元化、多层次教育体系，满足人民群众日益增长的多样化的教育需求，避免一刀切的同质化的教育体系。新阶段乡村教育体系必须突破以应试教育为主导的单一教育样态，将乡村教育振兴与巩固脱贫攻坚成果、乡村社会振兴紧密联系，拓展乡村教育的社会功能，为乡村经济振兴、乡村社区治理、乡村文化重建提供智力支撑和知识基础。满足人民群众多样化需求是共同富裕视角下乡村教育的基础标志。

3. 人民群众不断追求公平有质量的城乡一体化教育体系

2022年9月9日中共中央宣传部举办"中国这十年"系列主题新闻发布会，教育部部长怀进鹏强调，这十年，教育普及水平实现历史性跨越，更好地保障了人民受教育机会。各类教育普及程度达到或超过中高收入国家水平，形成城乡义务教育均衡和一体化发展新格局。

国家各级各类教育的普及率和巩固率不断提高，不断推进义务教育均衡发展和城乡教育一体化，逐步满足农村子弟的基本教育需求，但未能满足他们不断增长的公平而又高质量的教育需求。

乡村教育质量和发展水平不仅关系亿万农家子弟上升性流动机会，而且影响中国教育的整体发展水平。我国仍然有5.5亿人生活在乡村，尽管人口城镇化和教育城镇化吸引更多农家子弟进城读书，但是乡村教育仍然占据教育体系半壁江山，乡村教育需求和发展空间仍然巨大。乡村教育单一、僵化的教学模式难以满足人民群众日益增长的多元化教育需求，城乡教育发展不平衡以及农村教育发展不充分是阻碍建立高质量乡村教育体系的关键因素。

（二）新阶段乡村教育机会获得变化的特点

建构公平而高质量的乡村教育体系，实现城乡优质教育资源公平配置，城乡学生都有公平获得优质教育机会的权利，满足人民群众日益增长的多元化教育需求，是新时代乡村教育改革基本矛盾亟需解决的问题。

1. 乡村教育改革浮现"过密化的增长"，教育机会获得内卷化现象突出

黄宗智在《长江三角洲小农家庭与乡村发展》一书中强调"过密化的增长"概念，描述过密化增长带来经济增长边际效用递减现象。农业生产的过密化是一种没有发展的增长，虽然产出有所增加，但是生产效率下降，报酬

递减。过密化概念逐渐应用于政治、文化和教育领域,意指事物内部自我重复的演化过程,这种演变停留于内部的自我复制和自我停滞,乡村教育过密化是乡村教育自我再生产和自我复制的过程。

尽管义务教育均衡发展和城乡教育一体化政策极大地推进了乡村教育发展,乡村教育的环境条件得到很大提升,乡村中小学基础设施不断改善,但是乡村教育改革浮现过密化增长问题,教育质量改进内卷化现象突出。乡村基础教育质量问题较为突出,城镇化浪潮推动的农村人口向城市流动加剧了乡村教育的困境,农村学校萎缩以及班级规模缩小,乡村教师队伍缺乏稳定性和流失率不断提高,农村生源向城镇流动,农村学校教学效果难以令家长满意,农村学生对知识渴望和学习兴趣逐渐丧失,由于受读书无用论的影响,更多学生放弃学业进入低端劳动市场。乡村小规模学校与城镇大班额现象使教育质量改进更加困难,乡村教育投入数量增加与机会获得内卷化并存。

2. 城乡教育差距和城镇教育内部差距双重叠加,影响学生优质教育机会获得

我国教育资源不仅存在城市与乡村二元结构配置差距,而且在城市内部亦存在普通校与重点校二元差距对立,这种双重叠加增加了农家子弟优质教育机会获得难度。农村家长将子女拼命送到城镇学校,仍然处于城镇学校的结构底层,教育城镇化超前于家庭城镇化,农村家庭在城镇教育内部机会竞争中仍然处于不利地位。

近年来乡村学校办学条件不断改善,教育资源投入不断追加,但是乡村教育整体衰败趋势并没有因为投入追加而发生根本性转变,城乡教育资源配置不公平现象依然突出,大量乡村学校从乡村教育场域中退出、教育资源配置城市偏位、乡村学校"去农化"等问题严重。农村学校布局与人口流动趋势不相匹配,乡村教育反而因城镇化陷入结构化困境,"城挤乡空"现象普遍存在,农村小规模学校与城镇大班额并存。

新冠疫情大流行并没有改变大规模人口流动趋势,农村人口举家进城仍然势不可挡,青壮年流向城市,农村老年人留守乡村务农,随父母流动的儿童数量显著增加;另一方面,大城市生活压力及其教育成本攀升,流动人口返乡选择就近县镇落户人数逐渐增多,县镇教育压力剧增,县镇区域已经成为农家子弟就学聚集地,新冠疫情以及农村青年越来越多在县城购房结婚,进一步推动县城教育竞争。县镇教育质量水平成为拷问教育公平的重要视角,乡村教育深层次结构性问题依然无法解决,难以满足农民家庭及其子女日益增长的优质教育需求。

3. 城乡受教育机会不平等的空间再生产和代际延续

伴随城镇化和工业化迅猛发展,城乡空间的巨大变迁以及不平衡发展,空间的非正义性逐步凸显。城乡受教育不平等不仅仅表现于政治经济文化上不平等,而且表现于社会空间的不平等再生产。在城乡义务教育均衡发展的政策实践语境中,受教育机会不平等具有鲜明的空间区隔划分。农村在城乡关系空间中处于弱势地位。"城乡对立"的非正义空间集中体现在城乡家庭子女受教育机会获得数量和质量上,城乡义务教育非均衡发展、受教育机会不平等、流动儿童上学难等问题都是非正义空间的具体表征。

城乡空间不平等,包括城乡空间教育资源占有不平等、城乡生活空间不平等、城乡精神空间不平等,由于城乡空间权力失衡,空间的区隔化、碎片化,造成农民空间话语权的失语。城乡空间教育资源长期占有不平等,一方面,城市空间不断扩张压缩挤压乡村空间;另一方面,乡村空间不断萎缩,趋向空心化、边缘化。

国家颁布一系列支持农村教育投入的财政政策、师资保障政策、城乡融合政策等,许多政策并没有改变农村家庭优质教育机会获得的弱势地位,无法彻底遏制城乡教育不平等的代际延续。

当前必须基于城乡空间融合背景,保障农民的空间话语权,建构城乡空间平等融合交流机制,遵循空间正义原则,尊重空间正义诉求,保障弱势群体的权益,深刻改变城乡空间教育不平等之旧格局,实现空间正义。

第二节　从悬浮型治理走向嵌入式治理
——乡村教育治理的底层视角和策略行动

乡村教育治理是国家教育治理能力和治理体系现代化的有机构成部分,其治理模式选择及其落实直接影响乡村教育高质量体系建设。实现乡村教育振兴新发展阶段与乡村教育治理结构转型相衔接,亟需建构乡村教育治理的理论体系、模式框架和目标路径。

一、悬浮型治理结构——乡村教育现代化治理之困局

当前乡村教育改革受限于短期内必须实现的政治许诺和目标。乡村教育结构依赖于自上而下的行政推动,基层政府限于上下级领导关系,存在着较大的行政化依赖。

乡村教育改革处于乡村权力行政化扩张场域之中,各级政府出台了定

制化政策,按照既有政策再制定和再细化,执行过程中缺乏针对教育改革现实问题的灵活性应对,从而限制了教育改革深度精准定点以及教育发展的基层创新活力。

悬浮型治理结构易于造成地方政府采取策略主义的行动方式,导致目标替代和制度异化。在乡村教育治理场域,现有理论框架、研究成果和模式建构始终没有跳出"威权治理"的模式窠臼。

建构乡村教育治理能力和治理体系现代化,拓宽乡村基层自治弹性空间。应该看到国家权力的过度干预,造成乡村社会的自治空间不断萎缩,主体性建构不断弱化。重塑农民话语权,建构以"人民为中心"的柔性治理模式,拓宽社会结构公共话语空间,是乡村治理转型的基本面向。

二、嵌入式治理结构——乡村教育治理转型

在传统公共行政向现代公共治理转变大背景下,乡村社会的公共性重塑和话语权的建构极为重要。乡村社会迫切需要一种新的治理范式,改变威权治理逻辑。乡村治理转型亟须改变农村社会长期以来被视为的"低素质、没文化"的语言结构,逐步转变其在教育改革话语场域中失语和哑语状态。现代化的乡村治理范式亟须建构并夯实公众的话语权。乡村社会治理亟需改变威权式治理模式,治理结构应从悬浮型走入嵌入式,实现政社良性互动,既形成从国家到地方的外向辐射,亦形成地方社会向国家的外向辐射。重构嵌入式治理结构,建构农民话语权,实现地方与国家良性互动是新时代乡村教育治理迫切需要解决的问题。

公平的农户话语场域重构是政府、学者、媒体和社会组织共同努力的结果,亦是社会公众广泛参与的结果。公平的农民话语权的重塑,需从政社良性互动视角,基于嵌入式治理理念,形塑村民的公共价值,推动乡村社会基层转型,建构弱势群体话语权,形成乡村教育嵌入式治理的价值、目标和功能。

改革开放以来,国家制定了很多旨在帮助农民改变困境的教育政策,但是精心的制度设计在实践中却屡屡走样,如撤点并校政策就导致了更多辍学的发生。当前乡村教育改革,在于政策制定时没有深入研究作为政策客体的农民的行为逻辑,或者说公共政策缺乏社会基础。如果仅仅从上层、文化精英和国家视角进行政策顶层设计,忽视基层执行的实际情形,就无法实现美好的政策愿景,浪费了宝贵的政策资源。事实上,仅仅站在精英的立场和国家的视角去观察农民的行为选择,这导致政策设计忽略了农民主体性和能动性,不理解农民的文化心理和行动逻辑。

习近平总书记参加十三届全国人大一次会议山东代表团审议时强调指出:"实施乡村振兴战略要充分尊重广大农民意愿,调动广大农民积极性、主动性、创造性,把广大农民对美好生活的向往化为推动乡村振兴的动力。"乡村建设实践证明,如果不能确保农民在建设过程中的主体性地位,国家推动的任何关于农民发展的战略目标都很难获得农民的认同,也就不能得以实现,因此,实现乡村振兴战略和乡村教育改革,必须充分尊重农民的主体性地位,形成自上而下的行政推动力与自下而上的广泛群众认同的政策合力。

三、乡村教育治理底层视角和策略行动

当前乡村教育治理面临的问题是教育结构同质化与乡村社会底层民众需求、乡村社会结构多样化之间的矛盾,乡村教育治理底层失语,仅仅强调顶层设计和规划,对底层需求和声音关注不够。

(一) 乡村教育改革不能忽视底层视角

长期以来,在城乡二元分割的格局下,农村处于依附城市的边缘地位;农民作为弱势利益集团,很难影响政府公共财政资源的分配。在政府的决策中,农民经常处于失语的状态,难以表达利益诉求。2012年3月12日的《山西晚报》就以"9亿农民岂能没有一个政协委员?"为题,报道在当年参加全国政协会议的2275名政协委员中,没有一个是真正的农民。

应该看到,农村教育改革在一定程度上忽视底层教育需求,当前教育话语权、决策权集中在城市精英阶层,教育政策、教育内部要素和主流教育话语带有明显的城市精英文化取向。农村家长和学生成为教育改革中被忽视的"沉默的大多数"。

农村家长和农村学生对教育质量的需求日益强烈,农村教育须致力于服务弱者、底层和穷人等处境不利人群的教育需求和教育改进[①],让所有农村孩子在公平的教育环境和均等的教育机会中感受到成功的喜悦。但是当前对农民底层教育需求变化及其机会获得的关注较少,农村家长和农村学生的教育需求在教育改革中处于失语状态,教育改革和农村教育治理的发展主义意识形态强调集约化和效率,损伤农村底层学生教育机会获得,从而不利于农村教育实现公平和质量提升。

(二) 当前农村教育改革必须探索关注基层实践和行动图式

当前教育领域内轰轰烈烈的素质教育、新课程改革、高考招生制度改革等大都是在大城市展开的。在城市人的知识语境中,精英知识阶层抱怨教

---

① 李涛.农村教育何日重获话语权[N].中国青年报,2015-10-12.

育方式单调、教育内容八股化、高考试题死板等等，这些批评无疑都是正确的。但是加大高考试题的灵活性、开放性，是不是有可能损害农村孩子的利益呢？毕竟农村孩子的视野和信息量都无法与城市孩子相比。

教育改革是关系社会不同阶层利益的复杂社会系统工程，对于文化资本及社会阶层背景存在明显差异的广大农村学生和家长来说，高考招生和命题方式的改革到底意味着什么？对于社会低阶层子女来说，分数是他们可以在教育竞争中获胜的唯一途径。安德鲁·基普尼斯发现："一个更狭窄的、考试导向的、以记忆为基础的、扼杀创造力的教育制度，看起来可能是给社会底层子女社会流动的最大机会。"

丹麦学者曹诗弟在山东邹平田野考查发现，政府主导的教育改革忽视社会底层的声音，农村学生和家长倾向反对对传统教学方法进行改革。当前农村教育资源远不如城市，高考竞争实际上是城乡学生处于不同的起跑线上。在过去高考形式单一的情况下，农村学生通过刻苦攻读可以取得高分，进入重点大学，而当高考形式日益多样化，越来越关注学生各方面能力的时候，刻苦的因素在高考成绩中所起的作用就有所下降，学生的家庭资本和所在区域的教育条件起的作用越来越大。

基础教育课程改革和高考制度改革是关系社会不同阶层利益的复杂社会系统工程，对于文化资本及社会阶层背景存在明显差异的广大学生和家长来说，高考招生和命题方式的改革到底意味着什么？当前高考竞争在某种意义上是城市与农村资源的一种竞争，以农村匮乏的文化教育资源与城市竞争，农村学生必然付出非人道的代价。爱弥尔式浪漫主义教育无法提升农村学生向上流动的竞争力。

当前对高考形式僵化、"唯分论"以及压抑学生个性等弊端的批评，都是站在都市知识人和文化精英立场上，显然这种以追求高考成绩为导向的"高考工厂"，通过不断加强军事化、绩效量化教学管理，强化应试能力，提高高考成绩，是与素质教育倡导个性化理念完全相悖的。原北大附中校长康健批评此类学校是采取典型的应试教育。他认为这些通过县城、乡镇高中严格管理升入重点高校学生的视野狭窄，通过这种闷罐式、圈养式、流水线式培养的学生精英素质肯定是不全面的。从都市知识文化精英和国家素质教育价值取向分析，这些对高考弊端的抨击无疑是正确和合理的。

农村社会底层家庭及其子女头脑中的高考哲学认为，分数是没有家庭背景的考生的"硬实力"，"分数"比"素质"更公平。这种底层道义理性看似不合理，恰是弱势阶层生存环境的必然反映。

素质培养实施过程中，形式化现象严重，这种异化的素质教育极易被应试教育所俘获,形式化的素质教育充斥功利性,这种所谓"素质教育"要求家庭更多的资本投入,强迫子女学围棋、钢琴、芭蕾舞和奥数等特长项目,旨在使子女在综合素质测评中和高考竞争中加分,而并非出自子女兴趣和爱好。异化的素质教育倾向于"全方位、立体化"等特点,除了学校教育、父母、家庭教师之外,专业培训机构也参与其中,需要大量资金投入,这种费钱的素质教育,社会底层家庭较少有人问津。"素质"扩大社会底层群体在升学竞争中的劣势。

当前新一轮新基础教育课程改革以及高考招生与命题方式改革,是从经济文化发达的大城市发起的,在城市人的知识语境中,批评教育和考试选拔方式单调,偏重记忆缺乏想象力,命题呆板缺乏创造性,这些批评无疑是合理的。

但是当前对县镇高中教学管理的批评,无疑忽略农村家长和学生的声音。实际上很少有农村家长和学生抱怨学习负担沉重,教学管理方式严格。当前高考在某种意义上是城市与农村资源的一种竞争,以农村匮乏的文化教育资源与城市竞争,农村学生必然付出非人道的代价。浪漫主义式幻想无法提升农村学生向上流动的竞争力。农村教育改革应听取农村家长和学生的声音,满足社会底层子女获得优质高等教育机会,实现向上流动需求。在城乡二元对立的社会结构下,教育改革必须兼顾效率与公平统一,关注乡村和底层民众的利益,倾听来自县镇中学教师、农村学生家长的声音。让"沉默的大多数"参与到教育改革讨论中去。关心农村家长和农村学生内在分化的真实利益诉求,理解农村家长和农村学生复杂的行动逻辑,设计与农村教育需求深切相关的公共政策,是农村教育改革取得成功的关键,亦是新时代化解农村教育主要矛盾的必然要求。农村教育改革亟需提高农村教育相关利益主体参与决策和影响决策能力,突破农村教育管制思维,强调参与式公共治理,建构透明的监督反馈机制,调动各方面社会资源参与农村教育体系建设。农村教育改革须有顶层设计,但是亦必须有底层视角,需要面对各方利益相关者以及各种不确定性,关注、倾听和反馈农村家长和学生对教育改革的现实反应,避免农村教育改革扁平化。农村教育改革的顶层设计应该与基层实践相结合,听取不同的声音尤其是来自学校基层的声音。顶层设计为农村教育改革提供宏观指引和制度保障,通过基层创新,丰富和夯实顶层设计内涵,关涉农村教育改革复杂系统工程背后的所涉及的利益主体,推动顶层制度设计倾听基层农村家长和学校师生声音,不断提升农村教育质量,促进城乡教育均衡发展。

第三节 新时代农村教育主要矛盾和路径选择

当前我国社会主要矛盾发生转化,农村教育变革面临前所未有的机遇和挑战,必须在充分剖析农村教育主要矛盾和形成基本判断的基础上,化解城乡教育发展不平衡和农村教育发展不充分的困局,精准攻坚农村教育长期积累形成的痛点和堵点,形成并构建农村教育高质量发展体系,增强广大农民群众的教育获得感和满意感。

一、新时代我国农村教育主要矛盾变化特点

教育主要矛盾决定教育变革取向和变化规律。适应教育主要矛盾发展变化,教育发展从效率至上、资源投入转向高质量、深化公平的新阶段。与此同时,以高质量发展为时代特征的教育内涵式发展是新时代农村教育的必然趋势。党的二十大报告指出,建设高质量教育体系,办人民群众满意的教育。当前我国教育改革发展无论从规模和质量上都取得了举世瞩目的成就,但是教育发展不平衡不充分的状况仍然突出,距离人民群众日益增长的高质量教育期望相差较大。

我国教育主要矛盾从广大人民群众对"有学上"的基本需求,转向广大人民群众日益增长的"上好学"的强烈诉求。从教育主要矛盾发展变化来看,教育机会获得数量和质量发生了很大变化,教育机会的"规模扩张"和"数量普及"已经完成,但是"质量提升"和"公平需求"难以满足人民群众日益增长的强烈需求。

当前我国教育已经进入高质量发展新阶段。在我国社会主要矛盾转化背景下,人民群众日益增长的教育公平需求和人民群众日益增长的优质教育需求成为新时代我国教育改革面临的主要矛盾。学生优质受教育机会不平衡不充分在农村教育领域表现尤为明显,已经成为满足农村日益增长教育需求的主要制约因素。随着我国义务教育阶段全面普及,入学率已经不是基础教育改革的主要矛盾,优质教育资源的短缺和匮乏已成为教育领域的主要矛盾,基础教育领域的优质教育资源分配的不平等现象,并没有随着入学普及率的提高而消解,反而优质教育资源竞争日趋激烈,优质教育机会获得的城乡差距仍然较为明显,越来越多的相关研究数据表明,农家子弟在优质教育资源获得以及升迁性流动等方面处于不利地位,尤其是留守儿童和流动儿童成为优质教育机会获得"失败者",优质教育机会竞争激化和供

给匮乏矛盾日益突出,成为实现社会公平公正的重要影响因素,因此必须着力解决城乡教育机会不平衡不充分问题。

虽然伴随城镇化的迅猛发展,农村教育规模体量逐渐变小,但是仍然占据中国教育体系的半壁江山。农村教育规模体量下降并不意味农村教育地位重要性下降,农村教育质量水平是深化和推进城乡教育公平,建设教育高质量体系的关键支点。农村教育对于推动城乡一体化发展,推动乡村社会振兴,推动城乡社会公平,发挥着本体性和基础性功能。

二、新时代农村教育改革的路径选择

党的十九大报告指出当前社会主要矛盾是人民日益增长的美好生活需要和不平衡不充分的发展之间的矛盾。在教育领域方面,表现从"有学上"到"上好学"成为教育改革的主要矛盾,社会各阶层对优质教育资源需求日益强烈,优质教育资源竞争必然成为新常态,优质教育机会的争夺折射阶层利益得失的焦虑。

以城乡融合态势为基轴,深化农村教育供给侧改革

深刻理解和把握乡村教育的新阶段、新特点及其规律,以城乡融合为取向,通过制度变革、结构优化、要素升级重塑,推动城乡融合,为城乡所有学生提供公平优质的教育机会。

党的十九大报告两次提到"乡村振兴战略",强调建立健全城乡融合发展体制机制和政策体系。党的二十大报告进一步提出"全面推进乡村振兴战略",畅通城乡要素流动,重塑城乡关系,以城乡融合推进一体化发展。以城乡融合推进城乡一体化实质上是针对现代化进程中城乡关系的定位转型和重组,推进城乡资源要素、制度等方面的均衡配置。

首先,强化政府责任,提高城乡教育统筹的层级和重心。我国农村教育管理重心过低,曾经一段时期实行农村教育农村办,城市教育城市办,进一步加剧城乡教育差距。2001年来推行"以县为主"的管理体制,将城乡教育一体化上升至县级政府层面,但是县级政府统筹资源能力仍然有限,县域之间经济水平参差不齐,导致穷县办穷教育,富县办富教育,因此提升至省级政府统筹资源配置,逐步实现区域、城乡教育均衡发展,政府提升公共教育财政支出重心,覆盖整个教育体系,包括从幼儿教育、基础教育、成人教育与职业教育、高等教育等不同阶段,实现城乡联动一体化发展。

其次,破除体制机制弊端,强化农村教育振兴制度性供给。突破城乡二元教育格局,实现城乡教育一体化发展成为未来十年中国教育发展的战略性目标。破除教育二元结构、建构城乡发展一体化的教育制度,亟需制度创

新与制度供给支持。农村教育资源的配置倾斜与补偿,如果仅仅局限于构建农村教育差异性补偿机制,在现有教育制度和分配结构内获得经费、师资、设备的增量型照顾,仍然仅仅是输血式扶贫。农村教育需要通过制度设计和治理改革,变"输血体系"为"造血系统"。

当前城乡教育一体化进程滞后于城镇化进程,导致非常严重的社会问题。诸如城市化教育体系制度性歧视随迁农民工子女,农村留守儿童辍学现象严重,农村学校教育体系缺乏职业技能训练,导致农村学生无法在城市获得向上流动的机会和渠道。现行城乡分割的户籍管理、土地管理、社会保障制度,以及财税金融、行政管理等制度,固化着已经形成的城乡利益失衡格局,阻碍着城乡发展一体化。城乡制度性分割障碍导致城乡各种要素无法均衡配置,在就业、户籍、职位获得方面受到各种显性和隐性排斥,农村学生就业受制于城市主要劳动力市场排斥,被迫接受工作稳定性和薪水较差的岗位。农村教育制度的变革在根本上离不开社会制度的协同改革,教育改革必须融入整个社会制度的改革体系之中才能完成。

再次,基于农村教育需求,从城镇和农村两端双向发力,加强农村教育供给侧改革。农村教育治理必须基于农村家长和农村学生的教育需求,当前教育改革的最新趋势是"要让需求起到主导作用"。农村家长和学生对优质教育的强烈诉求,是社会主要矛盾在教育领域的反映。新时代新阶段,教育改革就是要紧紧盯住社会主要矛盾,以农村家长和农村学生利益为根本,以满足人民对教育的需求为宗旨,以满足人民对教育的要求为指向,重点解决教育发展不均衡、优质资源欠缺、教育结构性矛盾突出等问题。只有基于农村家长和农村学生真实的教育需求,加强农村教育供给侧改革,不断缩小城乡教育差距,推进城乡教育一体化发展,对农村薄弱学校教育重点扶持,加大推进教育均衡的力度,着力办好每一所学校,才能让孩子们都能在家门口享受到优质的教育。

最后,基于城乡融合态势,关注逆城镇化对乡村教育改革的价值。当前城乡融合态势越来越明显,农村基础设施和文化软环境也在逐步改善,随着乡村振兴战略全面推进,美丽乡村建设成效逐渐凸显,部分农村地区农业高质高效,乡村宜居乐业,富裕充实,城镇受过高等教育的知识精英以及持有创业资本的"新乡贤""新农人"以及乡村精英回流乡村,或在乡村定居生活,或在乡村创业,或参与乡村治理。逆城镇化趋势将凸显农村学校之教育价值。

习近平总书记强调逆城镇化对农村社会建设和农村教育之价值,"一方面要继续推动城镇化建设。另一方面,乡村振兴也需要生力军。要让精英人才到乡村的舞台上大施拳脚,让农民企业家在农村壮大发展。城镇化、逆城镇化两个方面都要致力推动。城镇化进程中农村也不能衰落,要相得益彰、相辅相成"。

在逆城镇化过程中,众多乡村文化精英、经济精英和政治精英因其显著的社会影响力而进入村落自治共同体,参与村落公共事务管理与乡村教育治理,农村教育治理须适应逆城镇化趋势。逆城镇化趋势将倒逼农村教育加强供给侧改革,通过深化乡村教育供给侧改革激活乡村振兴活力,在逆城镇化进程中,深化乡村教育供给侧改革激发振兴活力,充分发挥自上而下与自下而上的政策合力,打造乡村教育振兴共同体,全面推进乡村教育振兴。

三、以有质量的教育公平为核心,增强优质教育机会获得感

农村教育质量追求始终内在地嵌入了对教育公平的关注与追求。当前我国正在积极地推进有质量的教育公平,不断满足农村家长和学生对优质教育的需求,增强农村家长和学生优质教育资源和机会的获得感,防止社会分化条件下教育资源和教育利益分配失衡,既是社会主要矛盾转化在教育领域的具体表现,也是新时代全面深化改革的必然要求。

(一) 化解农村教育内卷化状态,为农村底层学生提供向上流动机会

当前由城乡结构和社会阶层变化所带来的教育改革呈现了一些前所未有的、颇具时代感的特征,而这些特征正在影响农村教育改革的方向、推进和成效。由于农村教育改革所处社会阶层和城乡结构格局复杂性,被围困其中的农村教育改革如果仅仅从自身完成彻底意义上的蜕变几无可能。城乡结构和阶层变化的力量牵制农村家长和农村学生的教育需求,如果缺乏对农村教育需求的社会阶层格局和社会生态的清晰把握,任何意义上的农村教育改革将会蹒跚回转。

当前农村教育面临的根本性危机是其社会分层功能的弱化。工业化、市场化和城镇化的三重变革将城乡结构与阶层结构勾连起来,教育不平等以及教育分层固化在城乡差异的向度上更为突出。我国农村教育是整个教育链中最薄弱的环节,处于城乡差异、区域差异和阶层差异的围困之中,并且城乡、区域和阶层差异不断叠加强化,城乡、区域和阶层教育资源和教育机会不公平加剧了农村教育衰败。

吉登斯"结构化"理论强调教育改革与社会结构约束不断整合和重构过程。处于社会阶层结构中的教育变革无不被社会阶层所"结构化"。结构具有制约教育改革和促成教育改革的双重化效果,这种双重化既包括各种阶层结构因素对教育改革的规制,也包括教育变革的自我选择和调适。在社

会阶层分化格局与趋势面前,农村教育改革必然处处充满张力,不同阶层之间的各种排斥与区隔、规范与安抚将成为教育改革行动的新常态。阶层化的区隔抑或排斥影响农村教育改革的公平性。

当前农村教育陷入"内卷化"状态,表现为有数量增加而无内涵式发展,对个人而言,是没有因教育经历而获得较强的能力增值社会竞争力;对农村社会而言,是没有因学校数量的增加而获得高质量的人力资本支持。农村教育"内卷化"状态与城乡结构差距、阶层分化相互叠加,优质教育机会获得城乡和阶层差距加大,难以满足农村家长和农村学生对更高教育质量的需求。

化解农村教育内卷化,必须合理分配公共教育资源,并通过分配的公正性来提高社会中下层资源占有程度,减少或铲除制度性障碍,提升农村和贫困家庭子女获得向上流动的机会。农村学生尤其是贫困地区的农村学生上大学难,上重点大学难,这一问题近年来引发舆论广泛关注,人们形象地称之为"寒门难出贵子"。近年来关于寒门子弟可能远离名牌大学,教育不公或许阻碍穷二代向上流动的讨论,再次引发了学界对社会阶层结构固化问题的关注。教育的社会分层和社会流动问题也由此成为社会热点问题。"官二代""富二代""拼爹"这些流行语折射当前社会阶层结构代际遗传性增强,社会底层上升性流动呈现减弱趋势。人们甚至开始怀疑教育是否具有帮助社会底层人群获得向上流动机会的能力。《人民日报》于2010年9月、2011年3月连续两次就社会分层与流动问题专门发表题为"社会底层人群向上流动面临困难""代际分化已成为转型期中国的突出问题"的社评,直指社会底层子女在教育方面向上流动面临困难,其子女升入重点大学的比例不断减少,成为国家与社会管理者的机会亦在下降。我国正处于全面深化改革和社会阶层剧烈变动时期,社会阶层结构趋于定型化,社会阶层界限较为明显,社会弱势群体获利下降,向上流动比例减少,跨越阶层边界的流动机会越来越少,难度越来越大,阶层分化使教育已成为评判阶层的重要标准,不同阶层教育利益格局已经形成,排他性教育需求和差异化教育需求强烈。社会优势阶层凭借对优质教育资源的垄断,使其在起跑线和竞争过程中与劣势阶层处于不同等级上,虽然教育均衡化建设不断推进,但是优势阶层仍然通过权力和资本转换,确保子女在教育竞争中获得优势地位。从2012年起,在教育部直属高校和其他自主招生试点高校实施面向农村学生的单独招生计划,2015年,北大录取农村学生的比例达19.14%,实现了多年连续增长。2014年,清华大学录取的农村学生比例大约在16.5%。重点大学农村和贫困地区专项招生计划提高农村学生上重点高校的人数,其实是一种政策性纠偏,是对农村学生、贫困地区学生的一种合理补偿。国家农村专项招生计划有助于促进教育公平,对农村学生入学机会进行补偿,保障"起点的公平"。但是与此同时,还需要深入到"过程的公平"。关注和改善进入研究型大学的农村学生的学习状况。在英语、计算机、普通话、人际交往等方面给他们提供针对性的帮助,使他们能够适应和完成高难度的学习,提高他们进入社会求职就业的能力。

在市场化转型中,社会分化速度过快和社会差距扩大及其体制不健全,农村低收入家庭在社会利益和机会分享中因遭受各类排斥而产生强烈不公平感和相对剥夺感,政府必须立足于"机会均等"和"差别补偿"原则,从最少受惠者的最大利益出发,加强对弱势群体教育支持和补偿,更要在微观教育活动领域给予弱势群体子女关爱和照顾,提高其学业信心和成功机会。

(二) 弥补农村家庭子女认知图式,提升教育成就信心

党的十九大报告指出"努力让每个孩子都能享有公平而有质量的教育",我国正处于全面深化改革的新时代,教育公平是教育领域全面深化改革重要内容之一,探讨农村家长和农村学生的教育不平等的微观身心机制,阻断贫困现象代际传递,使教育公平在新时代更好地得以实现。

随着农村家庭经济条件逐渐改善,农村家长为子女的教育积极投入经济资本,并经营和利用家庭社会资本,欲使子女获得更好的教育资源和教育机会,虽然投入较大,但是由于社会资本的局限、文化资本的劣势、家庭成员的心理推动及社会性因素的制约等,对农村子女的教育获得产生消极的影响,使其教育结果并不理想,表现出一种内卷化的状态。在结构和制度层面没有实质性变革前提下,基于家庭、学校和社区,探索积极社会干预策略,构建农村学生教育选择干预机制和治理模式,提升社会支持和社会资本量。

首先,弥补农村家庭的文化资本和认知图式缺陷,提升农村贫困家庭子女的教育成就动机。扶贫要扶智,治贫先治愚,必须解决农村和贫困家庭子女教育成就动机问题。贫困文化容易产生逃避主义和宿命论心态,从而孕育脆弱的自我结构,包括边缘感、无助感、自卑感和依赖感。扶贫须与扶志相结合,低水平的教育成就动机是受贫困文化心理制约,贫困文化心理因素导致阶层劣势代际传递,影响社会低收入家庭子女升迁性社会流动。农村和贫困地区义务教育阶段学生流失,并不是因为教育供给不足,而是表现为自愿性辍学。农村贫困地区家庭教育意愿较低和缺乏教育动机是受贫困地区的文化气氛影响,部分学生习惯于宿命地接受失败的安排。政府、社区、学校和家庭应从微观层面优化农村低收入家庭子女文化学习环境和教养方式,提升家庭教育和学校教育质量,在生命早期阶段缓解社会分层力量的消

极影响,改变家庭认知图式,使其拥有积极的心理期待。

其次,从微观层面,确保农村家庭子女的教育教学过程参与机会公平。随着社会和教育发展,教育不平等的重心从教育的入学机制和结构特点向教育和教学过程本身转移的变化。虽然近年来,我国中小学"就学机会公平"和"高位均衡发展"等宏观层面改革取得显著进展,但是在学校教育的微观领域,对农村低收入家庭子女的歧视、排斥和消极的刻板印象依然存在,诸如在微观教育过程中,教师对不同教育对象的态度和关注程度差异,教师与不同学生交往的时间和方式差异,以及每个学生在课堂教学中获得学业成功机会和实际发展机会差异。教育机会获得"隐性不均"成为导致教育不平等再生产的重要因素。"教育过程参与公平"立足于全体学生成长和发展需要,让所有学生经受相应锻炼,获得成功体验。在课堂教学、班级生活以及课外活动等微观领域,要求教育者给予不同家庭学生均等分配各种发展机会,包括课堂表达的机会、与教师互动的机会、组织班级活动的机会、代表集体的机会、担任班级干部角色的机会等,从而让每个孩子享受公平而有质量的教育。

总之,农村家庭的教育过程与自身的社会阶层背景紧密相关,基于当下的制度设计和政策环境,考查家庭或个人微观的教育选择和行动策略,挖掘心智图式形塑机制,弥补家庭教育背景所带来的文化资本的欠缺,通过多种途径,让农村孩子更早地接触教育制度所要求的文化资本,开阔农村孩子的视野,扩大他们的知识面;改变农村家庭和学生对待教育的性情倾向,减少农村贫困和低收入家庭学生在正式教育体系中的学习困难与自我淘汰倾向。

四、以新阶段农村教育高质量发展为导向,化解多重挑战

党的二十大报告提出"加快建设高质量教育体系,发展素质教育,促进教育公平"。新时代农村教育改革进入高质量发展阶段。在新发展阶段,必须把握农村教育主要矛盾变化规律和特点,主动适应农村教育矛盾变化规律,化解多重挑战,推进新阶段农村教育高质量发展。

新时代我国社会主要矛盾是人民日益增长的美好生活需要和不平衡不充分发展之间的矛盾,必须顺应高质量发展阶段的新趋势、新特点和新需求,加强优质教育资源供给,满足城乡人民群众日益增长的高质量教育需求,推动共同富裕。

(一)以高质量为导向,实现农村教育变革的文化自觉

基于农村社会变革和乡土社会特质的重构和重释基础,厘定新阶段农村教育发展的逻辑起点和主线,新阶段农村教育变革必须从乡村社会振兴语境下,考量城乡社会融合规律和特点,重估农村教育对中国教育和中国式现代化不可替代的价值重要性。

改革开放以来,随着城乡二元户籍制度打破以及城镇化的迅猛发展,城乡差距逐渐扩大,乡村社会逐步呈现空心化、边缘化。与蓬勃向荣的城市建设相比,乡村学校数量锐减、规模萎缩、生源流失,乡村教育质量缺乏竞争力,乡村教育发展处于多重落差中,呈现衰败趋向。乡村教育价值受到质疑,乡村人民群众对乡村教育质量改进缺乏信心,甚至浮现乡村教育无用论的论调。这些论调和直觉判断损伤乡村教育变革的文化自信。

目前,我国农村教育城市化的倾向愈演愈烈,甚至有些地区大幅度撤并农村学校乃至消灭农村学校,城镇化并不是消灭农村教育,农村教育对于农村社会具有特殊的政治、经济和文化意义,是农村社区文化中心,在城镇化、工业化和市场化的浪潮中须提升农村文化的价值正当性和文化自信心。

乡村教育发展新阶段必须厘定乡村教育改革的价值取向,乡村教育对于城乡社会具有不可替代的凝聚力,利于彰显乡村社会底色,提升乡土文化自觉。在城强乡弱背景下,乡村教育和乡村社会存在某种程度上的文化迷失和自信缺失,乡村教育改革的文化自觉缺失。

提升乡村教育变革的文化自觉是乡村教育高质量教育体系建设的重要议题。必须充分挖掘乡村学校优势,尊重乡村教育自身发展规律,基于乡土文化和地方特质,为乡村教育供给提供精准化、个性化的高质量教育体系,将乡村教育高质量发展与美丽乡村建设、新型城镇化建设有机衔接,为新阶段乡村社会发展提供精神动力和智力引领,确立乡土文化自觉在美丽乡村高质量教育体系中的重要地位,从而实现乡村社会华丽转身。

(二)以高质量为导向,实现农村教育变革的空间转型

长期以来,农村教育限制于农村区域空间之内,固化农村教育区域地理特征。这种认识忽视社会结构、城乡变迁、人口流动以及城乡融合等因素影响,固化了农村教育功能和服务对象。

新阶段农村教育变革必须精准把握乡村人口流动规律,在城乡流动背景下和农村人口持续向城市流动的基本规律前提下,从乡村教育服务人口流向变化、乡村学校存在样态变化、空间转化视角,探析农村教育变革的空间转型。

城镇化迅猛发展,乡村人口向城镇大规模流动,乡村教育对象不仅仅是留守村庄儿童,更应将培养对象拓展延伸为即将离开农村或者已经离开农村以及返乡回流青少年,新阶段农村教育变革的空间指向对象必须适应人

口流向变化、学校样态变化,须突破空间地域的狭隘思维定式,实现空间转型。

新阶段乡村教育改革不仅仅是着眼于乡村学校建设和乡村社区事务参与建设,更需要从城乡人口大规模流动背景下,拓展乡村教育内涵和外延,扩展乡村教育服务对象,关注人口流动背景下乡村教育需求新特点、新变化,从城乡教育融合整体布局中,拓展乡村变革的空间视域,从而将地理学意义上的乡村教育转变为空间社会学意义上的乡村教育,深化乡村教育服务内容,创新乡村教育变革空间,推动提升农村教育高质量发展。

(三)以高质量为导向,实现农村教育变革的公平深化

党的二十大报告强调义务教育优质均衡发展,优质的标准是公平和高质量。新时代高质量教育公平内涵已经转变为公平和质量重构互释。从入学机会基准率上分析,教育机会获得数量差距、地区差距和阶层差距逐渐缩小;但是从教育机会获得质量上分析,教育发展不平衡不充分现象尤为突出。弥补乡村教育结构不充分发展短板,建立乡村教育高质量发展体系,不仅关切乡村子弟上升性流动机会,而且关系到社会主义共同富裕目标的实现。

长期以来,城乡教育一直处于"城强乡弱"的社会结构困局。农村教育改革战略重点以增加乡村教育投入和资源供给为重点,从学校显性指标不断缩小城乡教育差距,农村学校教学条件以及资源配置取得极大改善,城乡学校办学硬指标基本达到均衡。但是资源投入式的乡村教育发展思路造成城乡教育趋同化,抹杀了差异性和多样化,仅仅从数量层面实现入学机会公平,无法达成实质性公平,也无法建构更高质量、更公平的乡村教育体系。

新阶段乡村教育变革思路需要整体转型,从追求硬件指标公平,转向实际效果公平。推动乡村教育样态从要素性增长转变为内涵式多样性发展,满足人民群众不断增长的多层次、多元化教育需求,深化农村教育变革的过程公平,从目标导向走向质量卓越,坚持以人民为中心的发展理念,发展高质量公平教育,建设高质量乡村教育体系。

参考文献

一、统计资料

中华人民共和国教育部. 中国教育统计年鉴(2006)[M]. 北京:人民教育出版社,2007.
中华人民共和国教育部. 中国教育统计年鉴(2007)[M]. 北京:人民教育出版社,2008.
中华人民共和国教育部. 中国教育统计年鉴(2009)[M]. 北京:人民教育出版社,2010.
中华人民共和国教育部. 中国教育统计年鉴(2010)[M]. 北京:人民教育出版社,2011.
中华人民共和国教育部. 中国教育统计年鉴(2011)[M]. 北京:人民教育出版社,2012.
中华人民共和国教育部. 中国教育统计年鉴(2012)[M]. 北京:人民教育出版社,2013.
中华人民共和国教育部. 中国教育统计年鉴(2013)[M]. 北京:人民教育出版社,2014.
中华人民共和国教育部. 中国教育统计年鉴(2014)[M]. 北京:人民教育出版社,2015.
中华人民共和国教育部. 中国教育统计年鉴(2015)[M]. 北京:中国统计出版社,2016.
中华人民共和国教育部. 中国教育统计年鉴(2016)[M]. 北京:中国统计出版社,2017.
中华人民共和国教育部考试中心. 中国教育考试年鉴(2008)[M]. 北京:中国传媒大学出版社,2009.
国务院人口普查办公室,国家统计局人口和就业统计司. 中国2010年人口普查资料[Z]. 北京:中国统计出版社,2012.
国家统计局. 中华人民共和国2016年国民经济和社会发展统计公报[R]. 2017.
山东省微山县地方史志编纂委员会. 微山县志[M]. 济南:山东人民出版社,1997.

二、著作

邓小平. 邓小平文选(第二卷)[M]. 北京:人民出版社,1994.
费孝通. 乡土中国 生育制度[M]. 北京:北京大学出版社,1998.
费孝通. 乡土中国[M]. 北京:人民出版社,2010.
陆学艺. 当代中国社会流动[M]. 北京:社会科学文献出版社,2004.
瞿葆奎. 教育学文集·教育与社会发展[M]. 北京:人民教育出版社,1989.
郑杭生. 社会学概论新修[M]. 北京:中国人民大学出版社,2007.
李培林,李强,孙立平. 中国社会分层[M]. 北京:社会科学文献出版社,2004.
李强. 社会分层十讲[M]. 北京:社会科学文献出版社,2008.
刘精明. 国家、社会阶层与教育——教育获得的社会学研究[M]. 北京:中国人民大学出版社,2005.
张人杰. 国外教育社会学基本文选[M]. 上海:华东师范大学出版社,2009.
冯钢. 社会学[M]. 杭州:浙江大学出版社,2004.
邬志辉,秦玉友,等. 中国农村教育发展报告2016[M]. 北京:北京师范大学出版社,2017.

王长征. 消费者行为学[M]. 武汉:武汉大学出版社,2003.
廖泰初. 动变中的中国农村教育——山东汶上县教育研究[M]. 北京:燕京大学社会学系,1936.
许庆豫. 教育发展论:理论评介与个案分析[M]. 福州:福建教育出版社,2001.
李春玲. 断裂与碎片——当代中国社会阶层分化实证分析[M]. 北京:社会科学文献出版社,2005.
赖涪林. 长三角农民工的非稳态转移——理论探讨、实证研究与现状调查[M]. 上海:上海财经大学出版社,2009.
李守经. 农村社会学[M]. 北京:高等教育出版社,2000.
钟涨宝. 农村社会学[M]. 北京:高等教育出版社,2010.
唐忠新. 贫富分化的社会学研究[M]. 天津:天津人民出版社,1998.
许欣欣. 当代中国社会结构变迁与流动[M]. 北京:社会科学文献出版社,2000.
谭光鼎,王丽云. 教育社会学:人物与思想[M]. 上海:华东师范大学出版社,2009.
万俊人. 罗尔斯读本[M]. 北京:中央编译出版社,2006.
钱民辉. 教育社会学概论(第三版)[M]. 北京:北京大学出版社,2010.
杨东平. 中国教育公平的理想与现实[M]. 北京:北京大学出版社,2006.
雷万鹏. 中国农村教育焦点问题实证研究[M]. 武汉:华中科技大学出版社,2007.
张沪. 张宗麟幼儿教育论集[M]. 长沙:湖南教育出版社,1985.
麦可思研究院. 2010年中国大学生就业报告[R]. 北京:社会科学文献出版社,2010.
王笛. 街头文化——成都公共空间、下层民众与地方政治(1870—1930)[M]. 北京:商务印书馆,2010.
顾明远,石中英.《国家中长期教育改革和发展规划纲要(2010—2020年)》解读[M]. 北京:北京师范大学出版社,2010.
梁漱溟. 梁漱溟教育论著选[M]. 北京:人民教育出版社,1994.
何怀宏. 选举社会及其终结——秦汉至晚清历史的一种社会学阐释[M]. 北京:生活·读书·新知三联书店,1998.
彭拥军. 高等教育与农村社会流动[M]. 北京:中国人民大学出版社,2007.
朱国华. 权力的文化逻辑[M]. 上海:上海三联书店,2004.
葛大汇. 升学考试的问题与对策研究[M]. 上海:华东师范大学出版社,2001.
厉以贤. 西方教育社会学文选[M]. 台北:五南图书出版公司,1992.
胡晶晶. 改革开放以来中国城乡居民收入差距研究[M]. 北京:人民出版社,2013.
[美]麦克法夸尔,费正清. 剑桥中华人民共和国史(下卷)——中国革命内部的革命(1966—1982)[M]. 俞金尧,等,译. 北京:中国社会科学出版社,1990.
[法]布尔迪厄,帕斯隆. 再生产:一种教育系统理论的要点[M]. 邢克超,译. 北京:商务印书馆,2002.
[丹麦]曹诗弟. 文化县:从山东邹平的乡村学校看二十世纪的中国[M]. 泥安儒,译. 济南:山东大学出版社,2005.
[美]麦克法夸尔,费正清. 剑桥中华人民共和国史(1949—1965年)[M]. 谢亮生,等,译. 北京:中国社会科学出版社,1990.
刘润清. 西方语言学流派[M]. 北京:外语教学与研究出版社,2002.
陶行知. 陶行知全集第1卷[M]. 成都:四川教育出版社,1991.
王炳照,徐勇. 中国科举制度研究[M]. 石家庄:河北人民出版社,2002.
[法]H. 孟德拉斯. 农民的终结[M]. 李培林,译. 北京:社会科学文献出版社,2004.

［美］詹姆斯·斯科特.国家的视角——那些试图改善人类状况的项目是如何失败的[M].王晓毅,等,译.北京:社会科学文献出版社,2004.

［美］詹姆斯·C.斯科特.农民的道义经济学:东南亚的反叛与生存[M].程立显,刘建,等,译.南京:译林出版社,2001.

［英］安东尼·吉登斯.社会的构成[M].李康,李猛,译.北京:生活·读书·新知三联书店,1998.

［美］丹尼尔·U.莱文,瑞依娜·F.莱文.教育社会学(第九版)[M].郭锋,等,译.北京:中国人民大学出版社,2010.

［美］理查德·谢弗.社会学与生活[M].赵旭东,等,译.北京:世界图书出版社公司,2011.

［美］迈克尔·休斯,卡罗琳·克雷勒.社会学导论[M].周扬,邱文平,译.上海:上海社会科学院出版社,2011.

［法］布迪厄,［美］华康德.实践与反思.反思社会学导引[M].李猛,李康,译.北京:中央编译出版社,1998.

［美］阿历克斯·英格尔斯.人的现代化[M].殷陆君,编译.成都:四川人民出版社,1985.

［瑞士］查尔斯·赫梅尔.今日的教育为了明日的世界[M].北京:中国对外翻译出版公司,1983.

[捷克]夸美纽斯.大教学论[M].傅任敢,译.北京:教育科学出版社,2005.

［美］C.赖特·米尔斯.社会学的想象力[M].陈强,张永强,译.北京:生活·读书·新知三联书店出版社,2001.

［美］威尔·杜兰.世界文明史(第一卷)[M].台北:幼狮文化出版公司,1978.

［美］西奥多·W.舒尔茨.人力投资:人口质量经济学[M].贾湛,施伟,等,译.北京:华夏出版社,1990.

三、中文期刊

陆学艺.重新认识农民问题——十年来中国农民的变化[J].社会学研究,1989(6).

陆学艺.转型时期农民的阶层分化——对大寨、刘庄、华西等13个村庄的实证研究[J].中国社会科学,1992(4).

刘精明.教育选择方式及其后果[J].中国人民大学学报,2004(1).

李春玲.社会政治变迁与教育机会不平等——家庭背景及制度因素对教育获得影响[J].中国社会科学,2003(3).

钱民辉.教育真的有助于向上社会流动吗——关于教育与社会分层的关系分析[J].社会科学战线,2004(4).

张济洲.教育机会扩展与教育公平——基于国际经验比较[J].教育学术月刊,2012(11).

李强.现代化与中国社会分层结构之变迁[J].教学与研究,1996(3).

万能,原新.1978年以来中国农民阶层分化:回顾与反思[J].中国农村观察,2009(4).

雷士俊.各地农民状况调查——皖南[J].东方杂志1927(24).

岳永逸.传统民间文化与新农村建设——以华北梨区庙会为例[J].社会,2008(6).

郭于华."弱者的武器"与"隐藏的文本"——研究农民反抗的底层视角[J].读书,2002(7).

王文龙,彭智勇.农村教育分化带来的问题及其对策研究[J].学术论坛,2007(7).

张丽.当代西方教育分层研究的发展——兼论转型社会教育分层研究框架[J].理论界,2011(2).

牛建林.农村家庭外出务工潮对义务教育阶段辍学的影响[J].中国人口科学,2012(4).

郇建立.国家政策、农民与农村贫困——一个"结构化理论"的视角[M].北京科技大学学报(社会科学版),2007(3).

李煜.制度变迁与教育不平等产生机制——中国城市子女的教育获得(1996—2003)[J].中国社会科学,2006(4).

程红艳.择校、家长教育观与社会阶层分化[J].基础教育,2009(11).

张瑶祥.高职院校"好就业、难招生"现象分析——基于社会分层视角[J].教育研究,2013(5):91.

张人杰.学校文化与反学校文化[J].教育研究资讯,1994(3).

王威海,顾源.中国城乡居民的中学教育分流与职业地位获得[J].社会学研究,2012(4).

杜亮.试论辍学与社会公平的关系——农村义务教育阶段辍学现象的社会学分析[J].中国人民大学教育学刊,2011(3).

辛鸣,杨继绳,刘精明,等.防止"阶层固化"促进社会流动[J].时事报告,2011(11).

刘祖云.社会转型与社会分层——四论当代中国社会的阶层分化[J].武汉大学学报(社会科学版),2003(1).

李红卫.教育分流与职业学校升学政策的冲突与协调[J].教育与职业,2012(4):6.

张社字,申家龙,黄才华,等.教育平等视野下的职业技术教育制度创新研究[J].河南科技学院学报,2010(6).

陈旭峰.实施城乡一体化的分流教育——布迪厄的文化再生产理论对当前农村教育的启示[J].教育学术月刊,2010(7).

李辉.作为一种"实践"的职业教育知识生产[J].职业技术教育,2013(4).

王后雄."高考城市化倾向"的成因及矫正[J].教育发展研究,2009(5).

谢作栩,王伟宜.高等教育大众化视野下我国社会各阶层子女高等教育入学机会差异的研究[J].教育学报,2006(2).

杨艳.论普通教育知识和职业教育知识的区别与联系[J].职教通讯,2005(2).

石中英.波兰尼的知识理论及其教育意义[J].华东师范大学学报(教育科学版),2001(1).

娄立志,张济洲.乡村教师疏远乡村的历史社会学解释[J].当代教育科学,2009(21).

张济洲.乡村教师的文化冲突与乡村教育改革[M].河北师范大学学报(教育科学版),2008(9).

王会亭.农村基础教育课程异化原因探讨[J].江苏技术师范学院学报,2010(7).

张济洲.农村教师的文化困境及公共性重建[J].教育科学,2013(1).

张玉林.分级办学制度下的教育资源分配与城乡教育差距——关于教育机会均等问题的政治经济学探讨[J].中国农村观察,2003(1).

刘云杉等.精英的选拔:身份、地域与资本的视角[J].清华大学教育研究,2009(5).

苟人民.从城乡入学机会看高等教育公平[J].教育发展研究,2006(5).

李晓荣.高等教育改革对农村生源大学生的不利影响及对策[J].教育与职业,2012(8).

刘海峰.中国高考向何处去?[J].北京大学教育评论,2010(4).

冯建军.向农村学生倾斜更能体现高考公平——从中国人民大学的"圆梦计划"说起[J].探索与争鸣,2011(12).

孙天华,张济洲.城市化进程中新生代农民工身份认同的困境及其解决路径[J].鲁东大学学报(社会科学版),2013(3).

蔡成芹.成人教育在新生代农民工社会流动中的功能定位[J].职教通讯,2012(1).

邹农俭.论农民的阶层分化[J].甘肃社会科学,2004(4).

王小红.教育社会分层与农村学生社会流动研究:回溯和展望[J].上海教育科研,2012(9).

魏志春.农村教育难以承受的社会发展之重[J].中国教育:研究与评论,2008(5).

孙丽丽.都市人类学研究中的教育价值探究[J].首都师范大学学报(社会科学版),2013(4).

李云星.论芒福德城市功能思想的教育意蕴及其启示[J].首都师范大学学报(社会科学版),2013(5).

郑若玲.科举对清代社会流动的影响——基于清代朱卷作者之家世分析[J].厦门大学学报(哲学社会科学版),2007(5).

何忠礼.贫富无定势:宋代科举制度下的社会流动[J].学术月刊,2012(1).

李兵.章程:清代书院科举化的重要保证[J].云梦学刊,2005(4).

陈初越."教育公平改革"风雷隐动[J].南风窗,2005(8).

柳斌.在全国普通高级中学教育工作会议上的总结讲话[J].课程·教材·教法,1995(10).

四、硕博论文

曹晶.教育社会分层功能的弱化——转型期农村教育的根本性危机[D].上海:华东师范大学,2007.

陈坚.延续的痛苦——身体社会学视域中的农村教育研究[D].长春:东北师范大学,2009.

壮国桢.高职教育"行动导向"教学体系研究[D].上海:华东师范大学,2007.

郑又贤.新生代农民工市民化中的价值观问题研究——以福建省为例[D].福州:福建师范大学,2012.

黄祖军.农户对子女教育投入的行为逻辑研究——以陕南D村和W村为个案[D].上海:上海大学,2010.

王璨璨.社会阶层对子女初中毕业教育分流的影响分析——以任丘市Z中学的个案为例[D].长春:东北师范大学,2012.

孙丽丽.民国初期教育学话语建构及其方法论探究[D].上海:华东师范大学,2012.

王新.伴随村落终结的社会分层[D].长春:吉林大学,2005.

五、外文资料

G. Lenski. Power and Privilege: A Theory of Social Stratification [M]. New York: Mc Graw-Hill, 1966.

Adrian E. Raftery, Michael Hout. Maximally Maintained Inequality: Expansion, Reform, and Opportunity in Irish Education 1921-75 [J]. Sociology of Education, 1993(1).

Shavit, Blossfeld. Persistent Inequality: Changing Educational Attainment in Thirteen Countries [M]. Boulder: Westview Press, 1993.

Lucas. Effectively Maintained Inequality: Education Transitions, Track Mobility, and Social Background Effects [J]. American Journal of Sociology, 2001(5).

Hurow, L. The Future of Capitalism. New York: Penguin Books. 1996; Schultz, T. Investment in Human Capital. New York: The Free Press. 1971; Spencer, M. Job market signaling. Quarterly Journal of Economics, 1973.87(3, Aug.)

Claudia Buchmann1, Emily Hannum. EDUCATION AND STRATIFICATION IN DEVELOPING COUNTRIES: A Review of Theories and Research. [J]. Annu. Rev. Sociol. 2001.

Joan Manuel del Pozo. The Concept of the Educating City Today [A]. International Association of Educating Cities, Education and Urban Life: 20 Years of Educating Cities [C]. 2008.

Avishai Margalit. The Decent Society. Trans. Naomi Goldblum. Cambridge, MA: Harvard University Press, 1996.

ADRIAN E RAFTERY, MICH AEL H OUT. Max-imally Maintained Inequality: Expansion, Reform, and Opportunity in Irish Education, 1921－1975 [J]. Sociology of Education, 1993,66(1).

六、报纸

习近平. 高举中国特色社会主义伟大旗帜　为全面建设社会主义现代化国家而团结奋斗——在中国共产党第二十次全国代表大会上的报告[N]. 新华社北京,2022－10－25.

中共中央国务院关于实现巩固拓展脱贫攻坚成果同乡村振兴有效衔接的意见[N]. 光明日报,2021－3－23.

习近平. 决胜全面建成小康社会　夺取新时代中国特色社会主义伟大胜利——在中国共产党第十九次全国代表大会上的报告[N]. 人民日报,2017－10－26.

孙立平. 教育与社会流动的机制[N]. 经济观察报,2004－3－28.

朝阳农学院. 在批判旧世界中建设新世界——我们是在哪些重大问题上坚决同17年的修正主义教育路线对着干的[N]. 人民日报,1976－2－14.

杨润勇. 农村普通高中两极分化值得关注[N]. 中国教育报,2007－6－7.

王朝霞. 去年甘肃全省人均纯收入达4495元[N]. 甘肃日报,2013－1－20.

黄齐超. 教师叹息:"读书无用论"在农村蔓延,初中生辍学去打工[N]. 人民日报,2010－2－9.

农村中学"学风日下",教师忧辍学造恶性循环[N]. 工人日报,2011－6－2.

青海省化隆推崇拉面经济　大批学生辍学打工[N]. 中国经营报,2013－7－27.

王怡波. 大学生就业难使高考降温　多数省份高考人数减少[N]. 中国青年报,2009－5－29.

附 录

农村家长教育需求调查问卷

家庭主要劳动力基本情况

项　　目	父亲	母亲
1. 年龄：		
2. 户口类型：(1) 农业　(2) 非农业　(3) 没有户口		
3. 教育程度：(1) 文盲　(2) 小学　(3) 初中　(4) 高中　(5) 中专　(6) 大专　(7) 本科及以上		
4. 职业：(1) 务农　(2) 政府机关　(3) 村组干部　(4) 公司、企业　(5) 个体户　(6) 教师　(7) 医生　(8) 外出务工　(9) 退休　(10) 其他(请注明)		

1. 您的家庭经济状况在本地属于(　　)
   A. 较差　　　　　　　　　　B. 一般偏下
   C. 一般偏上　　　　　　　　D. 较好
   E. 很好
2. 您的家庭主要经济来源为(　　)
   A. 种植业　　　　　　　　　B. 养殖业
   C. 工资(村干部、教师、医生等)　D. 外出打工
   E. 个体商业经营　　　　　　F. 其他
3. 您家庭子女数量(　　)；家里是否因为子女教育而发生借债？是_____
   否_____；家里子女是否有过辍学？是_____　否_____
4. 您的孩子以不愿意读书为由而辍学，您的态度(　　)
   A. 强扭的瓜不甜，不想上就别上了　　B. 责骂，逼迫孩子去上学
   C. 了解情况，劝服孩子去上学　　　　D. 其他原因

5. 您对孩子读书考学的态度如何（　　）

A. 很重视,一定要尽全力让孩子把书读好

B. 比较重视,学习差不多就行了

C. 比较不重视,孩子想读就读,不想读就算了

D. 不重视,读书没用

6. 您认为大部分农村学生辍学打工的原因是（　　）(可多选)

A. 厌学情绪严重,读个初中毕业,能够打工就满足了

B. 家里贫困,没有能力支付其念高中或高等教育

C. 读书没有用,不如打工实际,还有现钱赚

D. 农村学校教学质量差,读书读不出来,所以就去打工了

E. 其他原因

7. 您选择子女就近入学或者择校（　　）

A. 孩子成绩不好,没有太大希望,就近入学

B. 让孩子就近入学,上学方便,不用交额外费用

C. 宁愿多花钱也让孩子到县城镇教学质量较好的学校读书

D. 选择城市重点学校,到城里陪孩子就读

8. 您认为目前农村义务教育优先解决好的问题是什么（　　）(可多选)

A. 完全免费　　　　　　　　B. 保证教学质量

C. 校舍改造　　　　　　　　D. 教师培训

E. 食宿费用　　　　　　　　F. 校车

G. 其他

9. 您会让孩子初三分流后上职业高中吗（　　）

A. 会(请继续回答下一题)　　B. 不会(请跳到第11题)

C. 视成绩而定

10. 您会让孩子上职业高中的原因（　　）(多项选择)

A. 升学无望,不如学一技之长　　B. 职业学校减免学费

C. 成绩不好,考不上高中　　　　D. 孩子自己感兴趣

E. 本科生也不好找工作,选择职业教育也不错

F. 其他

11. 您不会让孩子上职业高中的原因（　　）(多项选择)

A. 上职业教育也不能更好就业

B. 职业学校的教育水平不高,教育质量不好

C. 孩子上职业高中,家里感觉没有面子

D. 家庭困难,不如直接打工赚钱

E. 次等学校,都是成绩不好的学生读的

F. 其他

12. 近年来,大学生就业形势越来越严峻,您是否会让您的孩子继续接受高等教育(   )

A. 会(请继续回答下一题)　　　　B. 不会(请跳到第 14 题)

C. 考到本科时会　　　　　　　　D. 考到重点大学时会

E. 看经济情况　　　　　　　　　F. 其他

13. 您还会让您的孩子继续接受高等教育的原因是(   )

A. 相信知识总会改变命运　　　　B. 就业形势严重只是暂时的

C. 接受教育并不是为了就业　　　D. 家里有条件读大学

E. 读大学家长有面子　　　　　　F. 其他

14. 您不会让您的孩子继续接受高等教育的原因是(   )

A. 大学生就业都很难,继续接受教育没有意义了

B. 让孩子提前就业,早些赚钱

C. 家庭经济情况不允许

D. 孩子成绩差,没必要再接受教育了

E. 其他

15. 您认为孩子读什么类型大学的机会最大(   )

A. 一本重点大学　　　　　　　　B. 二本省属大学

C. 高职高专　　　　　　　　　　D. 民办院校

E. 其他

16. 您认为孩子读书的主要目的是什么(   )

A. 读书是为了以后更好地挣钱

B. 读书是为了完成九年义务教育

C. 希望子女离开农村,改变命运,为家庭争光

D. 读书是为了学得一技之长

E. 其他

17. 您认为和就业最相关的因素是什么(   )

A. 文凭　　　　　　　　　　　　B. 社会关系

C. 工作经验　　　　　　　　　　D. 自身能力

E. 其他

18. 您家孩子从学校毕业后主要流向到哪里(   )

A. 种田　　　　　　　　　　　　B. 外出打工,漂泊不定

C. 参军　　　　　　　　　　　　D. 大学毕业在城市工作定居

E. 在城乡从事个体经营　　　　　F. 其他

19. 你认为现在的乡镇义务教育与以往相比怎样（　　）

A. 好很多，读书不用钱，上学的人多很多了

B. 数量上去了，但是质量大大下滑，学风变淡

C. 依然很多人辍学，原因是对学习兴趣大减

D. 教师不抓教学质量，敷衍了事

E. 其他

20. 如果你家孩子考不上重点高中，你愿意花钱让孩子上重点高中吗（　　）

A. 花再多的钱也愿意　　　　　　B. 交不起额外费用，不愿意

C. 交一万元以下，愿意　　　　　D. 交1万—2万元，愿意

E. 其他

农村初中学生教育需求调查问卷

1. 你的性别是（　　）

A. 男　　　　　　　　　　　　　B. 女

2. 你目前就读的年级是（　　）

A. 初一　　　　　　　　　　　　B. 初二

C. 毕业班（初三或初四）

3. 你是否为独生子女（　　）

A. 是　　　　　　　　　　　　　B. 否

4. 你父母的文化程度（　　）

A. 初中及以下　　　　　　　　　B. 高中、中专和技校

C. 大学专科　　　　　　　　　　D. 大学本科及以上

5. 你父母的职业为（　　）

A. 工人　　　　　　　　　　　　B. 农民

C. 干部　　　　　　　　　　　　D. 教师

E. 个体户　　　　　　　　　　　F. 医生

G. 其他

6. 你家庭的经济条件（　　）

A. 高收入　　　　　　　　　　　B. 中等偏上

C. 中等　　　　　　　　　　　　D. 中等偏下

E. 低收入

7. 你的学习成绩是（　　）

A. 优　　　　　　　　　　　　B. 良
C. 中　　　　　　　　　　　　D. 差

8. 初中毕业后,你有何打算（　　）

A. 走出农村,进城打工　　　　B. 升入普通高中学习
C. 升入职业高中学习　　　　　D. 待在农村务农
E. 从未想过

9. 如果能够继续读书,初中毕业后,你想报考下列哪种学校（　　）

A. 普通高中（请继续回答下一题）
B. 职业高中、中专、中师和技术学校（请跳到第12题）

10. 你选择普通高中的原因是（　　）

A. 将来可以考大学　　　　　　B. 多读点书,好为社会多做贡献
C. 中师、中专、职高等没前途　D. 满足父母、老师的要求

11. 如果第一年由于种种原因,你没有实现上普通高中的愿望,你将会（　　）

A. 复读,明年再考
B. 上职业高中、技术学校、中专中师
C. 直接就业
D. 花钱以特价生名义上普通高中

12. 你选择职业高中的原因是（　　）

A. 成绩不太理想,考不上高中　B. 上普通高中再考大学,成本太大
C. 能掌握一门技术,将来好找工作　D. 职业高中收费低

13. 你希望自己受到何种程度的教育（　　）

A. 初中　　　　　　　　　　　B. 高中
C. 大学专科（请继续回答第14、15题）
D. 大学本科（请继续回答第14、15题）
E. 研究生

14. 你希望读大学的主要原因是（　　）

A. 考上大学可以在城里工作　　B. 考上大学可以成为国家干部
C. 给父母挣面子　　　　　　　D. 为了提高自身素质

15. 你将来想上什么样的大学（　　）

A. 名牌大学或重点大学　　　　B. 一般大学或大专都可以
C. 没想过这件事

16. 你对初中生接受职业教育的认识是（ ）
   A. 非常必要   B. 有必要
   C. 可要可不要   D. 不必要

17. 如果你今年夏天毕业，你已经考入的学校是（ ）（仅供初中毕业生回答）
   A. 最好的普通高中   B. 一般的普通高中
   C. 较差的普通高中   D. 最好的职业学校
   E. 一般的职业学校   F. 较差的职业学校

城乡家庭子女教育情况调查问卷

1. 您家庭的户籍（ ）
   A. 城市   B. 农村

2. 您的最高学历（ ）
   A. 初中及初中以下   B. 高中/专科/技校
   C. 大学本科及以上   D. 其他

3. 您家庭经济收入（ ）
   A. 高收入   B. 中等偏上
   C. 中等偏下   D. 低收入

4. 您是否经常外出务工（ ）
   A. 总是   B. 经常
   C. 时常   D. 偶尔
   E. 从不

5. 您家孩子最近一个学期期末考试成绩（ ）
   A. 优秀   B. 良好
   C. 中等   D. 合格
   E. 不合格

6. 您是否经常与子女沟通（ ）
   A. 总是   B. 经常
   C. 有时   D. 偶尔
   E. 从不

7. 您与子女常沟通的话题是什么（ ）
   A. 家常话题   B. 学习成绩和态度

C. 未来期望　　　　　　　　　D. 其他

8. 您会花时间和孩子做功课,玩游戏吗(　　)

　A. 总是　　　　　　　　　　B. 经常

　C. 有时　　　　　　　　　　D. 偶尔

　E. 从不

9. 您对子女在学校的状况是否了解(　　)

　A. 非常理解　　　　　　　　B. 了解

　C. 基本了解　　　　　　　　D. 不太了解

　E. 不了解

10. 您一般通过哪种方式了解子女在校情况(　　)

　A. 家长会

　B. 通过电话、QQ、微信等沟通联系老师

　C. 老师家访　　　　　　　　D. 与孩子谈论

　E. 其他

11. 您家中的购买子女学习图书情况是(　　)

　A. 很多　　　　　　　　　　B. 有一些

　C. 很少　　　　　　　　　　D. 完全没有

12. 您家中是否有电脑(　　)

　A. 没有　　　　　　　　　　B. 有

13. 您是否经常辅导子女学习(　　)

　A. 总是　　　　　　　　　　B. 经常

　C. 有时　　　　　　　　　　D. 偶尔

　E. 从不

14. 您是否经常督促子女学习(　　)

　A. 总是　　　　　　　　　　B. 经常

　C. 有时　　　　　　　　　　D. 偶尔

　E. 从不

15. 您子女参加过兴趣或特长培训班吗(　　)

　A. 参加过类似的培训班　　　B. 没参加过

　C. 从未想过　　　　　　　　D. 不知道

16. 您对子女的学习状况进度有无进行规划(　　)

　A. 长期规划(3年以上)　　　B. 中期规划(2—3年)

　C. 短期规划(1年及以内)　　D. 没有规划

调查问卷

你好,本次调查仅供科学研究使用,对于个人信息完全保密。

1. 你的性别(　　)

A. 男　　　　　　　　　　　　B. 女

2. 你所属的民族为(　　)

A. 汉族

B. 少数民族(不包括未识别民族及外国人加入中国籍)

3. 你就读院校所在的省份(　　)

4. 你所就读院校的层次(　　)

A. 高职高专(包括公办高职高专、民办高职高专)

B. 本科院校(包括"211工程"院校、一般公办本科院校、独立学院、民办本科院校)

5. 你所就读本科院校为(　　)(仅限本科生填写)

A. "211工程"院校(包括"985"院校)　　B. 一般本科院校

6. 你家庭居住地(　　)

A. 省会或直辖市　　　　　　　　B. 地级市

C. 县城　　　　　　　　　　　　D. 乡镇

E. 农村

7. 你父母的职业类型为(　　)(以职业类型较高一方为准)

A. 国家与社会管理者阶层　　　　B. 经理人员阶层

C. 私营企业主阶层　　　　　　　D. 专业技术人员阶层

E. 办事人员阶层　　　　　　　　F. 个体工商户阶层

G. 商业服务业员工阶层　　　　　H. 产业工人阶层

I. 农业劳动者　　　　　　　　　J. 城乡无业失业半失业者阶层

8. 你父母所处的社会阶层(　　)(以社会阶层较高一方为准)

A. 优势阶层(包括国家与社会管理者、经理人员、私营企业主)

B. 中间阶层(包括专业技术人员、办事人员、个体工商户)

C. 基础阶层(包括商业服务人员、产业工人、农林牧渔人员、失业半失业无业人员)

9. 你父母受教育程度(　　)(以受教育程度较高一方为准)

A. 高等教育程度(包括大学专科、大学本科、研究生教育)

B. 高中教育程度(包括高中、中专教育程度)

C. 初中及以下教育程度(包括初中、小学及以下教育程度)

10. 你家庭的年收入(　　)

A. 高收入家庭(家庭人均年收入 7.5 万元及以上)

B. 中等收入家庭(家庭人均年收入 2.5 万—7.5 万元)

C. 低收入家庭(家庭年收入 2.5 万元以下)